Anatole Deibler
(1863-1939)

L'homme qui trancha 400 têtes

DU MÊME AUTEUR

Éditions Le Front littéraire

1426-1973 : Anthologie critique de la poésie fribourgeoise, 1982. Préface de Régis de Courten.

Les Aventuriers de la mer (bibliographie thématique), 1983. Préface de Michel Mollat du Jourdin.

Éditions D.U.C.

L'Aventure maritime, 1986. Repris dans « La Science historique », n° 12, 1985.

Le Livre blanc de la piraterie, 1990. Repris dans « La Science historique », n° 19-20, 1989-1990.

Éditions L.E.P. - Labor

Les Corsaires / Les Flibustiers, 1987.

Les Pirates / Les Frères de la côte, 1987.

Les Héros de légende / Les Barbaresques, 1987.

Éditions ACL - L'Albaron

Pirates à l'affiche, 1989. Préface de Charles Ford.

L'Affaire Serena, 1991. Prépublication en feuilleton dans *Coopération*, n° 5 à 18, du 31 janvier au 2 mai 1991.

Les Quais sont toujours beaux, 1991. Sous la direction de Régis Antoine et de l'auteur.

Éditions Glénat

Forbin, 1994. Grand prix de la Mer de l'Association des écrivains de langue française.

Luckner, 1995. Prix littéraire du Yacht Club de France.

Éditions Neva - Pen Duick

Eric Tabarly, en collaboration avec Marie-Madeline Thiercelin, 1999.

Sur les pas d'un enfant du siècle : Paul Guimard, écrivain et dilettante, 2000.

Les Femmes d'abordage, 2000. Première édition : Clancier-Guénaud, 1984. Préface de Florence Arthaud.

Éditions du Félin

Hong Kong, 1997.

Anatole Deibler, l'homme qui trancha 400 têtes, 2001.

Éditions de L'Aire

La Confession de Marengo, 2000. Postpublication en feuilleton dans *La Gruyère*, n° 4 à 67, du 9 janvier au 9 juin 2001.

Divers éditeurs

Entre cheminées et pavés, Éditions Le Cassetin, 1976.

L'Âge de bronze, Perret-Gentil, 1978.

Le Grand Largue, Librairie Le Pont-de-L'Épée, 1981.

Approche critique et bibliographique des frères Rosny, Éditions Naaman, 1986.

Le Signe des confins, Éditions Saint-Germain-des-Prés, 1986.

Pirates, flibustiers et corsaires, Aubanel, 1987. Prix Robert-de-la-Croix.

Vespucci, La Joie de Lire, 1990. Traduit en anglais aux Éditions Creative Education. Prix Octogone. Prix de la ville de Saint-Dié.

Vues sur la piraterie, Tallandier, 1992. Sous la direction de l'auteur. Collection Club.

Grandeur et misère du corsaire Joseph Bavastro, Éditions des Écrivains, 1999.

GÉRARD A. JAEGER

Anatole Deibler
(1863-1939)

L'homme qui trancha 400 têtes

KIRON
ÉDITIONS DU FÉLIN

Ouvrage édité par
Bernard Lefort et
Catherine Lancelle

10, rue La Vacquerie, 75011 Paris.

ISBN : 2-86645-408-1

À la mémoire
de ceux que la justice française a punis de mort.
À leurs victimes oubliées.

REMERCIEMENTS

Nous remercions tout d'abord Thierry Chaillous, propriétaire des archives privées de la famille Deibler. Nous lui devons l'idée de ce livre et nous sommes heureux qu'il y ait contribué par sa mise à notre disposition des « carnets » du bourreau.

Notre gratitude va ensuite au docteur Paul Houillon, neuropsychiatre, pour l'étude de la personnalité d'Anatole Deibler qu'il a bien voulu entreprendre à notre demande ; ainsi qu'à Philippe Carrey, libraire dont les informations bibliographiques nous ont été précieuses.

Enfin, merci à Béatrice Alvergne. Sa contribution à ce livre fut déterminante.

G. A. J.

Les Hommes du jour

Dessin de A. Delannoy

Texte de Flax

ANATOLE DEIBLER

DEUXIÈME ANNÉE
23 Janvier 1909. — N° 53
10 Centimes

Le prochain numéro sera consacré à
F. DE PRESSENSÉ

RÉDACTION ET ADMINISTRATION
38, Quai de l'Hôtel-de-Ville, 38. — PARIS (IVe)

Administrateur : Henri FABRE

Abonnements

UN AN	6. »
SIX MOIS	3. »
TROIS MOIS	1.50
ÉTRANGER	8. »

Anatole Deibler, l'homme du jour (1909).

PROLOGUE

L'ultime rendez-vous de « Monsieur de Paris »

Anatole Deibler, exécuteur en chef des Hautes Œuvres de la République, craignait que la guerre ne vînt perturber la bonne marche de sa mission, qu'il exécutait avec précision depuis près de quarante ans : le service de la guillotine ne devait souffrir d'aucun dérèglement et « Monsieur de Paris » s'en inquiéta auprès de son ministre de tutelle. On était à la fin de 1938. En même temps, la Justice était sourde à ses demandes réitérées d'augmentation, et le vieil homme, âgé de soixante-quinze ans, cherchait la reconnaissance d'un métier qui n'en offrait guère. Les gages du bourreau stagnaient et le coût de la vie ne cessait d'augmenter... Les photographes de presse, qui traquaient le scandale, épiaient ses faits et gestes, les nuits d'exécution, jusqu'à la porte de la prison devant laquelle se dressait la guillotine. Le 2 février 1939, Deibler se prépara, dans le petit matin glacial, à partir pour Rennes, sa ville natale, qu'il se réjouissait de revoir après avoir tourné le dos à ses souvenirs. À sept heures du matin, il quitta sa villa du quartier du Point-du-Jour pour se rendre au métro porte de Saint-Cloud. Au même moment, ses adjoints battaient le pavé sur le parvis de la gare Montparnasse : Anatole Deibler était en retard. Il ne les rejoindrait jamais...

Il avait fait froid pour la saison. Depuis quelques jours, la Seine menaçait de geler. Paris se préparait aux grandes désillusions de son histoire. Les habitants redoutaient les frimas de février comme un augure tragique. Le monde était devenu fou ; il gaspillait le bonheur des hommes. Chaque jour leur promettait une nouvelle angoisse que les journaux du matin confirmaient en gros titres. La guerre était inévitable : c'était une question de semaines, peut-être de mois, mais l'engrenage dans lequel l'Europe s'était engagée ne permettait aucun espoir. Chacun le pressentait sans l'avouer, par une sorte de superstition qui retenait le souffle. À tel point qu'Anatole Deibler, le 28 septembre 1938, avait écrit au directeur des Affaires criminelles et des Grâces afin de lui faire savoir qu'en cas de conflit il déménagerait à Bièvres, rue du Coteau, au domicile de son aide Georges Martin : « La situation actuelle et le risque éventuel, tant d'une mobilisation générale que d'une réquisition de tous les moyens de transport, me font un devoir de vous faire part de mes appréhensions. »

Les difficultés qu'il avait rencontrées au cours de la Première Guerre mondiale, et notamment la dispersion de ses aides, lui avaient laissé de trop mauvais souvenirs pour qu'il négligeât dorénavant de prévenir les autorités : « Serait-il possible, demanda-t-il, d'affecter mon personnel à des unités de défense situées, soit à proximité de Paris, soit en des points du territoire reliés à Paris par des trains rapides ? » L'inquiétude de l'exécuteur en chef des Arrêts criminels, dont la minutie dans l'organisation du travail était devenue légendaire, portait sur le bon déroulement de ses prochaines missions, qu'il avait toujours conduites à leur terme avec la précision d'une mécanique parfaitement huilée.

Depuis de longs mois, il ne cessait par ailleurs de solliciter le ministère de la Justice afin que ses appointements fussent augmentés. Depuis le début de l'année, il recevait vingt-cinq mille francs par an, soit à peine cinq cents francs de plus par mois qu'en 1928. Or, la situation se détériorait de jour en jour : une commission parlementaire venait en effet d'envisager la suppression pure et simple de ses gages, comme en 1906 lorsque Jean Jaurès et Georges Clemenceau s'en étaient pris à la peine de mort. Le 6 décembre 1938, on pouvait lire à la une de *Paris-Soir*, en regard d'un article annonçant l'arrivée du ministre allemand des Affaires étrangères à Paris, von Ribbentrop : « Anatole Deibler échappe à la Commission de la hache. » Sous la plume de Paul Allard, on apprenait alors que le bourreau resterait en fonctions après quarante ans de service, malgré sa grande fatigue et sa maladie. « Ces jours derniers, écrivait le journal, les initiés ont pu voir, errant dans les couloirs du ministère de la Justice, où il était entré en habitué, non pas par la grande porte de la place Vendôme, mais par la petite porte de la rue Cambon, un monsieur âgé, mais encore vert, à la barbiche blanche, d'allure distinguée, évoquant, par une ressemblance qui frappe tous ceux qui le connaissent, la silhouette historique d'un illustre président de la République [1]. Monsieur Anatole Deibler venait s'informer, auprès du Premier Bureau de la direction des Affaires criminelles, dont il dépend, du sort qu'allait lui réserver la Commission de la hache. »

Le vieil homme fragile, désappointé par une situation qui le désespérait, s'en était retourné chez lui, rue Claude-Terrasse, non loin de la porte de Saint-Cloud. Les années de lutte qu'il avait menées, pour que sa fonction fût officiellement reconnue par l'État, l'avaient désabusé. Il ne quittait plus son quartier, se déplaçait difficilement et ne sortait de sa maison que pour faire de courtes promenades. Toujours seul, un peu courbé, le cœur las depuis qu'il avait perdu son chien, compagnon de toujours et parfois confident de sa conscience. Ce soir du 1er février 1939, la perspective de se rendre à Rennes, sa ville natale, pour sa trois cent quatre-vingt-seizième décapitation le rendait nostalgique. Il revoyait son enfance, la cour de l'école où ses camarades l'avaient si souvent maltraité ; ses rêves abandonnés en cours de route au gré des pièges de la vie… Son père enfin, à qui jamais il n'avait osé dire que son étrange et terrible métier lui faisait horreur. Alors, depuis ce temps-là, un peu pour oublier les trahisons de sa jeunesse, il s'était appliqué, comme un mécanicien de précision, à rendre sa tâche moins disgracieuse à ses yeux. Aussi, dans la maison Deibler, les futilités de l'existence avaient pris plus d'importance qu'ailleurs. Elles permettaient d'oublier la gravité du destin qui avait accompagné le bourreau durant sa vie. Des heures lourdes de conséquences qui avaient pesé sur son bonheur.

1. Raymond Poincaré.

Paris-soir — SPRINT

MARDI 6 DÉCEMBRE 1938 — 37, rue du Louvre, PARIS (2e) — 6e ÉDITION — 50 cent.

DEMAIN, EN CONSEIL A L'ÉLYSÉE

Les ministres préparent *les conversations franco-allemandes*

ILS AURONT ENSUITE A EXAMINER LA SITATION ET L'ORDRE DU JOUR PARLEMENTAIRE

M. von RIBBENTROP arrivera demain à Paris

M. Coulondre, ambassadeur de France à Berlin, l'a précédé de 24 heures

(Lire en page 5 l'article de Jules SAUERWEIN et nos informations)

M. et Mme Coulondre à leur arrivée à Paris ce matin.

AU LENDEMAIN DES MANIFESTATIONS DE ROME

M. Daladier visitera en janvier la CORSE et la TUNISIE

« Tous les Français, déclare le président du Conseil, ont la volonté résolue de faire respecter l'intégrité des territoires sur lesquels flotte le pavillon national. »

Charles Trenet et Lucienne Dugard Grands Prix du Disque

LE PEINTRE EDMOND HEUZÉ REÇOIT LE PRIX PAUL-GUILLAUME

Charles Trenet

UN FONCTIONNAIRE :

Anatole DEIBLER échappe à la Commission de la hache

Sa valise à la main et suivi de l'un de ses aides, M. Deibler est vu ici, alors qu'il revient à Paris après une exécution capitale en province.

Agé de 76 ans, comptant 40 ans de services, M. l'Exécuteur des Arrêts Criminels demeure en fonctions aux appointements de 18.000 francs par an... plus les frais

La une de Paris-Soir *du 6 décembre 1938, où, à côté des conversations franco-allemandes à venir, un article débat de l'avenir du bourreau de la République : « Âgé de 76 ans, comptant 40 ans de services, M. l'Exécuteur des Arrêts Criminels demeure en fonctions. » L'article est consacré au cas du « fonctionnaire atteint par la limite d'âge ». « Voilà ce qui inquiète M. Deibler ! écrit le journaliste. Il se sent vieux et las. Déjà, après l'exécution de Gorguloff (28 juillet 1932), il a adressé au Premier Bureau un préavis de démission : il voulait passer la main à son successeur, qu'il a le droit de désigner lui-même… Mais la direction des Affaires criminelles lui demanda alors de continuer sa collaboration à l'exécution des arrêts de justice. »*

Deux exemplaires des carnets inédits d'Anatole Deibler, dans lesquels il consigna, pendant toute sa vie, ses commentaires sur les procès, et les exécutions dont il fut le maître d'œuvre à partir de 1899.

Ci-contre :
Le brouillon d'une lettre de la femme d'Anatole Deibler, datée du 21 avril 1939, adressée au directeur des Affaires criminelles, peu après le décès de son mari. Dans cette lettre de réclamation, elle se plaint d'avoir dû assumer elle-même les frais provoqués par l'exécution d'un condamné et en souhaite le remboursement : « Or, lors du décès de mon mari, écrit-elle, survenu au cours de l'exercice de ses fonctions, et après son décès, j'ai moi-même assuré et payé les frais de camionnage des bois de justice ayant servi à l'exécution du condamné Pilorge à Rennes. J'ai assuré le retour du matériel de la gare à la remise, ainsi que le nettoyage (des instruments qui sont actuellement en parfait état de fonctionnement et de propreté). » Cette phrase entre parenthèses est rayée par elle. Maurice Pilorge, l'exécuté dont il est question ici, est celui auquel Jean Genet consacra un long poème, et dont il avait, en prison, croisé le destin. Voir Jean Genet : Le Condamné à mort et autres poèmes, *suivi de* Le Funambule, *Poésie / Gallimard, 1999.*

Paris, le 24 Avril 1939.

Monsieur le Directeur

Je viens solliciter de votre haute bienveillance le paiement du douzième, correspondant au mois de février 1939, du contrat d'abonnement passé entre votre administration et mon mari, pour l'entretien, le nettoyage, le transport lors du chemin de fer etc des échafauds confiés à sa garde, ~~pour~~ paiement qui me fut refusé. ~~par l'application de l'article dudit contrat d'abonnement~~

Or, lors du décès de mon mari survenu au cours de l'exercice de ses fonctions et après son décès, j'ai moi-même assuré et payé les frais de camionnage des bois de ~~l'échafaud~~ justice ayant servi à l'exécution du condamné Pilorge à Rennes; j'ai assuré le retour du matériel de la gare à la remise, ~~de la Santé~~, ainsi que le nettoyage.

La veille de ce départ si patiemment préparé, minutieusement organisé par sa fille, Anatole Deibler était plus fébrile qu'il ne l'avait jamais été. Comme toujours à la veille d'une exécution capitale, il s'était isolé dans son bureau sans que personne sût jamais qu'il consignait scrupuleusement la petite histoire des condamnés. Mais la journée du 2 février s'annonça longue et triste comme une messe des morts. Le vieil homme avait déambulé dans la maison une partie de la nuit sans trouver le sommeil. Il était sept heures passées de quelques minutes lorsqu'il sortit de la chambre à coucher. Il tira sa montre de la poche de son gilet et regarda sa femme. Rosalie dormait profondément. Le carillon de l'église de la porte de Saint-Cloud, sur lequel il réglait ses départs en province, retardait pour la première fois. Il fut agacé par ce contretemps. Il demanda l'heure à sa fille qui sortait de la cuisine, puis il s'enferma dans une petite pièce feutrée du premier étage qui lui servait de bureau et de jardin secret. Jamais il n'en avait interdit l'entrée, mais personne, par une entente tacite, n'en avait franchi le seuil. Ni Marcelle, depuis qu'elle était en âge de respecter son père, ni Rosalie que le sanctuaire de son mari effrayait un peu. Derrière la porte, on entendit un moment le pas régulier du vieux bourreau, puis un bruit de chaise que l'on tire sur les lames du plancher.

Penché sur sa table de travail, il avait ouvert un de ses petits carnets de toile dont il ne restait que quelques pages à remplir. Trois ou quatre exécutions peut-être, si la guerre n'entravait pas le cours de la Justice. Patiemment, il y porta quelques mots calligraphiés qu'il souligna d'une main qui commençait à trembler : « Exécuté à… » Comme de coutume, il compléterait la page une fois le travail accompli, dans sa chambre d'hôtel, après que la guillotine serait démontée. Il sera sans doute un peu plus de huit heures du matin. Le jour se lèvera sur Rennes ; il rejoindra ses assistants, puis il sera temps de reprendre le train pour Paris…

Il ouvrit alors un autre carnet, rédigé lors de l'audience du 17 novembre 1938, relative au condamné Maurice Pilorge qu'il devait guillotiner le lendemain. L'homme, âgé de vingt-quatre ans, déserteur du 129e régiment d'infanterie, était un assassin ordinaire. Deibler se relut : « Pilorge, au cours de l'audience de la cour d'assises de Rennes, s'est montré très arrogant et n'a exprimé aucun regret de son crime. »

Il n'éprouvait aucune haine, ni pour ce « client » qu'il ne connaissait pas, ni pour ceux dont il avait oublié les noms et les visages rapidement entrevus. Pourtant, comme à la veille de chaque exécution, il avait avalé quelques comprimés de bromure pour que le sommeil l'envahisse. Car c'était l'heure du doute et de la confrontation. L'instant de grande solitude et d'enfermement de son étrange métier.

Le vieil homme referma le carnet qu'il rangea soigneusement dans une sacoche en cuir contenant quelques effets personnels. Il en vérifia une fois encore le contenu, puis il rejoignit sa fille dans la cuisine.

Marcelle ne se retourna pas. Elle savait qu'à le regarder dans les yeux elle percerait un peu de son secret, un chapitre mystérieux de lui-même qu'il avait mis tant de rigueur à préserver des indiscrétions. Elle lui tendit un bol de café qu'elle prit soin de sucrer. Anatole Deibler, qui n'aimait pas qu'on s'occupât de lui, laissait à sa fille toutes les initiatives que sa femme lui avait abandonnées de guerre lasse.

À soixante-quinze ans, l'exécuteur en chef des Arrêts criminels était malade. Une grave affection pulmonaire l'affaiblissait depuis plusieurs années, mais en dépit des signes de fatigue, le ministère ne l'avait pas autorisé à passer la main. Son médecin de famille lui avait interdit le tabac et l'alcool, dont il n'avait pourtant jamais abusé. C'était un homme sans excès, en apparence banal. Si la vie n'avait pas rempli son existence à la mesure des ambitions de sa jeunesse, elle l'avait entretenu dans ses illusions. Verrouillé de l'intérieur, Anatole Deibler était une énigme que la mort pouvait emporter d'un instant à l'autre, sans qu'il eût délivré la moindre confidence.

Marcelle avait huit ou neuf ans quand elle prit conscience du « métier » de son père. Un jour qu'il partait pour Rennes, comme ce matin-là, elle avait surpris des éclats de voix. Sa mère lui reprochait de ne pas assumer sa fonction, au même titre que les magistrats et les jurés, qui font leur devoir en leur âme et conscience. Marcelle n'avait pas tout compris, mais elle savait déjà que son père n'exerçait pas une profession comme les autres, qu'il n'en parlait pas ouvertement pour qu'elle n'ait pas à rougir de lui devant ses camarades, comme il avait souffert lui-même des sarcasmes des enfants de son âge. C'était à la fin du Second Empire. Il avait environ sept ans. À cette époque, le bourreau continuait d'apparaître, au regard de la population, comme un personnage diabolique devant lequel on se signait. Certes, on ne retournait plus le pain qu'on lui destinait sur les étals des boulangers, mais on évitait de croiser son regard et jamais on ne conviait sa famille aux événements qui ponctuent la vie en société. Tout enfant déjà, Anatole Deibler, petit-fils et fils d'exécuteur, véhiculait une sulfureuse image, qui l'inquiétait autant qu'elle fascinait les autres.

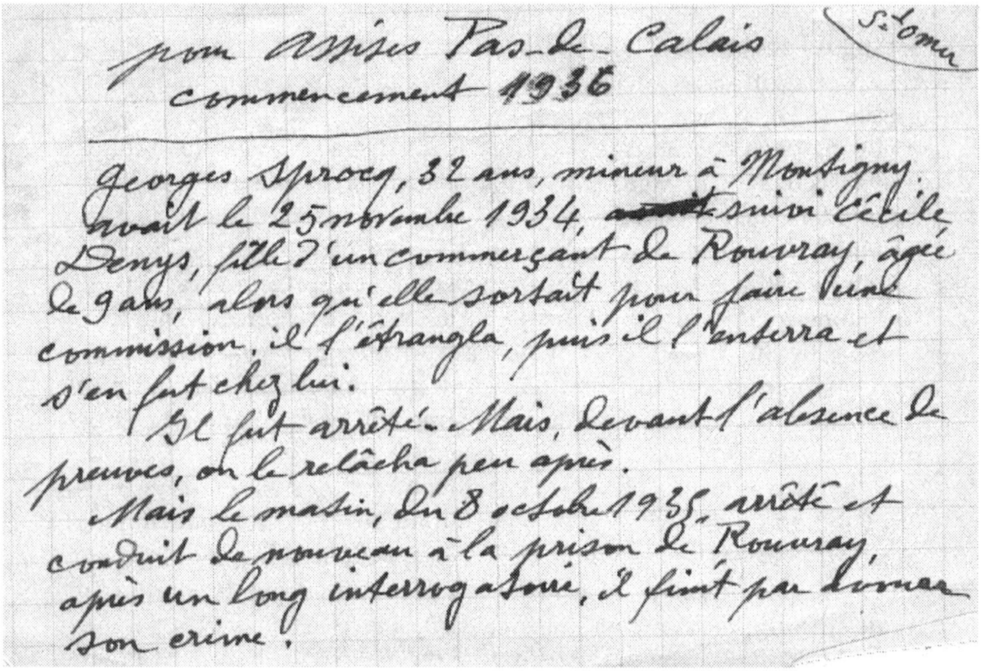

pour Assises Pas-de-Calais (St Omer)
commencement 1936

Georges Sprocq, 32 ans, mineur à Montigny avait le 25 novembre 1934, suivi Cécile Denys, fille d'un commerçant de Rouvray, âgée de 9 ans, alors qu'elle sortait pour faire une commission, il l'étrangla, puis il l'enterra et s'en fut chez lui.

Il fut arrêté. Mais, devant l'absence de preuves, on le relâcha peu après.

Mais le matin, du 8 octobre 1935, arrêté et conduit de nouveau à la prison de Rouvray, après un long interrogatoire, il finit par avouer son crime.

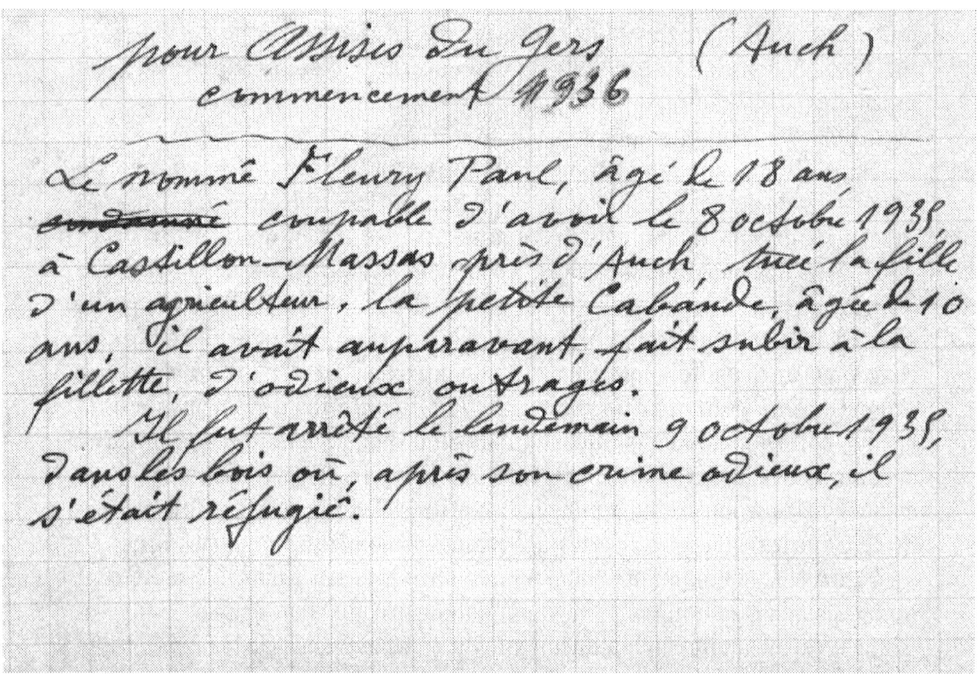

pour Assises du Gers (Auch)
commencement 1936

Le nommé Fleury Paul, âgé de 18 ans, ~~condamné~~ coupable d'avoir le 8 octobre 1935, à Castillon-Massas près d'Auch tué la fille d'un agriculteur, la petite Cabánde, âgée de 10 ans, il avait auparavant, fait subir à la fillette, d'odieux outrages.

Il fut arrêté le lendemain 9 octobre 1935, dans les bois où, après son crime odieux, il s'était réfugié.

Des notes d'Anatole Deibler relatives à des affaires criminelles traitées aux cours d'assises du Pas-de-Calais et du Gers au milieu des années trente.

Malgré les souvenirs douloureux qui peuplaient sa mémoire, le vieux bourreau s'était plu, deux ou trois fois, à revenir dans sa ville natale. Comme d'habitude, il descendrait à l'hôtel de la Duchesse-Anne et se rendrait à pied dans le quartier de la place de Kergus. Il arpenterait peut-être les rues voisines de son lycée, puis il s'assiérait un moment sur un banc, près du ruisseau pavé qui avait vu couler le sang des guillotinés de son père. Il regagnerait ensuite sa chambre et n'en ressortirait plus avant l'aube.

Dans le quartier d'Auteuil, le vent soufflait en rafales. Sous le pont Mirabeau, la Seine emportait les branches des arbres déracinés sur les berges du côté de Melun. Prudemment, « Monsieur de Paris » refusa que sa fille l'emmène à la gare en automobile. Elle avait longuement insisté, essuyé ses refus avec le sourire et pris son parti de ne pas le contrarier. Elle l'aimait trop pour prendre le risque de le fâcher, pour le voir s'en aller sans lui adresser le sourire triste qu'il arborait en pareille occasion. Demain, par sa main, le couperet tuera pour la trois centième fois depuis qu'il était exécuteur en chef pour la France et la Corse.

Dans son petit carnet gris, deux chiffres à l'encre rouge : « 396. 300. » Le premier totalise les têtes qu'il avait vues tomber depuis le jour de sa première affectation, le 8 septembre 1885, en Algérie. Ce jour-là, un dénommé Francisco Arcano était exécuté par son grand-père maternel. Anatole était son assistant. Il allait avoir vingt-deux ans. Le second appartenait à Maurice Pilorge, trois centième condamné à être guillotiné par Anatole Deibler en personne.

Il alla dans la chambre de sa femme, embrassa celle-ci sur le front et lui dit à mi-voix de ne pas s'inquiéter. Il savait que cette formule était superflue, qu'elle ne l'entendrait pas et qu'en son for intérieur, fille d'exécuteur, elle eût aimé que son époux tranchât fièrement les têtes des assassins que lui confiait la société. Parce que sa légendaire discrétion ne faisait pas honneur à son ambition. L'horreur du geste n'avait aucune prise sur elle. Il referma la porte sans qu'elle se réveillât, puis il rejoignit Marcelle dans le vestibule.

Enveloppée dans un grand châle de laine, elle regarda furtivement au-dehors. La nuit assombrit son visage. Elle comprit qu'il gelait à pierre fendre. Elle se retint d'en faire une nouvelle fois la remarque et jeta sur les épaules de son père le pardessus qu'elle boutonna consciencieusement pour lui. Sous la moustache blanche et la barbiche en pointe du vieillard, elle chercha l'esquisse du sourire qu'elle espérait encore. Lorsqu'elle ouvrit la porte qui donnait sur le petit jardin de la villa Dufresne, le vent s'engouffra dans la maison.

Le 21 septembre 1937, l'arabe voulait pénétrer de force dans un établissement spécial de la rue de l'Epée, dans le quartier de la Guillotière, La gardienne de la maison le voyant surexcité lui en refusa l'entrée. Furieux Rakkida la menaça d'un revolver. La police alertée voulut l'arrêter pour menace de mort et port d'arme prohibé. L'énergumène tira plusieurs coups de feu blessant grièvement deux agents.

Il était interdit de séjour, à ajouter qu'à Paris à la suite d'une rixe qu'il eut dans un débit, il abattit un de ses antagonistes. Il fut blessé d'une balle de revolver à la tempe, blessure qui lui rendit la vue très diminuée. Il était d'ailleurs passible de la Cour d'assises de la Seine, mais vu sa tentative criminelle de Lyon on estima inutile cette nouvelle comparution.

Après son réveil amené au greffe, il se montra très énervé, et fit quelques

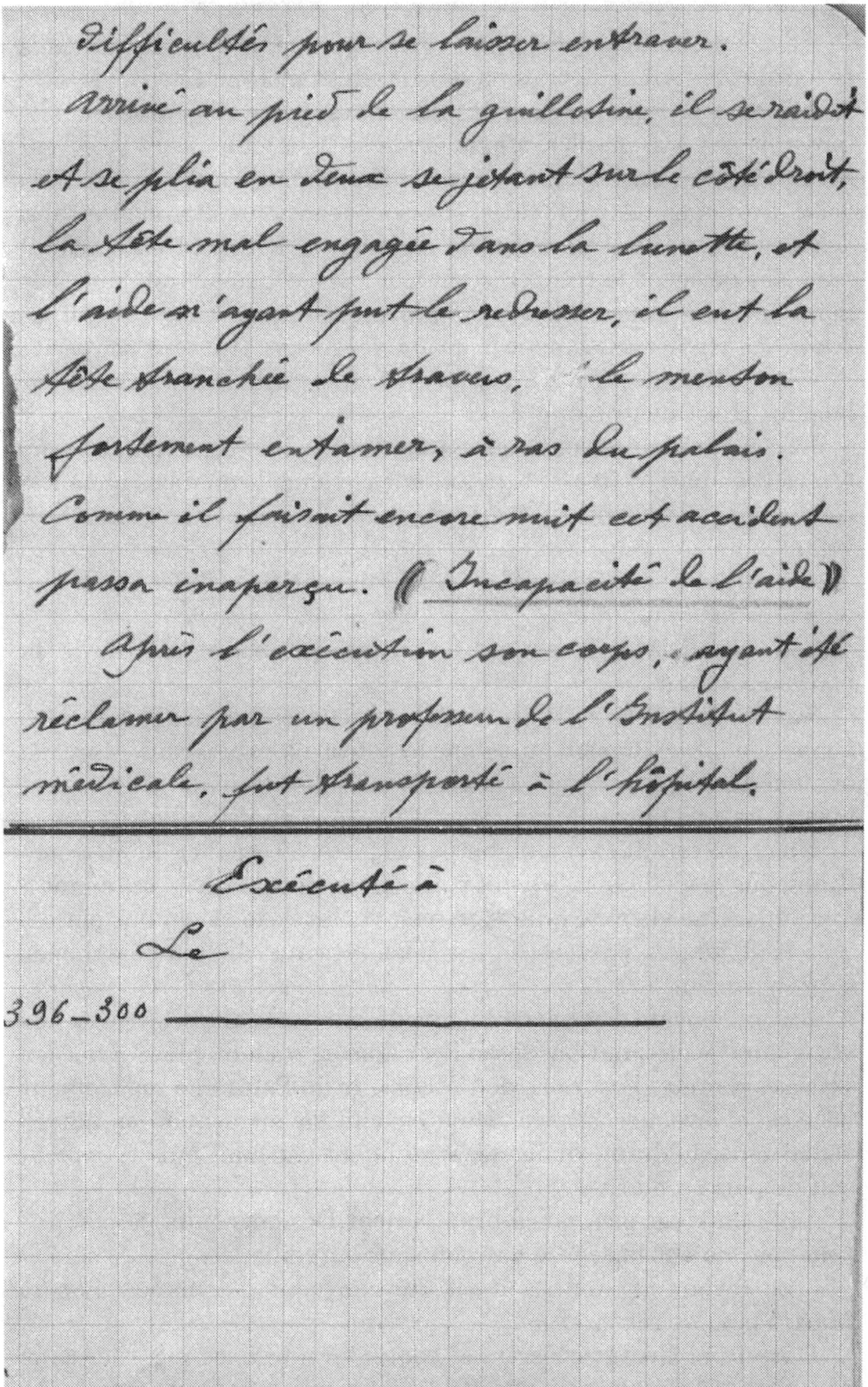

difficultés pour se laisser entraver.
Arrivé au pied de la guillotine, il se raidit
et se plia en deux se jetant sur le côté droit,
la tête mal engagée dans la lunette, et
l'aide n'ayant put le redresser, il eut la
tête tranchée de travers, le menton
fortement entamer, à ras du palais.
Comme il faisait encore nuit cet accident
passa inaperçu. « Incapacité de l'aide »
Après l'exécution son corps, ayant été
réclamer par un professeur de l'Institut
médicale, fut transporté à l'hôpital.

Exécuté à

Le

396-300

Les deux dernières pages rédigées du carnet dit « d'exécutions ».

Au bas des marches de la gare Montparnasse, Henri Desfourneaux se tourna vers ses deux amis en consultant sa montre. Georges Martin le regarda sans rien dire. Il était huit heures moins vingt et le train ne tarderait pas à s'ébranler. L'inquiétude se lisait dans leurs yeux, car Anatole Deibler les avait habitués à la plus extrême ponctualité. Parti la veille, le fourgon des guillotinés, sous sa bâche noire, attendait à l'abri des regards, sur une voie de garage au triage de Rennes. L'exécuteur et ses aides devaient le récupérer dans la journée pour le conduire à la maison d'arrêt. André Obrecht, dont l'angoisse naissante creusait les traits, écrasa nerveusement le mégot de sa cigarette sous son pied :

– Le patron ne s'est jamais présenté si tard. Il a dû se passer quelque chose de grave.

Une conduite intérieure noire roulait dans leur direction. Ils s'arrêtèrent de parler, fixèrent un instant le véhicule en dévisageant le conducteur. Il faisait encore nuit, mais ils virent un homme au volant.

– Ce n'est pas la voiture de Marcelle, dit Robert Martin d'une voix presque inaudible.

Son frère froissa le paquet de cigarettes qu'il avait tiré de sa poche à son tour.

Sur le seuil de la villa Dufresne, un monceau de feuilles mortes venues de la rue tourbillonna dans la petite allée du jardin. Marcelle avait accompagné son père à la grille, puis elle l'avait suivi du regard jusqu'à ce qu'il tourne à gauche vers l'avenue de Versailles.

Un chien errant l'avait accompagné jusqu'à l'escalier du métropolitain, que le vieil homme avait pris soin de descendre en se tenant à la rampe. Une violente quinte de toux venait de le clouer sur place.

– Huit heures passées, lança Desfourneaux. Il faut téléphoner chez le patron.

Il commençait à y avoir du monde sur le quai de la gare. Les voyageurs à destination de la Bretagne prenaient place dans les voitures de tête. Les aides de « Monsieur de Paris » se regardaient en n'osant évoquer le pire. Mais chacun savait à quoi les autres songeaient, au drame qu'ils ne formulaient pas mais qui les oppressait de plus en plus.

– S'il ne vient pas, lança brutalement Desfourneaux, je partirai seul pour ne pas laisser le fourgon sans surveillance.

– Le cocher de Rennes a-t-il été convoqué ? demanda Robert Martin pour se rassurer.

Obrecht et Georges Martin se contentèrent de les regarder sans répondre. Il n'était pas question de se présenter au bureau du procureur en l'absence de l'exécuteur en chef.

Anatole Deibler, vers la fin de sa vie, est surpris par le photographe d'un journal populaire.

Au même instant, porte de Saint-Cloud, Anatole porta la main à sa poitrine en grimaçant.

– N'est-ce pas monsieur Deibler ? s'enquit une dame auprès du poinçonneur en le voyant s'asseoir péniblement sur le banc.

Le vieux bourreau fouilla fébrilement les poches de son manteau. Une petite boîte ronde roula jusqu'aux pieds de la dame qui se pencha vers lui.

Une rame du métro s'immobilisa sous la voûte carrelée de la station. Le regard absent du vieillard s'immobilisa sur les portes béantes des voitures de première classe. La boîte s'était remise à rouler sans bruit jusqu'au bord du quai. Lorsque les portes se refermèrent, Anatole sursauta. Instinctivement, il leva les yeux vers le couperet d'acier dont il semblait attendre le verdict.

– Monsieur Deibler ? insista la dame en lui prenant le bras.

Le bruit du train qui s'élançait dans le tunnel couvrit sa voix. Anatole Deibler ne l'entendait plus ; les images de sa vie défilaient devant ses yeux...

La place de la gare de Rennes était noire de monde. À l'aube du 20 mai 1922, l'exécuteur en chef des Arrêts criminels dressait les bois de justice au nom du peuple français pour y sacrifier le parricide Lagadec. Sur un banc voisin, le petit Anatole « exécutait pour rire » son premier camarade de classe... Demain, 3 février 1939, il s'y retrouvera pour décapiter l'assassin Pilorge, compagnon de cellule de Jean Genet. Rien ne changera : le geste sera le même et l'odeur du sang dans le seau criera les mêmes injures inutiles au destin. Le vieux bourreau perdit un instant conscience, mais ses souvenirs, toujours vivants, continuèrent à s'imposer : le numéro 3 de la rue Vicq-d'Azir, qui fut sa première adresse parisienne à l'âge de douze ans. Sa présence au pied de l'échafaud, le 30 mars 1882 place de la Roquette. Pour la première fois. Ce matin-là, comme sur le banc du métro de la porte de Saint-Cloud, Anatole Deibler s'était senti défaillir. Le sol, sous ses pieds, s'était dérobé d'un seul coup.

Alger la Blanche, où son grand-père maternel officiait pour le Maghreb.

Ravachol. Peugnez. Landru. Gorguloff...

Dans sa chambre de la rue Claude-Terrasse, Rosalie Deibler, née Rogis, fut réveillée par un rêve étrange : une femme, dans le bureau du procureur de la République, intercédait auprès de son mari pour que celui-ci lui permette d'assister à l'exécution du lendemain. « Je vous en supplie, monsieur Deibler, lui dit-elle avec une insistance qui la fit basculer dans le cauchemar. Je voudrais voir tomber la tête de l'homme que vous décapiterez demain. » Stupéfait, le bourreau se tourna vers son épouse pour l'interroger du regard. Ses gestes étaient lents et mesurés. Automatiques. Jamais, dans la réalité de sa vie conjugale aux côtés d'Anatole Deibler, Rosalie ne fut émue par la guillotine et l'effroyable sang-froid de ses serviteurs. Ce matin-là, en revanche, elle se sentait prise d'angoisse. Elle se retourna brusquement dans son lit. Alors, tandis que son mari demandait à cette inconnue les raisons de son étrange intervention, celle-ci lui répondit : « Je suis la fille du condamné, monsieur Deibler, et vous m'obligeriez en m'y autorisant ! » Rosalie se réveilla soudain, étrangement troublée.

La foule s'était massée sur le quai du métro. On avait appelé Police secours et des gens s'affairaient auprès du vieil homme allongé sur un banc. Dans sa main gauche, il tenait encore la sacoche de cuir à ses initiales que son père lui avait offerte cinquante ans plus tôt.

Le gardien de la paix qui s'était penché pour lui parler sortit un portefeuille de la poche de son pardessus. À l'intérieur, il y trouva deux cartes de visite, un ticket de chemin de fer à destination de Rennes et quelques billets de banque. Une adresse d'hôtel. Une liste de prix comparatifs. Dans la sacoche, une chemise et une paire de chaussettes soigneusement pliées. L'agent feuilleta distraitement quelques pages d'un carnet de toile grise écrites à la plume et demanda qu'on s'écartât un peu du banc.

– Circulez, mesdames et messieurs, il n'y a rien à voir !

À l'arrivée des secours, Anatole Deibler était entré dans le coma.

Tandis qu'on l'emmenait à l'hôpital, un gendarme à bicyclette sonnait à la porte du jardin de la villa Dufresne. Lorsque la cloche retentit, Marcelle Deibler, qui ne s'était pas recouchée, ressentit un profond malaise. Il avait suffi que l'agent se présentât pour qu'elle comprît le motif de sa visite.

La nouvelle se propagea comme une traînée de poudre dans le quartier du Point-du-Jour. Dès qu'elle apprit ce qui venait de se produire, Georgette Desfourneaux se proposa de se rendre à la gare afin d'en informer son mari. Marcelle l'emmena dans sa voiture, pendant que sa mère prévenait les autorités.

Devant la gare Montparnasse, il était presque huit heures et demie lorsqu'elle sortit de la voiture de Marcelle en criant :

– Anatole est mort !

Le jour ne s'était pas encore levé. Obrecht jeta sa cigarette à terre d'un geste rageur. Sa voix tremblait quand il tenta d'en savoir plus.

– On l'a conduit à l'hôpital Ambroise-Paré, dit Georgette Desfourneaux en désignant la voiture.

Au volant, Marcelle Deibler regardait fixement devant elle. Henri et Georgette Desfourneaux prirent place à l'arrière. Assis à côté de sa cousine, André Obrecht n'osait pas la regarder. Chacun se drapait de solitude et leur tristesse était accablante.

– Nous rentrons par nos propres moyens, avaient dit les frères Martin à l'attention de Desfourneaux. On se charge de prévenir le procureur de Rennes.

Parmi les aides du bourreau, Obrecht et Desfourneaux étaient de la famille et les mieux placés pour lui succéder. Ils y pensèrent tout en se disant qu'il était trop tôt pour en faire ouvertement état. Les deux hommes ne s'aimaient guère et l'un et l'autre intriguaient depuis longtemps auprès de Rosalie, pour que le moment venu le patron prenne une décision qu'entérinerait obligatoirement le ministre de la Justice.

– Je passe rue Claude-Terrasse pour prendre maman, avant que nous nous rendions à l'hôpital, dit Marcelle en serrant les dents.

On avait disposé le corps du vieil Anatole sur un lit. Son costume de voyage en laine grise, sa chemise blanche et sa cravate avaient été soigneusement ajustés. L'écharpe et le chapeau mou reposaient sur une chaise à côté de la sacoche et du pardessus. Les rideaux avaient été tirés sur la dépouille du plus mystérieux des bourreaux que la France ait connus.

Une heure plus tard, tous les proches d'Anatole se retrouvaient à l'hôpital Ambroise-Paré.

– Désormais, murmura Robert Martin, c'est un peu comme si l'histoire venait de s'arrêter…

… Comme si la collectivité tout entière prenait enfin sa part dans les responsabilités qu'elle déléguait depuis toujours à l'exécuteur des Hautes Œuvres pour éviter de se salir les mains.

Rosalie Deibler leva la tête pour l'interroger du regard. Marcelle avait compris ce qu'il avait voulu dire, mais elle se garda de commenter ses propos devant son cousin. André Obrecht était d'assez mauvaise humeur et cela se voyait. Marcelle Deibler savait tout ce que représentait son père aux yeux de l'opinion publique. La position sociale très particulière du bourreau, qui avait reçu la suprême autorisation de tuer au nom du peuple souverain, s'apparentait à celle du sorcier dans les sociétés primitives. Doté de pouvoirs exorbitants, hors du commun des hommes, il personnifiait à la fois le bien et le mal, le point limite où la société bascule.

– Venez ! dit Georges Martin en prenant Marcelle par le bras. Il faut laisser Rosalie se recueillir.

Le jour s'était levé sur un temps de Toussaint. La ville paraissait sale et noire.

– Il m'a dit qu'il était inutile et dangereux de sortir la voiture par ce froid. Qu'il se rendrait à la gare en métro pour m'éviter de prendre le volant.

Elle sanglotait en lui serrant le bras, lorsque Robert les rejoignit.

– Que fait André ? demanda Georges en se tournant vers la porte de la chambre mortuaire.

Au pied du lit d'Anatole, Rosalie faisait part à son neveu de sa ferme intention de favoriser la nomination de son beau-frère, Henri Desfourneaux, auprès du ministre de tutelle.

– Pour des raisons financières qu'il n'appartient à personne de contester, avait-elle dit en élevant la voix. Tu prendras ton tour le moment venu.

Desfourneaux s'était endetté auprès de sa belle-famille, et Rosalie, de crainte que celui-ci n'eût pas assez de revenus pour la rembourser, s'était empressée de soutenir sa candidature auprès du ministre.

Le 21 avril, Desfourneaux ayant officiellement reçu la succession d'Anatole Deibler, Rosalie écrira au directeur des Affaires criminelles et des Grâces afin de lui réclamer les gages de son mari, qui n'étaient plus alloués depuis le mois de janvier. Le contrat qui liait l'exécuteur à l'État stipulait en effet qu'après le décès du bourreau, plus aucune rétribution ne serait versée à ses ayants droit. Mais Rosalie n'était pas femme à renoncer, surtout pour des questions d'argent. Elle reçut néanmoins de l'Administration une fin de non-recevoir, qui allait l'obliger, quelques années plus tard, à vendre une partie de ses biens, dont la maison d'Auteuil qu'elle occupait avec Marcelle, et le terrain qu'Anatole avait acquis en 1924 pour y faire construire une maison de vacances à Royan, au bord de la mer.

Dans le couloir, on fit semblant de n'avoir pas entendu.

– En m'embrassant, reprit Marcelle, il m'a répété qu'il était heureux de se rendre à Rennes, et qu'il avait prévu de déjeuner avec un ancien camarade, commandant de garnison, qu'il n'avait pas revu depuis dix-sept ans.

Dans son regard, il y avait toute la détresse des gens qui cherchent à voler une image à l'évanescence, une parole à la dispersion de la mémoire. Désespérément, elle essayait de fixer un instantané dans le temps.

Henri Desfourneaux attendait le retour du corps à la villa Dufresne. Harcelé par les journalistes que la nouvelle du décès de « Monsieur de Paris » avait attirés sur les lieux, il se retrancha derrière son émotion. Des sanglots dans la voix, il balbutia quelques excuses et referma la porte sur les flashes des photographes.

« Il faut que je me dépêche », avait dit Anatole au moment de partir. « Si je suis en retard, Desfourneaux sera de mauvaise humeur pendant tout le trajet... Et quand il se met à bouder, celui-là, on en prend pour toute la durée du voyage. »

La famille précéda de peu l'arrivée de la dépouille à son domicile. Rue Claude-Terrasse, un cordon de police avait pris place pour éviter que les curieux ne fassent le siège de l'impasse et du jardin. S'ils avaient pu, ils auraient franchi les limites de l'impudeur et forcé la porte de la crypte.

Les silhouettes se faufilant derrière les fenêtres de la villa nourrissaient l'imagination des badauds. Certains, sur les murs de la villa Dufresne, devant laquelle ils passaient tous les jours sans se retourner, verront trembler l'ombre fugitive de la guillotine, et son couteau, déclenché par une mystérieuse main, glisser en grinçant le long des bois de justice... Il se passait enfin quelque chose dans les rues d'Auteuil.

Ils furent quelques amis fidèles à veiller le bourreau jusqu'au soir. Des hommes en noir se succédèrent toute la journée. Déjà, les vendeurs de journaux criaient à tue-tête en arpentant l'avenue de Versailles :

– Monsieur de Paris est mort au Point-du-Jour !

Le marché du jeudi matin avait envahi l'avenue. Aux étals on ne parlait que de la disparition d'Anatole Deibler et des intrigues liées à sa succession.

– L'exécuteur n'est plus...

... Mais dans sa prison de Rennes, le dénommé Pilorge ne devait pas survivre au dérèglement provisoire des arrêts de justice. Par ordre du directeur des Affaires criminelles, l'exécution prévue le 3 février fut différée de vingt-quatre heures. Le premier aide, Henri Desfourneaux dirigea l'office de décapitation. La dernière fois qu'il avait présidé au déclenchement du couperet, c'était lorsque Anatole était tombé malade. On ne retiendra pas les derniers mots du condamné, pas plus que la sordide histoire de sa vie. Ce qu'en dira Jean Genet ne fera rien à l'affaire. Pilorge avait tué. La sentence fut exécutée.

Quand Desfourneaux et ses aides rentrèrent à Paris, les dispositions pour l'enterrement d'Anatole Deibler avaient été prises par sa femme. Le bourreau reposerait au cimetière de Boulogne après une messe à sa mémoire, bien qu'il ne fréquentât plus l'église depuis son mariage, en 1898.

À l'aube du 5 février 1939, la foule avait envahi le quartier d'Auteuil et les environs du cimetière. Choqué par l'indiscrétion des photographes qu'il avait dû chasser des abords de la villa Dufresne, Georges Martin confiait à l'oreille de son père :

– Je ne sais quels sales sentiments attirent les gens comme des vautours autour de cette tombe, mais ce goût du scandale m'horrifie. Pourquoi ne nous laissent-ils pas à notre peine et cherchent-ils à mettre un nom sur nos visages ?

Le père Martin ne répondit pas. Il se contenta de prendre son fils par l'épaule et de suivre le cortège.

Il y avait des gens dans les arbres, debout sur les murets et jusqu'aux fenêtres des maisons qui bordent le cimetière. Comme au temps des grandes exécutions, tout le monde se rendait au spectacle de la mort.

Obrecht allait s'en prendre aux journalistes qui avaient payé les propriétaires des balcons et des terrasses voisins pour être aux premières loges :

– C'est ignoble, se contenta-t-il de dire en les toisant.

Certains d'entre eux l'apostrophèrent en riant.

Henri Desfourneaux se tenait un peu en retrait. Il n'aimait pas le jeune Obrecht, qu'il trouvait arrogant et prétentieux. Dans la course à la succession du patron, il n'avait pas cherché à discréditer le neveu d'Anatole, son rival, ni tenté d'influencer qui que se fût. Mais il savait que certaines personnes de son entourage s'appliquaient à ternir sa propre image auprès des autorités judiciaires. On le disait lent et malhabile. Impressionnable devant le condamné qu'il n'osait pas regarder !

André Obrecht, qui avait acheté la presse du jour, la déplia pour la faire lire à Ernest Rogis. En page intérieure, à la suite de l'article consacré à la disparition de Deibler, le correspondant présent sur le lieu d'exécution de Pilorge avait ironiquement rapporté que le vieux Desfourneaux, par ses hésitations, avait manqué sa première prestation publique : « Le successeur encore officieux de Monsieur Deibler, écrivait-il, se tenait immobile au milieu de ses aides. C'est un homme de petite taille, vêtu d'un pardessus sombre et coiffé d'un feutre gris baissé sur les yeux. Au milieu de toute cette agitation, il semble garder son calme. On dirait qu'il assiste en témoin, presque indifférent, à toute cette scène dont il est pourtant le tragique animateur. Puis il s'approche de la machine tandis que l'assassin, ligoté, est porté par ses aides jusqu'à la bascule… »

Obrecht, attentif au regard de Rogis, scrutait en même temps les réactions de son entourage. Il espérait que sa présence aux côtés de Marcelle Deibler influencerait sa tante. Il était le seul à porter un brassard noir à son bras gauche. L'air recueilli, il semblait compter

Le caveau familial,
au cimetière de Boulogne.
Anatole Deibler y est enterré
le 5 février 1939.
Au premier plan, à gauche,
les aides du bourreau ;
son neveu André Obrecht porte
un brassard noir.

les candidats anonymes qui s'étaient pressés aux côtés de la famille à l'annonce du décès.

Un mouvement de réprobation agita Ernest Rogis.

– Ils exagèrent, murmura-t-il en tendant le journal à son voisin.

Obrecht, à qui la teneur de l'article donnait toutes ses chances, exultait en silence. À son tour, Georges Martin prit connaissance des critiques formulées par la presse quotidienne au sujet de Desfourneaux : « Comme au boulevard Arago, Monsieur Desfourneaux fut très lent. Douze secondes s'écouleront en effet avant que le déclic métallique en tombant ne fasse jaillir un flot de sang… »

La famille pleurait. Les amis priaient pour le repos du défunt. Devant la tombe ouverte, la foule se souvenait des grandes affaires criminelles qui avaient conduit à la décapitation publique des coupables. On reparlait de l'exécution des anarchistes. On exhumait des souvenirs. Mais celui que l'on était venu saluer une dernière fois ne faisait déjà plus partie de l'Histoire.

Debout devant la croix de marbre rose qui ornait le caveau de famille, le prêtre, qui avait connu Louis Deibler et son fils peu de temps après leur installation à Paris, prononça des paroles qui devaient bouleverser l'ordonnance des faits, et donner de la vie du défunt des images où ses souvenirs l'emportaient sur les devoirs de sa charge…

PREMIÈRE PARTIE

Le difficile apprentissage de la raison

Anatole Deibler allait avoir trois ans quand son père exécutait les pirates du Foederis Arca. *Il apprendrait plus tard que son grand-père Joseph, pour lequel il avait de l'affection, l'avait assisté ce jour-là et que ses mains avaient trempé dans le sang de ses héros. Des années plus tard, le fils du bourreau cherchera refuge dans les livres d'aventures et les récits de voyages. À quinze ans, troublé par la rumeur qui s'attachait à sa famille, Anatole se mit à chercher les réponses aux questions qui le tourmentaient depuis son enfance ; car il commençait à en soupçonner les conséquences. Depuis 1870, la France ne comptait plus qu'un seul bourreau pour la métropole et la Corse : deux guillotines se trouvaient à Paris, servies par un exécuteur en chef et cinq adjoints. Louis Deibler, longtemps pressenti pour cette haute fonction, fut envoyé dans la capitale un an plus tard, afin de seconder le grand Nicolas Roch. Dès lors, plus le père prendra de l'importance dans le « métier », plus le fils tentera de s'en démarquer. Tous les efforts du jeune homme porteront sur sa volonté d'échapper à l'emprise du destin qui, depuis le jour de sa naissance, l'appelait à perpétuer la dynastie.*

Joseph Deibler avait voulu faire le voyage de Brest. Ce 19 juin 1866, les mutins du *Foederis Arca* comparaissaient devant le tribunal maritime permanent présidé par le capitaine de vaisseau Pichon. Son fils Louis, que les audiences n'attiraient guère, avait manifesté quelque mauvaise humeur à le suivre, mais il avait cédé aux injonctions du père, qui longtemps avait été son patron. L'odyssée de ce trois-mâts, qui ressemblait à un roman de Jules Verne, avait défrayé la chronique pendant plus de deux ans. On allait juger ces hommes « à guichets fermés ».

Depuis trois ans, le vieux Joseph avait pris sa retraite et son fils, après l'avoir assisté pendant plusieurs années, lui avait succédé. Sur les marches du palais, on les salua discrètement. En Bretagne, comme dans l'ensemble des provinces françaises, on ne frayait pas avec les bourreaux. On les tolérait, mais on ne manquait pas de baisser les yeux sur leur passage. On restait attentif au pouvoir du mauvais œil.

– J'ai bien connu le second capitaine du *Foederis Arca*, soupira la femme que Louis Deibler aidait à gravir les marches du Palais de justice.

Aussi, le prenant à témoin, elle ajouta :

– Les garçons qu'on va condamner tout à l'heure étaient de bons enfants, monsieur. Je ne vous connais pas, mais vous pouvez me croire : celui qui leur tranchera la tête ne l'emportera pas en paradis. On se salit toujours les mains à les tremper dans le sang !

– Ces hommes sont des assassins ! lui répondit spontanément Louis Deibler.

Il fut tenté de lâcher le bras de la vieille femme et de l'abandonner à ses réflexions. Mais elle se cramponnait à lui et, comme si elle s'adressait à son fils, elle ajouta :

– La loi du talion ne fait jamais honneur à celui qui l'applique.

Joseph et Louis Deibler n'avaient pas d'états d'âme. Au moment d'actionner la manette qui libérait le couteau de la guillotine, ils étaient commandés par la voix du peuple. Le père et le fils officiaient au nom de l'Empire français. Pourtant, lorsqu'il s'agissait d'en parler, les Deibler préféraient esquiver le débat et ne pas prendre position. Joseph Deibler s'était réjoui de voir Louis lui succéder dans sa fonction de bourreau. Une dynastie d'exécuteurs était née, à l'instar des Sanson qui, à partir de la Révolution, avaient écrit plusieurs des chapitres sanglants de l'histoire de France.

– Les pauvres enfants ! s'exclamèrent quelques marins venus spécialement de Marseille.

On ne saura jamais s'ils parlaient des mutins ou de leurs victimes. Sûrement des deux.

L'effroyable aventure de *L'Arche d'Alliance* n'était à leurs yeux que le fruit d'une intervention diabolique. Certes, les quatre marins qui avaient embarqué pour leur dernier voyage devaient être vengés, mais rares étaient les gens de mer qui se reconnaissaient dans le bras justicier de l'homme. Pour la plupart, c'était à la mer de juger les siens.

Pour le vieux cap-hornier qui venait de s'asseoir à côté du bourreau, personne, en son âme et conscience, ne pouvait disposer de la vie d'un homme, fût-il reconnu coupable des pires abominations.

Quelques jours plus tard, la mort allait être prononcée pour quatre des huit mutins qui avaient comparu pour crime de piraterie. Les autres seraient condamnés au bagne. Dans la salle du tribunal, un grand silence suivit la sentence. Pour les marins, coutumiers des larmes et de la tragédie du « grand métier », le voyage du *Foederis Arca* venait de s'achever. Dans leurs yeux, on voyait encore courir sous les alizés la silhouette blanche de l'honorable navire, fierté de toute une ville, de ses propriétaires et de son équipage, que l'Histoire vouerait désormais à l'infamie.

Peu de temps avant le drame, le *Foederis Arca* naviguait en direction de Veracruz. C'était l'été, les gabiers tiraient des bords et le navire, les cales pleines de vins et de spiritueux, traçait sa route à travers l'Atlantique. Sur la dunette, le capitaine en second, Théodore Aubert, et le capitaine Richebourg, se plaisaient à relever que les vents leur étaient favorables. On apercevrait bientôt les îles du Cap-Vert.

On ne devait pourtant jamais revoir le navire normand dans aucun port de l'Amérique du Sud... Quelques jours plus tard, un bâtiment danois recueillait une chaloupe dans laquelle se trouvaient des naufragés français. Quand on les questionna, ils déclarèrent qu'ils avaient fait naufrage et qu'ils avaient perdu le capitaine et son second, ainsi qu'un jeune mousse et le cuisinier du bord. Les rescapés furent rapatriés, interrogés, puis ils s'embarquèrent à nouveau pendant plusieurs mois sans que l'énigme du *Foederis Arca* révélât le moindre indice. Pour ses armateurs, le bateau avait disparu avec ses cent cinquante tonneaux de cargaison. Le frère du capitaine Richebourg, lui-même commandant de l'*Hiram,* n'avait pu apporter la moindre explication. Jusqu'au jour où l'un des naufragés, ne pouvant garder plus longtemps le secret de la mutinerie, s'en était allé confesser le drame aux autorités maritimes. « Au cours de l'affrontement qui a coûté la vie aux quatre disparus, avoua le témoin, la décision fut prise de couler le navire, afin d'effacer toute trace du crime et de gagner la côte la plus proche. »

Il fallut quelque temps pour que les responsables fussent écroués, car entre-temps ils avaient repris la mer.

Louis Deibler, à qui l'on avait remis la charge de son père à l'âge de quarante ans, se tourna vers lui à la lecture du verdict. Il vit passer sur son visage l'esquisse d'un sourire qu'il ne tentait pas de refréner, fût-ce devant l'hostilité silencieuse du public.

Depuis trois ans, Louis Deibler était père d'un petit garçon prénommé Anatole. 1863 lui avait été de bon augure. Cette année-là, en effet, il venait également de faire son entrée dans l'univers clos des exécuteurs des Hautes Œuvres.

Dès que la sentence fut tombée, son esprit s'était évadé. Son rôle de bourreau n'avait pas encore commencé. Il lui faudrait attendre plusieurs mois pour que l'ordre d'exécution des condamnés du *Foederis Arca* lui soit officiellement notifié par la direction des Affaires criminelles. À moins que Napoléon III ne consentît à gracier les condamnés... Tout portait à croire, cependant, que la sauvagerie avec laquelle avait été perpétrée la tuerie n'inciterait pas l'empereur à la clémence.

Louis Deibler allait demander à son père ce qu'il en pensait, quand les mutins se levèrent pour quitter le tribunal.

Il y eut un mouvement de foule lorsque les condamnés sortirent du boxe. Léonard, le maître d'équipage, et les matelots Oillic, Thépaut et Carbuccia n'avaient pu sauver leur tête. Les autres avaient été épargnés : ils ne monteraient pas sur l'échafaud. La main de Deibler ne se poserait pas sur eux.

Louis songeait à la tiédeur des soirées estivales, au tertre qu'il avait planté pour la naissance d'Anatole et qui donnait un feuillage tendre. « Cette année-là, pensa-t-il, a décidé du reste de ma vie. » Sa candidature au poste de son père, auprès du ministre de la Justice et des Cultes, avait été acceptée. « Par arrêté du 1er août 1863, Louis Antoine Stanislas Deibler est nommé Exécuteur en chef à Rennes en remplacement du nommé Joseph Deibler, son père, dont la démission est acceptée. » Il avait tellement relu cette lettre qu'il en

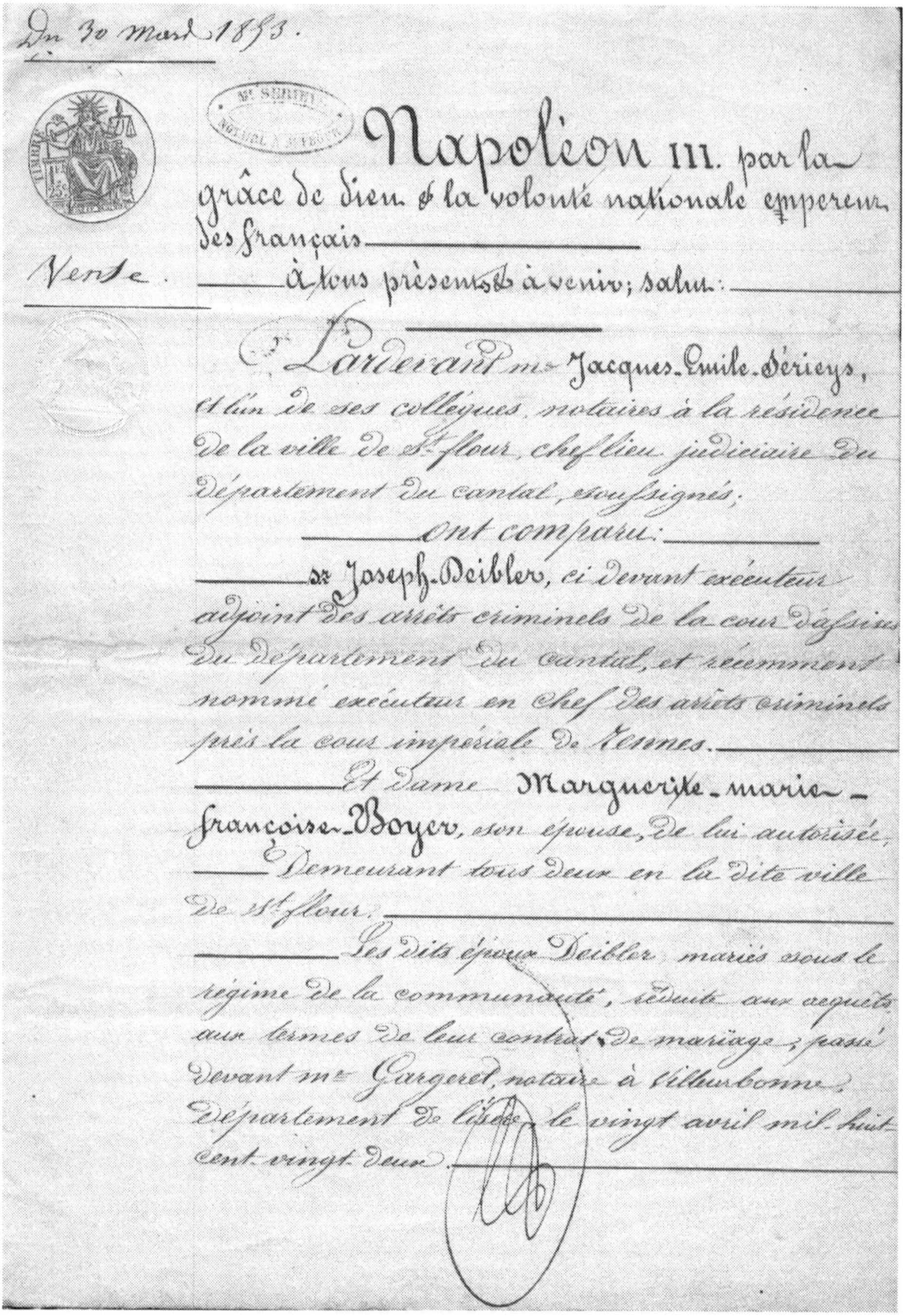
Du 30 mars 1853.

Vente.

Napoléon III. par la grâce de dieu & la volonté nationale empereur des français

à tous présents & à venir; salut.

Pardevant Me Jacques-Emile-Sérieys, et l'un de ses collègues, notaires à la résidence de la ville de St Flour, chef lieu judiciaire du département du cantal, soussignés;

ont comparu:

Sr Joseph-Deibler, ci devant exécuteur adjoint des arrêts criminels de la cour d'assises du département du cantal, et récemment nommé exécuteur en chef des arrêts criminels près la cour impériale de Rennes.

Et dame Marguerite-marie-françoise-Boyer, son épouse, de lui autorisée,

Demeurant tous deux en la dite ville de St flour.

Les dits époux Deibler, mariés sous le régime de la communauté, réduite aux acquets aux termes de leur contrat de mariage, passé devant Me Gargeret, notaire à Villeurbanne, département de l'isère, le vingt avril mil huit cent vingt deux.

Acte de vente du 30 mars 1853, enregistré à Saint-Flour, d'un appartement (deux chambres et un grenier) appartenant à Joseph Deibler, le grand-père d'Anatole, et Marguerite Marie Françoise Boyer, sa femme.

connaissait les termes par cœur. Et, le 29 novembre, naissait son premier héritier : Anatole Joseph François Deibler, fils légitime de Louis Antoine et de Zoé Victorine Rasseneux, fille du bourreau d'Alger.

Les gens qui se levaient pour quitter le tribunal ne l'avaient pas sorti de sa rêverie. Son père lui prit le bras tout en parlant à voix basse. Louis suivait la foule comme on quitte un port avec la marée descendante. En se laissant porter vers le large.

Moins de quatre mois plus tard, il libérerait la lourde lame d'acier de sa potence ; elle glisserait alors dans ses rails pour s'abattre « comme un souffle » sur la nuque des suppliciés. Pour requérir contre un condamné, la Justice a les yeux bandés. Le bourreau, lui, ne tremble pas. Les yeux fixés sur la faux qu'il saisit à pleine main, il regarde la mort en face.

Dans leur prison, Oillic et Thépaut se montraient nerveux. Le temps passait. L'aube fatale ne tarderait plus. La camarde allait frapper à la porte de leur cellule.

– J'ai bien peur qu'un de ces matins, on vienne nous réveiller pour notre dernier quart.

Comme une bête traquée, Oillic pressentait l'instant fatal.

– Le piquet de garde a reçu des renforts, répondit seulement son compagnon.

Puis il retourna s'asseoir sur sa paillasse. On était le 10 octobre au soir.

– Je vois.

Ce furent les dernières paroles qu'Oillic lui adressa. La gorge serrée, il attendit le jour sans dormir. « Des quatre, il fut le plus courageux, rapporte Pierre Bouchardon dans son récit de l'exécution. Il s'inquiétait avant tout du déshonneur dont sa mort infamante allait frapper les siens. Lors d'une récente visite, il avait même demandé à son père et à ses sœurs, après les avoir embrassés une dernière fois, de ne plus revenir. »

Le réveil des condamnés avait été fixé à quatre heures, afin que l'exécution eût lieu avant le lever du jour officiel. Depuis la veille, Louis Deibler hantait la place Fautrat. Le peuple de Brest, inquiet, le regardait, méprisant, à travers ses fenêtres. Autour de la « machine », dont les bras se dressaient vers le ciel, des hommes en noir étiraient leurs ombres autour de l'échafaud. Ils avaient le goût du travail bien fait. Les charpentiers de la mort avaient dressé la croix.

Pendant que les assistants du bourreau s'affairaient sur la place publique à dresser l'austère effigie de la Révolution de 1789, à l'intérieur de la prison, Louis Deibler et son père alors âgé de soixante-dix-sept ans, qui l'assistait encore dans sa tâche, procédaient d'un geste sûr au rituel macabre qu'entretiendra longtemps le pays des Droits de l'homme.

Les prisonniers n'avaient manifesté aucune émotion lorsqu'on les avait réveillés. Accablés, ils se laissèrent entraver, ils assistèrent à la messe et burent le vin qu'on leur proposa. Oillic et Thépaut demandèrent à manger de la viande. Enfin, comme l'administration pénitentiaire avait du retard sur le rendez-vous qu'elle avait pris avec la sentence, les bourreaux les firent asseoir et tailladèrent précipitamment leurs chemises à coups de ciseaux maladroits.

Lorsque la voiture des condamnés déboucha sur la place Fautrat, le cocher fut saisi de terreur en apercevant le sinistre monument érigé dans la nuit. À l'ombre des murs de Brest siégeait une foule immense dont il était impossible de distinguer les visages. Une population anonyme attendait l'hallali, une masse informe qui n'avait pas crié sa colère le jour du verdict, et qui se perdait au milieu de ses rancunes étouffées, retenait maintenant son souffle. Le cheval se cabra.

Pierre Bouchardon raconte : « Une brigade de gendarmerie ouvrait la marche, puis venait, encadrée de deux compagnies d'infanterie de marine, la voiture dans laquelle avaient pris place ceux qui allaient mourir et leurs confesseurs. Une seconde brigade de gendarmerie formait l'arrière-garde. Des troupes de toutes armes, placées sous le commandement d'un colonel, formaient le carré au pied de l'échafaud. La foule put être évaluée à trente mille personnes. On eût dit que toute la population côtière s'était donné rendez-vous à Brest. Des curieux, il s'en était logé partout : sur la place, aux fenêtres de la caserne et des maisons voisines, sur le talus et sur le chemin de ronde des remparts. »

Il était six heures précises lorsque les essieux de la voiture cessèrent de crisser. On était au pied de la machine. Il y eut un roulement de tambours, puis on entendit retentir la voix d'un officier :

– Portez, armes !

Les condamnés descendirent de la voiture. Léonard fut basculé le premier. Il se livra la tête haute et sans forfanterie, rapporteront les témoins de son exécution. Thépaut manifesta le même courage. Le Corse Carbuccia, trop ému pour gravir les dix marches de l'échafaud sans l'aide de son confesseur, cria quelque chose d'inaudible que la foule ne comprit pas. Oillic monta l'échelle en sautillant. S'il avait pu courir, il se serait précipité sur la planche, mais on le retint pour que le protocole fût respecté jusqu'au bout.

« La quadruple exécution avait duré huit minutes en tout, notera Bouchardon, et, pas un instant, la foule n'avait cessé d'observer un silence religieux. »

En France comme ailleurs en Europe, la superstition était grande au pied de l'échafaud. La populace se taisait parce qu'elle avait peur du bourreau presque autant que de la mort elle-même. Si l'on venait en masse aux abords des lieux de condamnation, ce n'était pas par esprit de vengeance ou pour éprouver quelque sensation forte : à cette époque et notamment en Bretagne, on se précipitait aux exécutions pour exorciser sa terreur du crime, de la violence et de la mort, pour s'immuniser contre le mal. Les vêtements du condamné étaient dépecés puis vendus à l'encan. Louis Deibler ne faillira pas à la tradition, et bien qu'il prétendît ne jamais avoir succombé à la superstition, il tentera, chaque fois qu'il le pourra, de s'approprier la veste du supplicié dans un geste de purification qui rappelle celui des légionnaires à la crucifixion du Christ. « L'exécution publique est un rite symbolique d'extermination du Diable », écrit Jean-Claude Chesnais. Pour Albert Camus, le châtiment suprême revêtait aussi une signification religieuse : la peine de mort, dira-t-il, fut jadis toujours infligée au nom du roi, représentant de Dieu sur la terre.

Une douzaine d'années avant la décapitation de Brest, Gustave Flaubert avait assisté à une exécution capitale à Provins, qu'il racontait en ces termes dans une lettre à Louise Colet : « On a exécuté ces jours-ci un jeune homme qui avait assassiné un bourgeois, et une bourgeoise, puis violé la servante sur place, et bu toute la cave. Or, pour voir guillotiner cet excentrique, il est arrivé dans Provins, dès la veille, plus de dix mille gens de la campagne. Comme les auberges n'étaient pas suffisantes, beaucoup ont passé la nuit dehors, et ont couché dans la neige. L'affluence était telle que le pain a manqué. » La dévotion du peuple que décrit Flaubert, devant la mort et devant le supplice, est pour ainsi dire biblique. Et le futur auteur de *Madame Bovary* d'ajouter : « Déclamez donc contre les gladiateurs et parlez-moi du progrès ! Moralisez ! Faites des lois, des plans ! Réformez-moi la bête féroce. Quand même vous auriez arraché les canines du tigre et qu'il ne pourrait plus manger que de la bouillie, il lui restera toujours son cœur de carnassier ! » Au-delà de toutes les superstitions, il reste que l'instinct de destruction qui anime les hommes se traduit par leurs lois et par l'exécution des sentences.

La liste des forfaits qui conduisaient leurs auteurs à la mort était encore longue à l'époque où Louis Deibler avait repris le flambeau des mains de son père, bien que les crimes et délits passibles de la peine capitale aient été réduits des trois quarts en l'espace de vingt-cinq ans. En France, dans les premières années du XIXe siècle, le nombre annuel moyen était de quatre cent dix-neuf condamnations à mort. Un peu avant 1870, ce chiffre était tombé à dix-sept condamnations par an. C'est au cours de cette période que se produisit dans la société française la plus grande transformation. « Les classes pauvres s'urbanisent et accèdent à l'existence politique, explique Jean-Claude Chesnais, le malaise s'infiltre dans les sphères dirigeantes. L'indulgence s'étend, la philosophie de la rédemption progresse. La frontière entre les Bons et les Méchants s'estompe : c'est l'époque des bons forçats de Victor Hugo. »

Louis Deibler avait-il lu *Le Dernier Jour d'un condamné*, du jeune Victor Hugo, publié en 1829 ? Rien ne permet de le dire, mais il est certain que les dispositions de la société française à l'égard de la peine capitale, à la fin du Second Empire, prenaient un tour nouveau que le bourreau de la IIIe République, à partir de 1871, ne pouvait plus ignorer. Certes, il continuera de traduire, par un simple mouvement de la main, la volonté de la Justice et du peuple à se protéger de lui-même et de ses gangrènes ; mais il en ira peut-être autrement de ses états d'âme et du regard qu'il porte sur les hommes de son temps. L'éducation de son fils Anatole était en jeu, ainsi que l'état de la société qu'il espérait pour lui. Mais on n'est pas le maillon d'une dynastie sans agir pour la préserver. Louis Deibler, comme son père Joseph, vivait du crime et de la mort des coupables, et tout ce qui pouvait entraver ses intérêts devait être pris au sérieux. Même au prix d'un reniement.

À Paris, pendant ce temps, comme partout en France, on exécute en place de Grève. Il y a alors un bourreau par département, flanqué de quatre « intendants ». C'est le premier aide en titre, d'ordinaire, qui prend la succession de l'exécuteur en chef. Presque toujours cooptés, les bourreaux forment des clans qu'il est difficile d'investir quand on n'appartient pas au sérail. Si l'on n'est pas bourreau de père en fils, on l'est souvent entre cousins ou familles alliées.

En ce temps-là, s'il est inconvenant, pour la classe dirigeante, d'évoquer d'un point de vue politique la suppression de la guillotine, on ne se prive pas de mesurer le rôle de la peine capitale en termes de coûts. Les bourreaux pèsent sur le budget de la nation et l'on envisage leur suppression dans les régions de France où la criminalité ne justifie pas la présence permanente de celle qu'on surnomme « la Veuve » dans le jargon pénitentiaire.

À l'époque où Louis Deibler exerçait à Rennes, Jean-François Heidenreich était en poste à Paris. Dans la capitale, les frais de justice réclamaient qu'on se penchât sur les questions financières. C'est alors que Charles Babinet, directeur des Affaires criminelles et des Grâces, fit parler de lui. Ce dernier avait adressé au préfet de la Seine un mémoire dans lequel il était précisé que la guillotine était fragile et désuète et que son entretien, trop onéreux, méritait qu'on la modernisât. Arguant du fait que le montage de la machine en place publique était un spectacle malsain pour la population, le rapporteur préconisait qu'elle fût construite en fonte et composée de moins de pièces, de manière à les assembler en peu de temps, le tout « au nom de la morale publique ».

On demanda alors l'avis du bourreau qui ne retint aucune des propositions du rapporteur. En revanche, Heidenreich fit intervenir l'architecte en chef du Palais de justice pour qu'il examinât la machine dans sa remise, rue de la Folie-Regnault. Le vieux bourreau, qui refusa le remplacement de l'ancienne guillotine, tenta de faire cautionner son avis par celui d'un expert. Quelques semaines plus tard, celui-ci fut dépêché à la Roquette afin d'examiner si sa vétusté était de nature à compromettre la bonne marche des exécutions. La machine utilisée par Heidenreich datait de 1848 mais, en raison de son parfait entretien, elle semblait n'avoir jamais servi ! Si bien qu'au terme de son inspection, l'architecte put conclure que rien ne valait en solidité la vieille « charpente » du docteur Guillotin, et que sa fiabilité était à toute épreuve. Si l'attention qu'on devait y apporter pour la maintenir en état de marche coûtait quelques deniers à l'État, ce dernier s'y retrouvait aisément dans la longévité de l'appareil. La seule restriction que soulevait le rapport, souligne encore l'expert, avait trait au caractère barbare du procédé. Puisqu'il fallait continuer d'exécuter des hommes, lit-on notamment, il faudrait désormais que toute souffrance gratuite soit évitée au condamné. « Enfin, note encore le signataire du rapport, si l'on veut diminuer l'horreur, le hideux d'une exécution capitale, ne pourrait-on pas, par l'électricité, foudroyer le condamné ? Ce moyen rapide, précise-t-il, en imposerait davantage à la multitude avide d'assister à l'exécution d'un criminel, en même temps qu'il éviterait à la majorité du public, à qui ce spectacle répugne, la vue des apprêts de l'échafaud. De plus, ce moyen serait économique car il n'y aurait plus que peu ou point de frais de transport… »

En 1793 déjà, lorsque la guillotine fut officiellement adoptée, on ne s'était pas privé de faire valoir aux détracteurs de la machine – partisans du maintien de la corde et du billot – que la principale qualité mécanique du « tranchoir », en dehors de son aspect « démocratique », était de supprimer la souffrance. « Le condamné ne sentira plus qu'un léger souffle glacé sur la nuque », aux dires des membres de l'Assemblée constituante qui devaient voter l'initiative du député Guillotin. Moins d'un siècle plus tard, l'architecte du Palais émet les mêmes arguments pour défendre son projet. Or, en ce domaine, tout le monde ne parlait pas d'une même voix.

Certes, on exécute moins à la fin du XIXe siècle que cent ans plus tôt, mais on n'imagine pas encore la suppression pure et simple de la peine capitale pour un nombre encore élevé de crimes et de délits. Les bois de justice continuent de s'élever dans le ciel de France et la ville de Rennes ne déroge pas à la règle.

Anatole Deibler a sept ans lorsqu'il prend conscience des activités de son père. Si l'on en parle à la maison c'est à mots couverts, et, depuis peu, le jeune garçon revient de l'école en se plaignant de ses camarades de classe. Dans la cour, les autres enfants le rejettent, évitent de l'associer à leurs jeux et se moquent de lui. Quand il rentre, ruelle de Châtillon, les yeux rougis et les poings serrés pour se donner une contenance, sa mère cherche à le consoler. Et les sous-entendus de ses grands-parents le confortent dans l'idée qu'il n'est pas un petit garçon comme les autres. À mots couverts, ils tentent de lui faire comprendre qu'il est le maillon d'une tradition qui a donné ses lettres de noblesse à la famille et qu'il sera le jour venu le garant de cette transmission.

– Anatole Deibler !

En dépit des assurances de son père sur l'honorabilité du nom, chaque fois que quelqu'un l'interpelle un peu vivement, le jeune homme craint qu'on l'invective. Il s'enferme alors dans ses rêves et ne laisse paraître qu'une part de lui-même, sans prise et sans aspérités. Plus les années passent, plus il cherche à se préserver.

Mais il comprend très vite qu'il sera difficile d'échapper à sa destinée. Chaque fois qu'on le montre du doigt, il se rappelle qu'il est le fils du bourreau, devant lequel on se signe. Certes, on ne ferme plus les volets sur son passage, mais certaines personnes ne lui adressent pas la parole et les camarades d'Anatole ne se privent pas de lui rapporter les propos que l'on tient dans son dos, à la grand-messe du dimanche.

Quand une exécution capitale était annoncée dans le département, plus rien n'arrêtait le flot des critiques et des plaisanteries malsaines à son endroit. La violence du bourreau n'avait d'égale que la cruauté des enfants. Paul Dornain raconte qu'un vieux Rennais, camarade de jeu d'Anatole Deibler, lui avait confié jadis quelques souvenirs de cette époque : « Nous étions plusieurs gamins sur l'immense Champ-de-Mars et, parmi nous, Anatole que d'éternelles et stupides railleries avaient déjà rendu maussade et triste. Et bien que son père le lui eût défendu, il se laissait entraîner à nos jeux, la face crispée, en se mordillant la langue. » Un jour, tandis qu'il lisait à l'écart de ses camarades, quelques-uns d'entre eux vinrent le chercher pour qu'il se joignît à leurs jeux. Dubitatif, Anatole s'approcha d'eux timidement, craignant d'être une fois de plus la victime expiatoire de leur méchanceté. On s'entendit pour jouer « aux gendarmes et aux voleurs » et chacun dans le rôle qui lui était assigné se mit à courir en tous sens en criant. Telle une volée de moineaux, le groupe d'enfants disparut aux quatre coins de la cour de récréation. Seul sous l'arbre centenaire, debout sous le soleil d'été qui plombait la ville, Anatole regardait jouer les autres sans bouger. Les larmes aux yeux, il attendit stoïquement que la cloche enfin le délivrât de ses chaînes. Il n'osait pas bouger tant que le jeu n'était pas terminé. C'est alors que revinrent ses petits camarades aux joues empourprées par l'excitation.

Les gendarmes ont gagné. Les prisonniers comparaissent devant un tribunal en bonne et due forme à l'ombre du grand arbre, comme au temps de Saint Louis. D'une même voix, ils condamnent le « voleur »... à la peine capitale. Alors, tous ensemble, ils se tournent vers Anatole Deibler. L'enfant saisit à cet instant l'ignominie de la parodie qu'on va lui faire jouer...

– Bourreau ! lui crie l'un d'entre eux, fais ton office ! Le tribunal a jugé le coupable.

On conduit le « coupable » jusqu'au banc de bois qui borde l'enceinte de l'école en un cortège grotesque et vociférant. Puis on le remet à l'exécuteur.

« Un juge, un commissaire, un magistrat, je ne sais de quelle espèce, vient de venir, écrit Victor Hugo. Je lui ai demandé ma grâce en joignant les deux mains et en me traînant sur les deux genoux. Il m'a répondu en souriant fatalement, si c'est là tout ce que j'avais à lui dire... »

Dans la cour de l'école de Rennes, la troupe des enfants s'est tue. Soudain, l'horreur semble possible. « Pour de vrai », la comédie de l'exécution prend possession des enfants, d'un quartier tout entier de la ville en été. L'arbre centenaire est là, sans ombre et sans oiseaux pour le rendre à la gaieté de la vie. Un masque affreux recouvre leurs visages. Ils ne crient plus, ne rient plus aux éclats. Le petit bourreau est entré en scène. Il faut qu'il accomplisse la mission fatale qui lui revient de toute éternité. Qu'il donne l'illusion qu'on le prend au sérieux, que le geste qu'il va faire est un geste d'homme. Pour Anatole, ce jour-là, son destin lui donne la réplique pour la première fois.

« Cet exécrable bourreau ! dit Victor Hugo. Il s'est approché du juge pour lui dire que l'exécution devait être faite à une certaine heure, que cette heure approchait, qu'il était responsable… »

Ce soir-là, Anatole rentra chez lui plus tard que d'habitude. À l'heure du dîner, les genoux écorchés et les mains sales, il se jeta sur son lit sans rien dire. Ses yeux rougis de honte, il raconta qu'on l'avait poussé sur le chemin et sa mère fit semblant de le croire. Si elle comprit ce qu'il endurait, elle ne sut pas comment lui dire « qu'il faut être fort quand on est un homme ». Un Deibler. Un enfant différent des autres par le hasard de la vie.

« Il ne parlait jamais de son enfance marquée au sceau maudit de la guillotine. » Rien ne lui était épargné, racontera Georges Martin, qui sera son aide au pied de la machine. « En classe, il était sur son banc ; à la sortie, le soir, il partait seul dans la rue. Quand il était accompagné, c'était par de jeunes loups déchaînés. Seul, toujours seul, tel fut son lot. Pourtant, c'est de toute son énergie qu'il lutta contre sa destinée de fils de bourreau. La lutte fut pathétique de cet homme qui voulut échapper à son destin, et que le destin vainquit. »

Anatole allait avoir huit ans lorsque son père, le 24 juillet 1871, fut nommé auprès de Jean-François Heidenreich à Paris. « Le directeur des Affaires criminelles et des Grâces du ministère de la Justice, vu l'article 2 du décret du 25 novembre 1870, arrête : Article premier. Le sieur Deibler, Louis Antoine Stanislas, Exécuteur en chef des Arrêts criminels près la cour d'appel de Rennes, est attaché comme adjoint de première classe à l'Exécuteur en chef des Arrêts criminels, pour tout le continent français. »

Huit mois plus tôt, Alphonse Crémieux, ministre de la Justice du gouvernement provisoire, avait supprimé l'échafaud en même temps que les exécuteurs de province. Désormais réorganisé, le rituel de la décapitation donnait à Louis Deibler une importance qu'il n'avait encore jamais eue, ainsi que l'espoir de prendre un jour le titre envié de « Monsieur de Paris », exécuteur en chef des Hautes Œuvres de la République.

« Les marches de l'échafaud sont la propriété de tout condamné à mort, écrivait *Le Figaro* sous la signature de Villiers de L'Isle-Adam, et c'est le frustrer d'une illusion quand même sacrée que de lui ravir, avec elles, l'occasion de sauvegarder en nous sa triste mémoire d'une aggravation d'opprobre imméritée. » La décision ministérielle était sans appel en dépit de l'hostilité de la presse conservatrice et des éditoriaux scandalisés des journaux progressistes. Ces derniers, en effet, déploraient qu'une fois encore, sous couvert d'humanisation, la majorité bourgeoise légiférait dans la demi-mesure en occultant le problème de fond qui occupait alors les consciences françaises, qui n'était autre que l'abolition pure et simple de la mort délibérément décrétée : « La guillotine hypocrite et bureaucratique succédant à la guillotine à scandales, tel est le progrès qu'on annonce en termes obligeants pour la civilisation », écrivait Arthur Heulhard cité par Jacques Delarue.

La guillotine à scandales ! À chaque exécution, il se trouve des journalistes et des magistrats pour demander que cesse le « spectacle » qui entourait la mise à mort d'un homme. Le 19 janvier 1870, précisément, « l'affaire Troppmann » défraya la chronique parisienne. Louis Deibler était encore en poste à Rennes, et il s'en souviendrait lorsqu'il s'installerait dans le quartier de la Roquette à Paris, un an et demi plus tard. Jean-Baptiste Troppmann avait vingt ans lorsqu'il empoisonna le commerçant dont on allait retrouver le corps enterré dans une forêt des environs de Steinbach, en Alsace. Le vol d'un chéquier l'avait mis sur le chemin du crime. La suite fut une succession de meurtres perpétrés contre l'épouse du commerçant tout d'abord, que Troppmann avait essayé d'escroquer. Trahi par sa maladresse, traqué par la peur d'être découvert, il ira jusqu'au bout de l'horreur en massacrant les trois enfants de celle qu'il avait fait venir à Paris pour la dépouiller à son tour. C'est près de Pantin que le drame eut lieu. « Le crime a été reconstitué par les illustrations de l'époque, souligne René Reouven dans son *Dictionnaire des assassins*, avec un luxe de détails qui frôle le sadisme. On y voit de ravissants bambins agenouillés, mains jointes dans un geste d'ultime supplication, tandis qu'un énergumène aux yeux exorbités brandit une pelle dégouttante de sang sur leurs têtes innocentes. »

Le procès fit grand bruit et les relations de la presse à l'exécution du meurtrier dépassèrent tout ce qui avait été écrit sur le sujet depuis la mise en fonction de la guillotine. Ivan Tourgueniev, Maxime Du Camp et Victorien Sardou donnèrent entre autres la mesure de cette folle nuit. En 1882, Albert Wolff évoqua l'exécution « mondaine » de l'assassin Troppmann dans un récit que publia *Le Figaro*.

Le premier scandale fut à l'initiative du directeur de la Roquette, Laroche d'Oisy, qui avait officiellement adressé plusieurs invitations à se joindre à la « fête ». Un certain nombre de privilégiés s'étaient donc présentés à la porte de la prison. Victorien Sardou fut du nombre. Le journaliste et dramaturge en vogue avait fait quelques provisions pour que la soirée fût moins longue. C'est ainsi qu'il arriva chargé d'un jambonneau, de pains et de deux bouteilles de bordeaux, les poches pleines de cigarettes et de tabac. Au-dehors, les cavaliers de la garde de Paris battaient la semelle dans la nuit d'hiver. Ultime précaution : dans le bureau du pharmacien de la prison, le chef de la Sûreté avait fait livrer une dinde aux truffes par un traiteur du quartier. Rue de la Roquette, la foule commençait à converger vers le Père-Lachaise. Laroche d'Oisy savait que cette nuit ferait parler d'elle, mais il n'imaginait pas en quels termes elle resterait gravée dans les annales. Un homme allait être décapité et sa tête rebondirait dans une cuvette en zinc maculée de sang chaud. Il fallait à tout prix se montrer, il fallait assister au spectacle, il fallait en être... au moins dans la rue si l'on n'avait pas la chance d'être invité sur le chemin de croix du condamné, convié à la curée qui suivrait la mise à mort. Pierre Bouchardon lève le voile : « Wolff et Sardou eurent la curiosité d'aller examiner de tout près la guillotine. L'exécuteur des Hautes Œuvres, Heidenreich, un colosse, boutonné jusqu'au menton dans sa redingote au collet de velours, son binocle se balançant au bout d'une ganse noire, se prêta à leur désir. Il leur montra tous les rouages de la machine, de l'air satisfait d'un collectionneur qui leur ferait visiter sa galerie. Comme, au clair de lune, les silhouettes des trois hommes se détachaient sur la plate-forme de l'échafaud, des cris de fureur s'élevaient du côté du Père-Lachaise. La plèbe sanguinaire s'imaginait sans doute qu'on guillotinait la nuit et s'exaspérait qu'on lui volât de la sorte le spectacle dont elle se faisait une fête. »

Les réactions progressistes au décret d'Alphonse Crémieux ne furent pas le premier coup de boutoir que l'on assena publiquement à la peine capitale. En 1848, dès la proclamation de la IIe République, le gouvernement provisoire l'abolit en matière de crime politique. Forts de cette décision, les députés montèrent à la tribune pour tenter d'étendre ce principe aux crimes de droit commun. « Le peuple eut une grande pensée, le lendemain du jour où il avait brûlé le trône, il voulut brûler l'échafaud », déclara Victor Hugo devant l'Assemblée. Puis il conclut à l'adresse de ceux qui venaient de restaurer la République : « Eh bien ! dans le premier article de la Constitution que vous votez, vous venez de consacrer la première pensée du peuple, vous avez renversé le trône. Maintenant consacrez l'autre, renversez l'échafaud. Je vote l'abolition pure, simple et définitive de la peine de mort ! »

Anatole apprend bientôt le départ de son père pour Paris avec soulagement. Mais il constate vite qu'il a confondu la grande ombre du destin avec celle des bois de justice. À Rennes, la vie quotidienne du jeune homme ne s'en trouve guère allégée : ses camarades continuent de le moquer, ses maîtres de le gourmander, sa mère, enfin, dont l'autorité commence à vaciller, l'accuse de ses propres faiblesses. Ruelle de Châtillon, la vie de famille s'appesantit de jour en jour. On reçoit de moins en moins d'amis. La porte de la maison se ferme sur le monde extérieur.

Louis Deibler, qui s'est installé au 80, rue du Faubourg du Temple dans le quartier de la République, pas très loin de la prison de la Roquette, s'inquiète pour l'éducation d'Anatole. La situation que sa femme lui décrit dans ses lettres l'incite à prendre des mesures à son égard. Chez les Deibler, on ne peut tolérer que le fils du bourreau ait de mauvaises fréquentations. Qu'on se moque de lui relève d'une jalousie mesquine pour la condition sociale un peu particulière de sa famille et l'on peut à la rigueur le comprendre, mais qu'il s'encanaille… Il faut laver l'affront.

On songe d'abord à l'envoyer en pension chez les pères, ou chez les Rasseneux, en Algérie. Louis suggère finalement que sa femme et son fils le rejoignent tous deux à Paris, mais Zoé ne se sent pas prête à se défaire de ses habitudes. En outre, Anatole est trop jeune, trop vulnérable. La situation politique est explosive.

Paris avait capitulé devant l'armée prussienne six mois auparavant. Les élections à l'Assemblée nationale avaient porté les conservateurs, partisans de la paix, au pouvoir. Mais la Commune de Paris, qui avait éclaté à la mi-mars, après la perte de l'Alsace-Lorraine, laissait ouvertes les blessures de la guerre civile. Le 31 août, la proclamation de la Constituante et l'arrivée d'Adolphe Thiers à la présidence de la nouvelle République avaient calmé les esprits. On restait néanmoins attentif à la rivalité qui opposait les anciens monarchistes aux républicains.

Dans le quartier de la Roquette, tandis que Louise Michel montait aux barricades, les communards se saisissaient de la guillotine, symbole du pouvoir et de la réaction bourgeoise. On la brûla au pied de la statue de Voltaire, et la concierge du hangar où le bourreau entreposait les bois de justice, que l'on appelait familièrement « Maman Clarence », n'a pu s'opposer à la force des armes. Le dépôt des « bois » se trouvait à côté de la prison où l'archevêque de Paris et d'autres otages ont été fusillés le 24 mai 1871. Deux établissements pénitentiaires, en ce temps-là, se font face rue de la Roquette. Entre eux, cinq dalles encore visibles de nos jours marquent l'emplacement de la guillotine dans le pavage de la rue.

Pour désigner la prison, les gens du « milieu » parlaient de « l'abbaye de Cinq-Pierre ». Il y avait la Grande et la Petite Roquette.

Cette dernière, en 1825, était destinée aux femmes, puis, à partir de 1836, elle devint un établissement correctionnel pour les mineurs. Dépôt des condamnés, vestibule du bagne et de l'échafaud, la Grande Roquette, inaugurée dans ses nouvelles fonctions en 1856, avait connu sa première exécution capitale le 16 décembre 1851.

Peu de temps après le départ de Louis Deibler, sa femme décida néanmoins de le rejoindre. L'éducation d'Anatole, devenue difficile, fut momentanément confiée à ses grands-parents paternels. Anatole resta donc en Bretagne jusqu'à la mort de Joseph Deibler, survenue le 9 avril 1874 au domicile de la famille, ruelle de Châtillon. Sur l'avis de décès enregistré auprès de la commune de Rennes on peut lire : « Le dix avril mil huit cent soixante-quatorze, à dix heures du matin, devant nous, adjoint et officier de l'état civil, délégué par Monsieur le Maire, ont comparu : Louis Antoine Stanislas Deibler, *rentier*, âgé de cinquante et un ans, demeurant à Paris, fils du décédé ; et Julien Cotterel... »

La profession de bourreau n'existait pas officiellement, ni sur le plan administratif ni, *a fortiori*, d'un point de vue social. De plus, il n'était pas facile, ni pour lui ni pour sa famille, d'assumer sereinement cette charge. Pour des raisons de pudeur et de discrétion qui leur étaient personnelles, jamais ni Joseph ni Louis Deibler n'ont revendiqué publiquement leur statut.

« ... et Julien Cotterel, demeurant rue de Saint-Malo ; lesquels nous ont déclaré que : Joseph Antoine Deibler, *sans profession*, époux de Marguerite Marie Françoise Boyer, âgé de quatre-vingt-quatre ans sept mois, est décédé, ruelle de Châtillon 2, hier soir à une heure. »

Lorsqu'il fut question qu'Anatole rejoigne ses parents dans la capitale, son envie de partir en mer faillit l'emporter. Le jeune garçon rêvait de lointains voyages et de guerres de course contre les Anglais, mais c'est le train le Paris qu'il prend au lendemain de la mort de son grand-père, en ce jour funeste pour lui de 1874.

– Voici monsieur Roch, lui dit son père en saluant un homme en noir sur le quai de la gare Montparnasse.

L'enfant le regarde, quelque peu effrayé par la silhouette penchée qui l'observe avec attention. Il arrive de Rennes et c'est sa première vision de Paris.

Nicolas Roch était le patron de Louis Deibler depuis la mort du sinistre Heidenreich. L'exécuteur en chef des Arrêts criminels pour le continent français est venu les accueillir en personne. Louis, très fier de cet honneur, lui présente sa famille.

Anatole craignait son père et c'est en tremblant qu'il salue le bourreau. Sa main se tend mollement et ses yeux fixent le bout de ses chaussures. Cet homme-là le rappelle tout à coup à la réalité.

– L'enfant se présente mal, grommelle-t-il en prenant Louis Deibler par le bras. Je crains que nous n'en fassions rien !

Ces quelques mots ramenèrent Anatole à la vie. D'une phrase dont il ne mesura pas immédiatement la portée, l'homme au chapeau noir venait de lui rendre l'espoir qu'un jour, s'il déjouait les pièges qui le guettaient depuis sa naissance, la vie lui donnerait raison. Il suffisait qu'une passion l'anime pour que sa volonté prît le dessus de la fatalité. Ce qu'il ne savait pas, c'est que Louis Deibler avait déjà fait son choix, définitif et sans appel : quel que fût le pressentiment de Nicolas Roch et le respect qu'il devait à cet homme vénérable dans la profession, son fils lui succéderait. La bataille s'annonçait difficile.

Rue Vicq-d'Azir, dans le Xe arrondissement, non loin du quai de Jemmapes et du canal Saint-Martin, le jeune homme prit ses quartiers sans enthousiasme. Bien que son départ l'éloignât de ses anciens camarades et qu'il espérât de l'anonymat parisien qu'il lui permette d'échapper à la pression de la dynastie, Anatole avait quitté sa région natale à regret. L'océan, désormais, n'était plus son horizon, et bien que l'école ne lui eût apporté aucune satisfaction, il appréhendait d'entrer en apprentissage. C'est pourtant comme vendeur dans un grand magasin qu'il fit ses débuts dans la vie, alors qu'il avait tout juste douze ans.

« Très blond, bien découplé, les vendeuses, ses collègues, avaient pour lui toutes les prévenances, mais il restait triste et sombre malgré les œillades », écrit à son sujet Paul Dornain. « Avait-il le droit de lutter contre la volonté paternelle ? Car c'était au nom de la même autorité qui l'avait engagé dans une voie sanglante, que Louis Deibler réclamait l'obéissance de son fils. Il avait pour lui son âge, son expérience, la tradition, et toutes les puissances familiales », conclut son ancien camarade.

Pendant ce temps, Savorgnan de Brazza lui faisait découvrir l'Afrique, et les préparatifs de l'Exposition universelle de 1878 nourrissaient ses espoirs de grands voyages et de navigation au long cours. Le soir, quand il rentrait chez lui, si la discussion ne portait jamais sur le « métier » du père, il planait un mystère dans toute la maisonnée qu'Anatole supportait de plus en plus mal. Dans cette atmosphère de secrets de famille consignés dans la naphtaline, le jeune homme se sent à l'étroit. Mais ce qui le troublait par-dessus tout, c'était une irrépressible envie de savoir ce qu'on ne lui disait pas, d'apprendre ce qui faisait apparemment partie de la tradition familiale, des gènes dont il était porteur et dont il ignorait presque tout.

Alors, dans ce fourmillement d'interrogations, la curiosité d'Anatole commença à l'emporter sur ses accès de révolte.

Longtemps, il essaya de faire parler son père, comme il avait tenté, naguère, d'interroger son grand-père.

– Tu le sauras toujours assez tôt, lui avait répondu le vieillard. C'est à ton père de t'enseigner ton devoir.

Après s'être élevé contre cette ingérence de l'Histoire dans sa vie privée de jeune homme libre, Anatole, plutôt que de subir son sort sans en connaître les arcanes, décida que s'il devait faire un choix dans sa vie, quel qu'il fût, jamais il n'accepterait d'obéir sans comprendre.

Dans le magasin qui l'employait, il était connu sous le nom d'Anatole Boyer, sous lequel il s'était inscrit, pour éviter qu'on le brocarde à nouveau si l'on venait à savoir qu'il était fils de bourreau. Et tout en lui poussait au respect de l'homme et de ses idées. Encore inexpérimenté, il donnait l'impression d'une surprenante maturité.

Les mois passaient et les livres s'entassaient dans sa chambre. Il avait commencé par les consulter discrètement, pour éviter qu'on ne l'interrogeât sur sa démarche. Il ne fallait surtout pas que son père se méprît sur ses intentions : ses lectures devaient l'instruire sur le métier de sa famille et l'aider à réfléchir sur les conséquences d'un tel engagement, mais en aucun cas elles ne devaient servir d'alibi pour son père. Il ne serait pas dit que l'héritier du nom tomberait sans résistance dans l'escarcelle familiale.

Tous les soirs, en cachette, il sort un ouvrage ou deux, contemple quelques gravures et demeure de longues heures, parfois jusqu'à l'aube, les yeux hagards devant la reproduction d'une exécution capitale. Puis il s'endort plein de cauchemars et se rend à son travail, le lendemain matin, les yeux rougis de sommeil et remplis d'images terrifiantes où sèche à peine le sang des victimes de « la Veuve ». Or, depuis peu de temps, il ne peut s'empêcher de mettre son père en scène et de l'imaginer à la lunette de la guillotine. Cet homme-là, qui doit maintenir en place la tête hurlante du condamné lorsque le couperet s'abat sur sa nuque, Anatole croyait bien le connaître. Et pourtant... à chaque nouvelle page, il s'interroge sur la nature de cet inconnu, si bon, si paternel et si terrifiant tout à coup. Désormais, la mort a un visage, une voix et des gestes familiers. Il arrive parfois que, las d'essayer d'accepter ce qui dépasse son entendement, Anatole Deibler se mette à regarder ce bourreau-là d'une autre façon, comme un personnage de roman, pour que subitement il en soit fier. Il se l'imagine maculé de sang, en train de jeter la tête d'un criminel au fond d'un panier d'osier, puis s'en revenant chez lui d'un pas tranquille comme un homme ordinaire. Il traduit ses peurs en appelant à l'aide son imagination ; à sa manière, il se protège contre les agressions de la vie. Mais le jeune garçon qu'il est encore, que les sentiments maladroits et les réflexions fragiles poussent dans les bras de sa mère pour se consoler de ses images, est prêt à tous les reniements si quelqu'un, par hasard, fait allusion à ce qu'il découvre avec horreur et fascination.

Il se rappelle qu'un jour, à Rennes, son grand-père lui avait raconté l'histoire des pirates du *Foederis Arca*. Leurs crimes, avec les années, s'étaient estompés dans la littérature, et les romanciers leur avaient découvert des circonstances atténuantes. Sur la mer océane, jadis, on ne mesurait pas la morale à l'aune des sentiments. « Le bien et le mal, disait-on à l'écart du monde, au fond des malouinières, est affaire de conscience et concerne les curés. » Anatole exhuma de sa mémoire leur odyssée sanglante et, par la magie du temps, les condamnés d'hier étaient devenus des héros d'aventures.

C'est alors qu'il revoyait dans ses livres, dressées vers le ciel en signe d'expiation, les terribles images des bois de justice. Il comprit alors que son grand-père, déjà, qui le faisait sauter sur ses genoux pour lui conter des histoires, avait trempé son mouchoir dans le sang de ses victimes, comme d'autres avant lui, afin de perpétuer la tradition macabre de la punition. Puis il comprit que son propre père, à son tour, avait décapité les mutins que le tribunal maritime de Brest avait condamnés à la peine maximale. Des criminels devenus héros de romans populaires. « Quelle vérité faut-il accorder à de tels jugements ? » se demanda-t-il secrètement.

Comme il ne pouvait pas répondre, il lui sembla tout à coup que sa raison l'abandonnait. Cette nuit-là de ses quinze ans, Anatole Deibler sortit brutalement de l'enfance.

Les jours qui suivirent, Anatole eut du mal à regarder les gens dans les yeux. Il avait honte et craignait que cela se vît. Il se souvint alors que pour tout le monde, hors du quartier où sa famille s'était installée, il s'appelait Anatole Boyer. Cette idée le rassura quelque temps.

C'est dans un livre d'histoire banal qu'il découvrit l'existence de Joseph Guillotin, devenu célèbre par la proposition qu'il avait faite à l'Assemblée constituante, le 1er décembre 1789, de remplacer la potence et le billot par une machine simplement actionnée par la main de l'homme : « Dans tous les cas où la loi prononcera la peine de mort contre un accusé, le supplice sera le même, quelle que soit la nature du

Exécutions capitales.
Le tableau d'un peintre tchèque inconnu, appartenant au musée de la Moravie, à Brno, représente un instrument précurseur de la guillotine, au XV*e* *siècle.*

délit dont il se sera rendu coupable. Le criminel sera décapité ; il le sera par l'effet d'une simple mécanique. » Anatole, qui avait faim de connaître et de comprendre, y découvrait un univers étrange et craignait à chaque page d'en savoir trop. La peur lui nouait la gorge.

Toute « révolutionnaire » qu'elle fût, la guillotine s'inspirait de ce qu'une partie de l'Europe utilisait déjà, sous une forme plus archaïque. Le père Labat, dans sa *Relation de voyage en Espagne et en Italie*, parlait déjà, en 1730, d'une « machine très sûre et qui ne fait point languir un patient que le peu d'adresse d'un exécuteur expose quelquefois à recevoir plusieurs coups avant d'avoir la tête séparée du tronc ». L'instrument, qui fit l'admiration du prélat, était d'apparence frêle et de petite taille, composé de deux montants réunis par des traverses. Un large couperet, « bien tranchant et bien aiguisé », était hissé au sommet de la machine au moyen d'une corde qu'il suffisait de couper le moment venu, lorsque la tête du condamné avait été disposée entre les montants : le couteau, qui pesait près de quatre-vingts livres, « tombant à plomb sur le cou du patient le lui coupait tout net et sans danger de manquer son coup ».

On sait qu'il existait de pareilles machines dès le XIIe siècle, à Naples notamment, ainsi qu'en Europe du Nord. Ce qui choquait Anatole, c'est que de telles inventions avaient été conçues à l'attention de la noblesse afin d'éviter que le supplicié ne fût directement en

L'écartèlement de Ravaillac, condamné pour l'assassinat d'Henri IV, le 14 mai 1610, rue de la Ferronnerie à Paris.

contact avec le bourreau ! Ses mains, maculées à jamais du sang de ses victimes, étaient impures et ne devaient en aucun cas souiller l'honneur de la famille du condamné. De fait, les mains de son grand-père, si souvent caressantes, celles aussi de son père, lui apparaissaient maintenant dans toute l'horreur de leur geste.

Devant les députés de la Constituante, le docteur Guillotin s'était exprimé avec plus d'éloquence que de pudeur, au point qu'il fut raillé par la presse pour avoir conclu son discours en ces termes : « La mécanique tombe comme la foudre, la tête vole, le sang jaillit, l'homme n'est plus ! » À quoi répondit *Le Moniteur* : « Monsieur Guillotin a fait la description de la mécanique ; pour en peindre l'effet, il a oublié un instant qu'il était législateur pour devenir orateur. Ce n'est pas dans le Code pénal que de pareils morceaux sont permis. »

En réalité, l'instrument qui portera bientôt le nom de « guillotine » avait pour concepteur le docteur Louis, secrétaire perpétuel de l'Académie de chirurgie qui, par une curieuse ironie de la postérité, sera dépossédé de sa paternité. À tout le moins dans l'opinion publique et pour sa plus grande satisfaction : « J'ai regardé la guillotine comme un acte d'humanité, dira-t-il, et je me suis borné à corriger la forme du couperet et à le rendre oblique pour qu'il pût couper net et atteindre le but. Mes ennemis ont alors essayé, et par la voie de la presse la plus licencieuse, de faire donner à la fatale machine le nom de *Petite-Louison*, qu'ils ne sont cependant pas parvenus à substituer à celui de guillotine. » La faux, instrument de mort allégorique par excellence, avec sa lame acérée, prenait dorénavant, dans la langue populaire, une tout autre dimension. Une autre vérité.

Après de longs débats sur l'urgence de mettre l'instrument fatal à la disposition de la Justice, l'Assemblée constituante soumettra son usage aux voix des députés, le 20 décembre 1792.

Dans le dictionnaire qu'il alla consulter à la bibliothèque, Anatole Deibler en découvrit les caractéristiques, énoncées froidement, sans la moindre précaution de style. Au regard de sa description technique, la guillotine perdait soudain de son « prestige » et n'était plus, comme on pouvait la voir sur les gravures des petits journaux illustrés qu'il avait pu se procurer, horrifiante et somptueuse, mais un alignement glacial de chiffres et de mensurations : « La guillotine se compose essentiellement de deux montants verticaux munis d'une rainure dans laquelle glisse le couperet, soulignaient la plupart des lexiques. Ces deux montants sont encastrés dans un bâti horizontal en forme de croix. Le corps du supplicié est amené sous le couteau à l'aide d'une planche basculante, et son cou est maintenu en bonne position dans l'évidement circulaire appelé la *lunette…* »

Il s'évada de sa lecture parce que les mots qu'il était en train de lire, soudain, n'avaient plus de sens. Ils n'étaient plus que sons. Lorsqu'il reprit ses esprits, les montants de « la Veuve » étaient devant lui, droits, gigantesques et terrifiants. Démesurés. Il sursauta à la lecture de ces mots, coupants comme de l'acier : « Un déclic provoque alors la chute du couperet. »

Les yeux d'Anatole semblaient vides, mais, dans sa tête, questions et contradictions s'entrechoquaient sans trouver leur place. Il chercha vainement une réponse à ses interrogations, qui ne se présenta pas. La répulsion qu'il éprouvait au gré de ses découvertes et l'attirance malsaine qui le fascinait le prenaient en étau. Une profonde inhibition s'installait en lui : sans en avoir conscience, il concevait le conflit qui l'habiterait toute sa vie, l'histoire intime de ses contradictions qui le plongerait dans une confrontation personnelle permanente, et qui deviendrait progressivement indispensable à son existence même. Il construisait sa défense.

Un chiffre le terrorisa : plus de quarante mille personnes, parmi lesquelles plusieurs centaines de femmes, des vieillards et plusieurs dizaines d'enfants ont été guillotinés sous la Révolution, entre 1792 et 1795. La première décapitation moderne eut lieu le 25 avril 1792 en place de Grève à Paris : un certain Sanson, bourreau de son état, dont la dynastie perpétuera la tradition jusqu'au XIXe siècle, exécutait un bandit de grand chemin nommé Pelletier. Un drame sans tragédie, presque déjà banal au regard du crime et de son acteur. Puis vint la première condamnation politique, dont le dernier acte se déroula place du Carrousel. Cela se passait le 21 août et la victime historique s'appelait David Collenot d'Angremont. La pièce la plus tragique de l'histoire de France pouvait commencer. Le tranchoir allait s'abattre et nourrir la Terreur pendant plusieurs années. Deux jours plus tard, symboliquement, l'échafaud ne sera plus démonté. La politique instaurait le théâtre permanent de la guillotine, « prestige d'un cérémonial et banalité répétitive du spectacle », écrit Daniel Arasse dans son ouvrage intitulé *La Guillotine et l'Imaginaire de la Terreur*.

Anatole, au bout de quelques semaines de lectures harassantes, ne savait plus que penser. Il refit alors pour la dixième fois les additions terribles qu'il avait entreprises, comptabilité morbide s'il en fut, recension des chiffres publiés par la presse et les ouvrages de références qu'il s'était procurés : entre 1826 et 1850, on relève en France plus d'un millier de têtes coupées. Sur ce nombre, combien son grand-père Joseph en a-t-il fait tomber ? Et depuis un quart de siècle, plusieurs centaines d'hommes ont roulé dans le panier d'osier qu'il imagine enlevé par son père et ses aides.

« Ce M. Roch, qui m'a serré la main sur le quai de la gare Montparnasse, est de ceux qui contribuent à cette écœurante besogne », songea le jeune homme en se couchant ce soir-là sans oser souffler sa lampe de chevet, de peur que les ombres de ses lectures s'insinuent dans ses cauchemars. C'est tout ce qui lui restait, car il venait de perdre ses rêves d'enfant.

La lumière brûla jusqu'au matin.

En 1879, la famille Deibler décida de quitter la rue Vicq-d'Azir pour un quartier plus retiré. Au cours d'une promenade dans le XVIe arrondissement, Louis découvrit de jolies maisons non loin des berges de la Seine. Il aima tout de suite cet endroit, populaire et tranquille, où la ville, doucement, gagne du terrain sur la campagne tout en lui conservant un air de guinguette. Place d'Auteuil, il aime de plus en plus flâner autour de l'obélisque avant de s'asseoir à la table de la maison Lantier, qui fait hôtel. De la terrasse, il regarde passer les gens. Puis il descend vers le fleuve par la rue Beethoven où l'on sert la soupe populaire. Parfois, il se dirige vers Passy pour emprunter l'étroit passage des Eaux qui dévale le long de la colline. Il rentre ensuite en longeant la rive droite jusqu'à la Bastille. Le silence est son plus fidèle compagnon, la solitude une maîtresse disponible et complaisante.

Anatole accompagnait rarement ses parents dans leurs sorties dominicales. Zoé, au fil des années, prenait quant à elle plaisir à ces visites qu'elle faisait au bras de son mari. Leur fils, dont le tempérament était de plus en plus taciturne, les inquiétait sans qu'ils eussent la force d'en parler. Louis, que son éducation n'inclinait pas à la confidence, se contentait de penser que le jour viendrait où la raison lui dicterait son devoir, où conscient de sa responsabilité familiale il comprendrait de lui-même où se trouvait son intérêt.

Les maisonnettes situées dans le quartier du Point-du-Jour étaient simples et coquettes. On eût dit un village agrippé aux flancs de la Seine. Le bourreau s'y serait volontiers installé, à l'écart des mondanités et des rumeurs de la ville, des regards indiscrets et des curiosités malsaines. « On verra le moment venu », se dit-il en regagnant son domicile.

Le 15 mai 1879, Louis Deibler, fils de Joseph, prit la succession de Nicolas Roch en tant qu'exécuteur en chef pour le continent français. Ses espoirs étaient exaucés, il venait de fonder une dynastie. À partir de cette promotion, flatteuse à ses yeux plus que toute autre distinction, Louis n'aurait de cesse de penser à la carrière de son fils, tandis qu'Anatole continuait de se battre contre la fatalité qui l'accablait : ses obsessions deviendront son rocher de Sisyphe et chacune de ses réflexions le creuset d'une lutte quotidienne pour survivre à ses regrets. « Sisyphe, écrit Albert Camus, impuissant et révolté, connaît toute l'étendue de sa misérable condition. » Désormais, sans savoir encore ni le jour ni l'heure où il basculerait dans l'obéissance et le remords, Anatole puisait son dynamisme, sa méticulosité et une grande partie de sa force dans le désir de ne pas se renier, le besoin de respecter la promesse qu'il fera peut-être, un jour, de ressembler à son père. Depuis longtemps, Anatole Deibler savait qu'il succomberait au piège que lui tendait la vie. Mais il savait aussi qu'il renoncerait par là même, et pour toujours, à son propre bonheur. Sa seule liberté sera donc de ne pas faillir et c'est en vertu de ce serment fait à lui-même qu'il s'enferma dans une étrange et confortable descente aux enfers. « La clairvoyance qui devait faire son tourment, ajoute Camus, consomme du même coup sa victoire. Il n'est pas de destin qui ne se surmonte par le mépris. »

Pour Louis Deibler, l'arrêté de la direction des Affaires criminelles et des Grâces était un diplôme qu'il aurait encadré s'il n'avait craint de paraître ridicule aux yeux des siens. Il l'a toutefois tellement relu qu'il en connaît maintenant les termes par cœur : « Le Sieur Deibler, Louis Antoine Stanislas, Exécuteur-adjoint des Arrêts criminels, est nommé Exécuteur en chef pour tout le continent français. » L'article 2 ne l'a pas laissé complètement indifférent non plus, puisqu'il stipule qu'en cette qualité il touchera six mille francs de gages annuels, payés par douzième et sans retenue, « à charge pour lui de résider à Paris et de ne pouvoir s'absenter sans la permission écrite du chef du Premier bureau de la direction criminelle. » À cette somme s'ajoutaient le remboursement des frais occasionnés par les exécutions qui avaient lieu hors de Paris, ainsi qu'un montant forfaitaire annuel de dix mille francs qu'on appelle « l'abonnement », et qui est réservé à l'entretien de la guillotine ainsi qu'à la location de l'entrepôt de la Folie-Regnault, l'achat et les réparations du fourgon spécial qui emmène le condamné jusqu'à la guillotine, puis sa dépouille jusqu'au carré des condamnés à mort du cimetière d'Ivry, dernier acte de la tragédie de l'échafaud.

La première exécution de Louis Deibler, à dater de cette promotion, fut celle d'un parricide nommé Laprade. Elle se déroula le 19 mai 1879 à Agen. Paul Dornain rapporte que Louis Deibler n'avait toujours pas acquis la dextérité du vieux bourreau et qu'il manquait encore d'assurance. Sa main était raide ce jour-là, peut-être à cause des « projecteurs » que la presse avait braqués sur lui. Peut-être aussi, précise Dornain, « parce qu'il était plus instruit que son père et qu'il réalisait mieux son rôle ». Toujours est-il que Laprade lui opposa une telle résistance qu'il dut le contraindre par la force. *La Presse illustrée*, à la suite de ce scandale, enchérit dans son édition du 1er juin, reconstitution à l'appui : « Quand le nouvel exécuteur est entré dans la cellule de Laprade, celui-ci lui a dit vivement : "Ne m'approchez pas, ne me touchez pas !" On apporte le tabouret sur lequel Laprade doit être assis pendant sa toilette. Monsieur Deibler et ses trois aides le saisissent et veulent le faire asseoir, mais, comme il se débat, ils se mettent en mesure de l'attacher. "Ne m'attachez pas ! s'écrie Laprade. Je ne veux pas, je ne veux pas mourir, je suis innocent, je veux écrire, laissez-moi écrire !" Et il se débat de plus belle. Laprade étant d'une force herculéenne, quatre gardiens sont obligés de prêter main forte à l'exécuteur et à ses aides. » Au bout d'un moment, n'y parvenant pas, Dornain raconte que Deibler lui cogna la tête sur le sol, tandis que deux de ses aides, Étienne et Berger, se jetaient sur lui pour en venir à bout...

– Qu'avez-vous fait ? s'écrie l'avocat du criminel.

– Je l'ai « sonné », riposte Deibler sur un ton de reproche.

Les journaux firent une publicité si tapageuse à cette affaire qu'Anatole ne put l'ignorer. On parla de son père en des termes blessants qui l'auraient incité à le défendre s'il n'avait ressenti pour lui ce terrible sentiment de confusion qui entravait sa bonne conscience et son affection filiale.

Il ne parla jamais de cet épisode.

De plus, il se souviendra toute sa vie qu'on avait émis ce jour-là l'hypothèse que le condamné fût innocent, et que cette exécution capitale fût peut-être une erreur judiciaire.

La Presse illustrée concluait son article en annonçant que « Monsieur Victor Hugo devait faire à ce sujet une interpellation au Sénat ».

Le 19 janvier suivant, ce fut au tour du dénommé Prévost, ancien « Cent-Garde » devenu gardien de la paix, de passer aux assises. Il fut condamné pour avoir assommé sa maîtresse à coups de marteau avant de la voler. Mais on n'avait pas retrouvé le corps de la victime. Quelque temps après, il fut arrêté pour l'assassinat d'un bijoutier. N'ayant pas échappé à la vengeance des jurés, il sera guillotiné par Louis Deibler. Ce fut sa première exécution dans la capitale et toute la presse attendait de le voir à l'œuvre pour mesurer l'étendue de son « talent », après la triste « affaire Laprade ».

PARIS ET DÉPARTEMENTS · 15 CENTIMES

LE DON QUICHOTTE

Rédacteur en Chef : Ch. GILBERT MARTIN

BUREAUX A PARIS
5, Rue Saint-Joseph, 5

ANNONCES

M. DEIBLER, par GILBERT-MARTIN

220

Une caricature de Louis Deibler, parue dans Le Don Quichotte *du 17 juillet 1892.*

Or, une fois de plus, on fustigea sa maladresse et ses hésitations. « Roch était très rapide et un peu brutal, apprenait-on le lendemain par les journaux. Deibler est lent, très lent. » Un jour qu'on lui reprochait d'avoir laissé passer plus de dix secondes avant de déclencher la chute du couteau, Louis protesta vivement, note Jacques Delarue dans *Le Métier de bourreau* : « Je voudrais bien vous y voir, dit-il, je n'ai pas envie de me faire manger deux ou trois doigts par le couperet ! »

Le petit homme à barbiche, dont la funeste claudication restera dans toutes les mémoires, passa le reste de sa vie à fuir les journalistes qui le pressaient de questions sur son métier, sa vie privée, sa « bonne » conscience, et sur sa détermination à vouloir couper des têtes au nom d'une dynastie dont il se voulait le garant, par fierté ou par obstination, sans prendre en compte les conséquences tragiques de son geste. Un reporter en mal de copie osa l'aborder un jour dans la rue. Paul Dornain raconte cette anecdote dans ses souvenirs :

– Êtes-vous pour ou contre la peine de mort ? lui demande-t-il.

Alors, devant le silence du bourreau, le journaliste écrira que Louis Deibler y était favorable. En réalité, personne ne connaîtra jamais le fond de sa pensée, car tout ce que l'on pouvait tirer de lui se résumait à cette phrase, souvent rapportée par les témoins :

– Je ne vous ai jamais rien dit. Je ne suis ni pour, ni contre. Je ne suis rien.

DEUXIÈME PARTIE

La dynastie du sang et de la faux

Anatole Deibler avait dix-neuf ans lorsque son père l'emmena de force à l'exécution de son premier condamné à mort. Le jeune homme en conservera les stigmates à jamais. « Fuir à n'importe quel prix ! » Même pour une courte parenthèse : telle sera longtemps son obsession. Aussi, bien qu'il pût légalement se soustraire à la conscription en tant que fils de bourreau, Anatole demanda à faire son service militaire, au terme duquel, en 1885, vaincu par le destin, il s'embarqua pour l'Algérie afin de se mettre à la disposition de son grand-père maternel. Profession : exécuteur en chef de la colonie ! L'enseignement du vieil homme ne lui laissa pas la moindre chance d'échapper à ses responsabilités « dynastiques ». Anatole Deibler, troisième du nom, sera son assistant jusqu'à son retour en France en 1889, date à laquelle il devint l'aide de son père. Pour la dernière fois, cette année-là, la Veuve se dressait sur le pavé de la Roquette. La population parisienne était venue prendre la température de l'événement. La guillotine allait avoir cent ans. On venait même de l'étranger pour voir tomber la cinquante-deuxième tête d'assassin sur le trottoir de la célèbre prison.

Il était à peu près trois heures du matin, en ce début du mois de septembre 1880, lorsque Louis Mémi partit de chez lui, rue de Belleville, pour se rendre à la prison de la Roquette. C'était sa première sortie pour le compte de « Monsieur de Paris ». Une heure plus tard, tandis que l'orage de la nuit s'éloignait lentement vers l'est, il arriva à proximité du dépôt des condamnés. Sur le pavé luisant de pluie, les aides du bourreau montaient la guillotine sous le regard attentif du vieux Deibler. Claudiquant sous son parapluie, il surveillait la chute du couteau qu'il fit remonter plusieurs fois pour s'assurer du bon équilibre de la charpente. Louis Mémi fut impressionné par la haute silhouette de la Veuve qu'il voyait pour la première fois sur le lieu de l'exécution. Le cheval qu'il allait atteler dans un instant au fourgon des suppliciés, rue de la Folie-Regnault, devint difficile à conduire. Deux fois, il rua dans les brancards du fiacre avant de s'arrêter devant l'échafaud. Dans quelques minutes, c'est un cadavre désarticulé qu'il emmènerait jusqu'au cimetière d'Ivry. À l'intérieur de la prison, depuis quelques minutes, les gardiens s'étaient emparés de leur proie. Prisonnier de ses liens, l'homme se laissa emporter comme un pantin. L'abbé Crozes, dont c'était la dernière mission, l'accompagna jusqu'au greffe. Louis Mémi n'eut pas le temps de voir « son client ». À peine fut-il extrait de la voiture qu'il disparut derrière le peloton des gendarmes. Quelques éclairs sillonnèrent encore le ciel pâlissant, mais le roulement du tonnerre était si lointain qu'on l'entendit à peine. Un jour très ordinaire se leva sur Paris.

Rue Vicq-d'Azir, Anatole s'apprêtait à quitter la maison pour se rendre à son travail. En passant devant la cuisine, il constata qu'une tasse de café froid traînait sur la table. Il regarda l'heure : son père n'allait pas tarder à rentrer et la perspective de le croiser dans l'escalier lui fit peur. Depuis l'exécution de Victor Prévost, il craignait d'être confronté aux commentaires de ses collègues, aussitôt que la presse se serait emparée de l'événement. Il pressa le pas pour gagner l'avenue de Versailles, comme il le fera chaque fois que son père sera convoqué par le ministère. Son grand-père avait décapité trois cent soixante condamnés à mort : combien de fois, dans l'angoisse du jour qui se lève, devra-t-il soutenir le regard de son propre père, dont les mains rougies se poseront sur lui ?

– Un jour, lui avait dit Louis, je te montrerai ma collection.

Et comme Anatole n'avait pas compris ce que cela signifiait, il lui confia fièrement qu'il avait conservé depuis le début de sa fonction, dans un vestiaire de la prison, les vêtements que portaient les condamnés qu'il avait conduits à l'échafaud. Chacun d'eux portait la date de l'exécution et le nom de son ancien propriétaire...

– Il n'en manque pas un !

Anatole, la gorge serrée, s'en était allé sans rien dire. Parfois, son père lui faisait peur. Depuis peu de temps, il semblait être devenu la proie de violentes hallucinations : il sursautait chaque fois que la sonnette retentissait à la porte, la vue d'un gendarme dans son quartier le poussait à rentrer précipitamment chez lui, dans la crainte qu'il vînt lui déposer un ordre à l'en-tête du ministère de la Justice. Louis Deibler, cette année-là, n'avait été sollicité que deux fois. Jules Grévy, alors président de la République, graciait volontiers les condamnés à mort en commuant leur peine en travaux forcés. En 1881, on ne fit appel qu'une seule fois aux services de Louis Deibler. Anatole, qui suivait avec attention l'évolution des débats sur la peine capitale, paraissait plus serein ; il se rapprochait de sa famille et répondait plus volontiers aux questions de son père qui l'interrogeait sur son travail et sur l'intérêt qu'il semblait alors lui porter.

Or, le 30 mars 1882, racontera plus tard Georges Martin, un officier ministériel revint sonner à la porte de l'appartement d'Auteuil : « Il était huit heures du soir et tout le monde était à table. Anatole se leva. Il revint, une enveloppe à la main. Sur sa chaise, Louis Deibler ne put retenir un tressaillement... »

Ce qui se passa ce soir-là était la conséquence d'un drame qui avait commencé quelques mois plus tôt dans le département de la Meurthe. Le soir du 15 décembre 1880, le paisible village de Lixheim ne savait pas qu'il ferait bientôt la première page des journaux de la France entière et qu'il allait défrayer la chronique judiciaire pendant plus d'un an. Cette nuit-là, un dénommé Nesling, fondeur de profession, entendit des bruits suspects à l'étage occupé par la famille Lantz. Des cris, suivis par la chute d'un corps sur le plancher, alarmèrent le voisin. Sortant de chez lui pour voir ce qui se passait, il surprit le fils Lantz en train de frapper son père à coups de pied, tandis que le vieil homme se relevait pour s'enfuir. Pétrifié, Nesling vit le garçon rentrer chez lui sans faire le moindre cas de la scène dont le voisin venait d'être témoin. Puis il passa le reste de la nuit à chanter... Le lendemain, les neveux du père Lantz venus lui rendre visite le trouvèrent alité, le visage tuméfié. Un peu plus tard, alarmé par le témoignage de ses frères, leur jeune sœur vint à son tour au chevet de son oncle, mais elle trouva porte close. Inquiète, elle alla chercher le maire pour lui faire part de ses craintes. Deux témoins, nommés Stricker et Kluss, raconteront plus tard qu'ils ont vu le fils Lantz, le matin même de la venue de sa nièce, quitter le village en emportant un colis sous son bras. Lantz avait pris le chemin de la frontière française et cherchait visiblement à fuir les provinces occupées par l'Allemagne depuis la fin de la guerre. Pendant ce temps, les autorités avaient découvert le cadavre du vieillard dans sa chambre. C'est à Paris, quelques jours plus tard, que l'on arrêta l'assassin sur la dénonciation de sa cousine. Il fut jugé à Paris et condamné à mort, mais l'arrêt fut cassé pour vice de forme et l'accusé fut renvoyé devant les jurés de Seine-et-Oise.

Il fut décidé que l'exécution du dénommé Lantz aurait lieu le 31 mars à Versailles, vingt minutes avant le lever du jour.

– C'est pour demain matin, annonça le père Deibler en se levant brusquement.

C'était la première fois qu'il en parlait à sa famille ouvertement. Dans le silence pétrifié de la salle à manger, il se dirigea vers le couloir sans se retourner. Puis, avant de franchir la porte, il regarda son fils et lui dit froidement :

– Demain, je t'emmène. Je te réveillerai à quatre heures.

Sa voix résonna longtemps dans la tête du jeune homme. Sans crier gare, le destin si longtemps repoussé, si souvent combattu, venait de lui porter l'estocade.

– Va dormir. La nuit sera courte.

« Il savait, ajoutera Georges Martin, qu'il ne pouvait plus fuir devant la décision de son père, devant l'ordre dicté par la dynastie. Il savait qu'à l'aube du 31 mars il verrait tomber sa première tête. C'était ainsi. Fils obéissant, fils soumis, dans quelques heures il serait au pied de la guillotine. »

Anatole embrassa sa mère et sa sœur, et partit se coucher. Cette nuit-là, il ne dormit pas. Il n'ouvrit aucun des livres qu'il avait pris l'habitude de lire, souvent jusqu'à l'aube, et qui avaient fini par le fasciner pour lui avoir si longtemps répugné. Mais désormais, ce qu'il allait voir n'était pas de la littérature. Ce n'est plus l'affaire d'un autre, l'angoisse d'un journaliste horrifié, mais la sienne. Puis, lorsqu'il sombra dans le demi-sommeil des petites heures, il se sentit presque soulagé : puisqu'il était écrit qu'il n'échapperait pas à son sort, il était préférable de l'affronter. Tout valait mieux, désormais, que l'insupportable décompte des heures. Alors seulement, il songea que, dans sa cellule, un homme plus désespéré que lui pressentait peut-être le drame qui se préparait. Cette nuit, pour la première fois, Anatole Deibler le partageait vraiment.

Lorsque Louis vient frapper à la porte de la chambre de son fils, il fut surpris de voir qu'il était déjà debout.

– Je suis prêt, dit Anatole stoïquement.

– Je vois, répondit simplement son père en refermant la porte.

Maintenant, à l'ombre du mur d'enceinte de la prison, Anatole a froid. Tremblant de tous ses membres, il suit les travaux que son père dirige à l'abri d'un cordon de gendarmerie. Timidement, il lève les yeux sur la guillotine que les hommes en noir ont élevée devant lui. Haute. Interminablement. Étroite et lugubre, elle lui paraît encore plus monstrueuse que dans ses cauchemars. Elle est laide et féroce. Il ne reconnaît pas la machine fascinante que les dessinateurs ont si souvent reproduite dans les livres et les journaux illustrés. Les marteaux des aides, frappés sur les montants de bois, lui fendent le tympan. Assis sur une borne de pierre, il prend sa tête entre ses mains. Lorsque son père le surprend, il s'essuie les yeux d'un revers de main et s'excuse de s'être endormi. Que son père le crût ou non lui était presque indifférent.

La lame d'acier vient d'être accrochée. On va essayer le mécanisme. Déclencher le couteau. Le bruit du mouton qui s'abat lui glace le sang. Dans *Les Misérables*, vingt ans plus tôt, Victor Hugo avait écrit : « La guillotine ne permet pas de rester neutre. Qui l'aperçoit frissonne du plus mystérieux des frissons. » Non loin de là, les journalistes ont pris position. Derrière eux, une foule compacte converge vers le lieu de l'exécution. L'un d'eux confessera le lendemain dans son journal : « Sur le trottoir de gauche de la route de Jouy, sur l'herbe déjà couverte de pâquerettes et de petites fleurs bleues, la guillotine, les échelles, les seaux, tout le funèbre matériel de monsieur Deibler. Contraste terrible ! » Anatole Deibler, petit-fils et fils de bourreau, est tapi dans l'obscurité. Il écoute pour éviter de regarder. Alors il entend que son père s'adresse aux policiers pour qu'ils interdisent l'accès de l'enceinte à la presse.

– Monsieur Baudat ! crie-t-il en agitant fébrilement le parapluie qui lui sert de canne.

Le commissaire central Charles Baudat le rassure en assignant aux reporters une place d'où chacun pourra voir l'ultime geste de l'exécuteur. Car le bourreau craint les journalistes et leurs commentaires, toujours acerbes, à l'affût de la première défaillance.

« Monsieur Deibler était pâle, agité, nerveux, tremblant, relatera l'un d'entre eux venu de Paris. Pour employer un mot vulgaire, il avait le trac... Fâcheuses dispositions, en ce moment surtout, où tout ce qui peut rendre repoussant le grand acte de la Justice doit être évité, où la moindre maladresse peut être exploitée et susciter une nouvelle controverse. »

Une haie de deux compagnies du deuxième régiment du génie contient les curieux que refoulent les sergents de ville de Versailles. De chaque côté de la place, deux pelotons de cuirassiers barrent l'accès à l'échafaud. Le public, aux abois derrière les haies, réclame sa part de spectacle. « Le plaisir regardait », ont écrit les Goncourt en 1854 à propos de la société française au temps de la guillotine révolutionnaire. En ce matin de printemps 1882, la mise en scène, d'ordinaire parfaitement réglée par le bourreau, semble avoir perdu de sa rigueur et le rite de l'exécution cher aux Deibler donne des signes de faiblesse que les correspondants de presse relèveront unanimement.

À quatre heures et demie, Louis Deibler monte dans le fourgon pour se rendre à la prison Saint-Pierre où le parricide attend son sort depuis soixante-dix-huit jours. Le condamné Lantz est particulièrement difficile. Violent, il inquiète le bourreau par ses accès de révolte. Cinq heures et huit minutes : le verrou de la cellule numéro 4 est tiré d'un coup sec et la lourde porte grince sur ses gonds. Le même scénario se répète chaque fois qu'un condamné à mort est remis au bourreau pour la levée d'écrou. Chaque fois, l'émotion prend possession de ceux qui assistent au rituel macabre. Or, à l'instar de Maurice Cieutat, tous les gardiens de prison qui se sont occupés du quartier des condamnés à mort diront que « si les exécutions capitales sont très recherchées, ceux dont le devoir est d'être là voudraient bien être ailleurs ». Au bout d'un certain temps, qui paraît interminable, dans lequel tous les mouvements semblent ralentis, le fourgon ressort de la prison dans la direction du pont Colbert. À l'intérieur, le condamné a pris place sur une planche mise en travers en guise de banquette. Le pasteur du pénitencier l'accompagne. Les aides du bourreau sont assis dans le fond, tandis que Louis Deibler a pris place à côté du conducteur, dans le cabriolet.

« On l'entendit venir de loin, bringuebalant sur la chaussée déformée, écriront les journalistes. Là, nous attendions, rangés sur le bord de la route, au milieu du carré formé par la troupe. Nous avions la guillotine en face de nous, sur l'autre bordure, et les rayons du soleil levant lui prêtaient des tons fauves. »

Six heures : le soleil ne va pas tarder à se lever. Le bourreau a pris du retard. Derrière une rangée d'hommes en armes, Anatole ne sait pas où poser le regard de peur d'être surpris en train de crier sa terreur. Le cortège s'avance, les cuirassiers s'écartent devant le fourgon jusqu'à ce qu'il soit à vingt-cinq mètres environ de la guillotine. Des enfants courent en tous sens et l'on ne cherche plus à les disperser. Louis Deibler descend de voiture et semble chercher quelqu'un dans la foule, qu'il ne trouve pas. Lorsque Lantz, assassin de son père, paraît devant le peuple, on entend une rumeur qui semble s'élever de la ville tout entière. Le condamné a un mouvement de recul. Il parcourt l'espace qui le sépare encore de sa mort, en chemise et les pieds nus, la tête recouverte d'un voile noir. Il sait maintenant que personne ne peut plus rien pour lui. « Il descendit péniblement du fourgon, notera le reporter. Soutenu d'un côté par un aide, de l'autre par le pasteur avec lequel il s'entretenait, il marcha d'un pas aussi ferme que le permettaient les entraves qu'il avait aux jambes. Monsieur Deibler avait l'air moins assuré que lui. »

C'est alors que l'huissier de cour d'assises intervient pour lire au condamné son arrêt d'exécution. Le document a quatre pages.

– Ne croyez-vous pas qu'il est inutile de prolonger l'agonie de ce malheureux ? lance le pasteur en s'interposant fermement.

Puis, se tournant vers le parricide, il lui demande :

– N'est-ce pas, Lantz, vous donnez acte de cet arrêt ?

Lantz répond mécaniquement par un geste de la tête, tandis que le pasteur s'adresse à l'huissier :

– Vous voyez, il vous en donne acte ! répète-t-il à l'homme hébété qu'il a en face de lui.

Sur un signe du greffier, l'huissier se retire.

« Combien de temps dura cette scène ? Pour les assistants, cela dura un siècle. Mais ce qui nous sembla encore plus long, c'est l'espace qui s'écoula entre le moment où monsieur Deibler, prenant le patient par les épaules, le coucha sur la planche à bascule, et celui où, après l'avoir arrangé et disposé à sa guise, il se décida à pousser le déclic qui fait tomber le couperet ! Plus d'une minute ! Du temps de monsieur Roch cela durait à peine dix à quinze secondes ! »

Enfin la tête tombe. Justice vient d'être faite.

Pendant que le fourgon, escorté par le commissaire du Canton sud, emporte le panier contenant les restes du supplicié vers le cimetière des Gonards, la population, qui n'est plus contenue par les gendarmes, accourt jusqu'au pied de la guillotine pour y voir les traces du drame. Les journalistes ont repris le chemin de Versailles ou la route de Paris, afin de rendre compte de ce qu'ils ont vu.

Bousculé par la foule qui se presse autour des assistants de son père, Anatole se sent pâle et chancelant. Qu'a-t-il vraiment vu ? L'odeur âcre du sang lui donne la nausée, des visions d'horreur se bousculent dans sa tête, mais il est incapable de dire à quiconque, à cet instant précis, ce qu'il ressent ni ce qui s'est réellement déroulé devant ses yeux. Le film de ses souvenirs s'embrouille, des images confuses l'entraînent dans ses lectures et l'empêchent de mettre de l'ordre dans ses pensées. Les détails, les bruits de la scène lui viennent en mémoire, les mots d'effroi prononcés par ceux qui ont osé garder les yeux ouverts au moment fatal prennent place lentement dans son esprit. Il revoit clairement les uniformes des cuirassiers, la couleur du fourgon, le visage empourpré du pasteur et la main levée de son père. Longuement. Et c'est tout. Comme s'il avait voulu se protéger de l'indicible, il a occulté le pire. Désormais, il taira ses émotions par instinct de survie.

Longtemps, il souffrira de maux dont il évitera de parler, et que son entourage, tout au long de sa vie, feindra d'ignorer. D'une certaine façon, à l'aube de sa vingtième année, Anatole Deibler est passé de l'autre côté du miroir. Quelque chose vient de se briser en même temps que l'espoir d'échapper à son destin. Il faut désormais qu'il se protège de lui-même et qu'il construise sa vie de manière à lui donner un nouveau sens, un artifice dont il sera le dépositaire discret jusqu'à sa mort. « Anatole m'a parlé de cette exécution du 31 mars 1882 », dira plus tard Georges Martin. Mais cette photographie mêlait encore à sa propre vision un ensemble d'émotions glanées par les témoins de la scène : « L'assassin sous la lunette, lui aurait-il un jour avoué, s'était bien comporté. Pas un mot. Pas un geste. Seulement ce regard qu'ils ont tous quand ils voient la machine, ce dernier regard lancé non pas vers le ciel mais vers la lame. »

Une coutume, légalisée depuis cinquante ans, voulait que les fils de bourreaux fussent exemptés du service militaire. Tous les bénéficiaires de cette dispense exceptionnelle en avaient profité. Anatole Deibler connaissait parfaitement cet avantage, mais il comptait bien se présenter à la conscription malgré les pressions de son père. L'exécution de Versailles lui avait fait l'effet d'un électrochoc et tous les arguments qu'on aurait pu lui opposer auraient été inutiles. L'armée s'offrait à lui comme une échappatoire de dernière minute, il n'allait pas manquer d'en profiter. Pourtant, une fois encore, il dut batailler ferme pour se faire entendre et faire admettre son choix.

– Je suis un citoyen comme les autres, finit-il par assener devant la commission de recrutement. Fils de bourreau sans doute, mais je ne sache pas que ce soit un déshonneur !

Ses propos jetèrent un froid dans le bureau. Chacun s'interrogea du regard afin de mesurer la surprise qui était en train de s'installer. On lui rappela que sa condition lui permettait, le cas échéant, de succéder à son père et que, par conséquent, il ne serait pas entravé dans l'accomplissement de sa tâche.

– Je ne vois pas en quoi le métier de mon père pourrait me faire renoncer à un devoir auquel sont astreints tous les citoyens de ce pays...

Puis, comme personne n'était venu l'interrompre :

– J'observe qu'un fils de criminel est normalement appelé sous les drapeaux, conclut-il. Il serait donc étonnant que l'on traite autrement le fils de celui dont le devoir est de les châtier !

Sans le savoir, il venait de se donner le premier des arguments qui lui permettront, quelques années plus tard, de se justifier devant ceux qui lui demanderont de s'expliquer sur le choix de son « métier ». En disculpant son père, il cautionnait par avance la trahison de ses rêves de jeunesse. Ses années de service national lui serviront à peaufiner les arguments qu'il utilisera notamment devant les journalistes. Trois années durant lesquelles ses camarades de chambrée ne l'épargneront pas. Comme à Rennes, il deviendra le souffre-douleur des imbéciles, la tête de Turc d'une population de troupiers plus bêtes que méchants. Il avait presque vingt ans et c'est avec une assurance qui l'aurait surpris quelques mois plus tôt qu'il se prêta dignement aux allusions de mauvais goût, aux jeux de mots douteux, complices de la trivialité ordinaire.

Pendant ce temps, à Paris, son père exécutait le condamné Michel Campi, qu'une partie de la presse croyait innocent du meurtre pour lequel on l'avait condamné. Anatole n'avait peut-être jamais pris connaissance de son cas, ou s'il s'y était intéressé, la présomption d'innocence de ce condamné-là venait trop tard dans le réquisitoire qu'il avait tenté de se forger.

« En attendant que le véritable nom de l'assassin de la rue du Regard soit connu du public, pouvait-on lire dans *La Presse illustrée* du 11 mai 1884, nous pouvons révéler qu'il était âgé de vingt-six ans, avait été sergent-major dans un régiment d'infanterie, et qu'il avait fait ses études dans un pensionnat de province. »

Combien de jeunes gens ressemblant au portrait de Campi Anatole Deibler a-t-il connus durant ses trois années passées sous les drapeaux ? Et tandis que le fils de Louis Deibler s'exerçait à donner la réplique à ses contradicteurs, d'autres encore s'enlisaient dans les méandres du crime. Anatole savait désormais comment réagir aux accusations qu'on allait porter contre la peine de mort,

Illustration de couverture de La Presse illustrée *du 11 mai 1884.*
Michel Campi, exécuté par Joseph Deibler, était considéré comme victime d'une erreur judiciaire par une partie de la presse.

contre sa famille et contre lui, quand il aurait officiellement répondu aux sollicitations de son père. Plus rien ne l'ébranlerait, maintenant qu'il avait acquis le moyen de se protéger.

« Monsieur Deibler pousse le ressort. Le lourd couperet s'abat avec la rapidité de la foudre. Un claquement sec. La tête de Campi tombe dans la boîte, pendant que le tronc, poussé par un aide, tourne sur lui-même sur la planche en pente et disparaît dans le panier. Le sang s'est répandu abondamment, sans toutefois jaillir avec une grande force, et inonde la lunette ainsi que le piédestal de l'échafaud. »

Il restait au jeune homme à s'endurcir.

Pourtant, lorsque Anatole, à sa grande stupéfaction, lui annonça froidement qu'il songeait à se mettre au service de l'État, Louis ne comprit pas tout de suite ce que son fils essayait de lui dire. Il lui fit répéter :

– J'envisage, tout comme vous, de servir la guillotine, lui confirma-t-il calmement.

Aussi, ne pouvant immédiatement répondre à la résolution d'Anatole en raison du nombre d'aides limité que la République consentait à lui allouer, Louis Deibler fit mentalement le calcul suivant : dans trois ou quatre ans, la place occupée par l'un de ses assistants serait certainement vacante et son fils pourrait la prendre à son tour.

– Il suffira que j'intervienne auprès du ministère, dit-il avec assurance.

Il en faisait déjà son affaire. Or, d'ici là, il fallait que le jeune candidat se forge une expérience. Qu'il se fasse la main, en quelque sorte. Louis n'hésita pas longtemps : son beau-père, Antoine Rasseneux le formerait en Algérie ! « Il n'y a rien de tel que la famille pour transmettre le savoir-faire d'une dynastie », se dit-il. Louis Deibler était aux anges, il venait de concrétiser son rêve d'entrer dans l'histoire de la guillotine aux côtés des Sanson ! Depuis le 24 mars 1877 en effet, Rasseneux était exécuteur en chef pour les départements d'Afrique du Nord.

Tous les gestes qu'Anatole accomplira dans sa vie de bourreau lui seront donc enseignés par Antoine Rasseneux. C'est à cette occasion, aussi, que le jeune Deibler percevra les premiers deniers du sang. Pour se protéger de ses fantômes et des reproches de sa conscience, il s'enfermera dans un cadre de vie soigneusement délimité. Puis il trouvera, progressivement, dans le rituel même de l'exécution, dans la haute précision du geste et la méticulosité de l'acte une manière de conjurer le sort, une attention qui finira par devenir obsessionnelle.

C'est le 1er mars 1885 qu'il reçut officiellement sa nomination pour l'Algérie et la Tunisie. Le 7 septembre suivant, son grand-père vint le voir et l'entretint de la mission qu'ils auront à remplir à l'aube du lendemain.

La veille, Anatole était allé s'acheter un petit carnet de toile grise, un paquet d'étiquettes, un flacon d'encre rouge, une règle. Il n'en dit rien à personne et, le soir venu, après que le vieux Rasseneux l'eut brièvement instruit de leur mission, Anatole partit se coucher. Alors, comme un élève appliqué, il disposa le carnet devant lui, et d'une main ferme il inscrivit l'année, en rouge au centre de la page. Au-dessous, en lettres calligraphiées, il nota : « Exécuté à Alger. » Suivi d'une date : « Le 8 septembre 1885. » Puis il rédigea quelques lignes sur l'homme que les jurés de la cour d'assises avaient jugé pour « le vol et l'assassinat en plein jour d'un colporteur juif » dans les environs d'Alger, le 1er décembre 1884. Un double trait, rouge et noir, séparera désormais ce rapport d'exécution de ceux qui suivront sur les pages encore blanches des « carnets d'exécutions » d'Anatole Deibler. Le condamné était un Italien nommé Francisco Arcano. Il portait le numéro 1, en haut, à gauche de la page.

La première tête que l'on tranche au couperet fait partie de l'intimité du bourreau. Celle-ci restera gravée dans la mémoire d'Anatole. Bien plus qu'à Versailles, car il était maintenant directement concerné par l'homme qu'il allait exécuter. Plus que jamais, Anatole cherchait à offrir à la guillotine, en même temps que la tête de sa victime, le moins de prise possible afin que le couperet, en tombant pour la première fois, éclaboussât moins sa conscience que ses mains.

Les bourreaux, au terme de la loi, étaient tenus de transporter sur les lieux d'exécution ce que l'on appelait communément « les échafauds servant à l'expiation de la peine capitale », de les monter, puis de les démonter pour enfin les « réintégrer dans le lieu où ils sont ordinairement enfermés ». Ils devaient en outre en assurer la garde, les entretenir et les réparer à leurs frais, « de manière à ce qu'ils soient maintenus dans le meilleur état, et toujours prêts à être employés à la première réquisition ». L'exécuteur en chef était enfin personnellement responsable en cas de perte, de détérioration ou d'enlèvement du matériel. Le couteau était émoulu par ses soins avant chaque utilisation. S'il était constaté que les bois de justice étaient mal entretenus, l'Administration faisait aussitôt dresser procès-verbal et prescrivait d'office, au vu du rapport d'experts, les réparations nécessaires aux risques et périls du soumissionnaire.

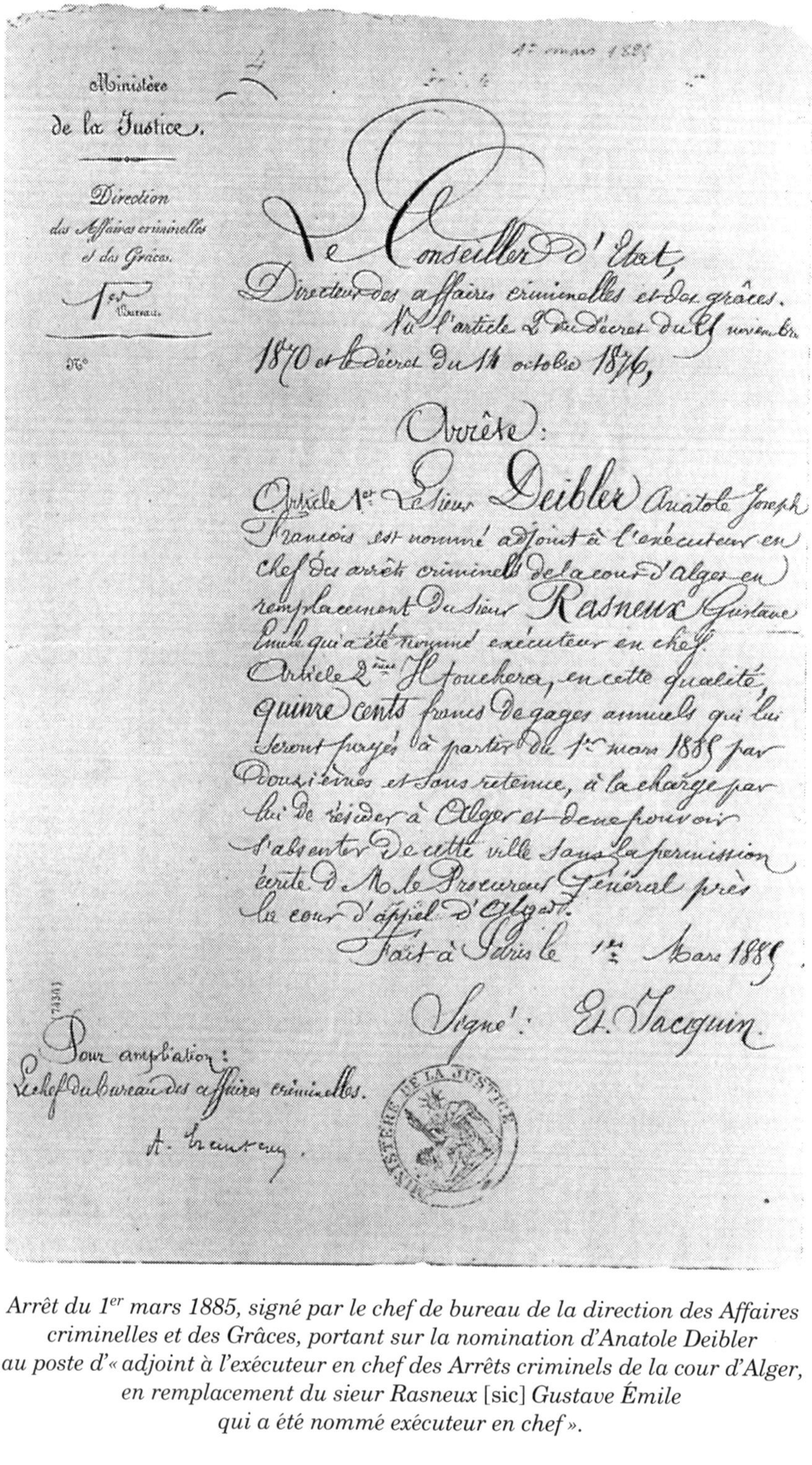

Arrêt du 1er mars 1885, signé par le chef de bureau de la direction des Affaires criminelles et des Grâces, portant sur la nomination d'Anatole Deibler au poste d'« adjoint à l'exécuteur en chef des Arrêts criminels de la cour d'Alger, en remplacement du sieur Rasneux [sic] *Gustave Émile qui a été nommé exécuteur en chef ».*

C'est dire à quel point, comme Louis Deibler sur le continent, le grand-père d'Anatole était sourcilleux sur toutes les questions touchant à « sa » machine.

– Ne l'oublie jamais, dit-il à son petit-fils en lui déclinant les droits et les devoirs de sa charge.

Anatole s'appliquait.

– Article 2, reprit le grand-père.

Et le jeune homme récitait :

– Dans le cas de reprise par le Domaine du local affecté au dépôt des bois de justice et de leurs accessoires, l'exécuteur sera tenu de s'en procurer un autre à ses frais, qui devra être connu de l'Administration. Dans tous les cas, les réparations ou aménagements à faire à l'un ou l'autre de ces immeubles seront à la charge…

– De monsieur Rasseneux, bien sûr !

Et l'intéressé ponctua sa phrase d'un haussement d'épaules qui en dit long sur ce qu'il pensait de ses gages et des obligations qui les grevaient lourdement.

Au temps où Anatole servait sous ses ordres, Antoine Rasseneux gagnait mille huit cents francs par an, payables par trimestre, tous frais à sa charge. C'était peu, mais le bourreau n'était pas très souvent sollicité. Durant les cinq années d'« apprentissage » d'Anatole, il n'y eut en effet que quatorze exécutions. L'article 6 stipulait toutefois que les frais occasionnés par le déplacement de la guillotine en dehors d'Alger seraient indemnisés à concurrence de vingt francs par myriamètre[1] parcouru. L'année de son départ pour Alger, son père touchait à Paris, pour le même engagement, la somme annuelle de dix mille francs. Le même montant lui était alloué au titre de « l'abonnement » destiné aux frais d'entretien et de déplacement des deux guillotines dont il avait la responsabilité. Ses aides étaient payés directement par le ministère de la Justice ; un assistant de première classe recevait alors quatre mille francs par an.

Sophie Rasseneux était morte au mois de décembre 1885, peu de temps après l'arrivée de son petit-fils. Le grand-père le prit aussitôt en affection et, tout en s'occupant de sa formation, il lui parla de la famille et l'entretint à son tour dans le culte de la dynastie. Comme Joseph Deibler, il était fier que le seul garçon de la descendance prît à son tour le relais. Il lui raconta comment la charge d'exécuter les Arrêts criminels s'était transmise de père en fils, et les mots qu'il employa, pour la première fois, n'effrayèrent pas le jeune homme

1. Myria : dizaine de mille ; myriamètre : dix kilomètres.

farouche qu'il avait été. Mieux : Anatole se passionna si bien pour l'histoire de sa profession qu'il finît par poser à son grand-père toutes les questions qui pouvaient le renseigner sur son avenir. Jusqu'à ce que la barbarie de la guillotine elle-même disparût devant l'intérêt de la « machine ».

Il apprit par exemple que, pendant longtemps, les bourreaux n'avaient pas eu d'existence légale. Aucun texte, avant la Révolution, ne définissait en effet leurs attributions et nulle part on ne précisait la manière dont le bourreau devait procéder lors d'une exécution capitale. Ce n'est qu'à la fin du XVIIIe siècle que le législateur s'était saisi de son cas pour le codifier. Mais le bourreau, dont l'Administration ne voulait pas faire un fonctionnaire, se contentera d'être un agent contractuel de l'État. À ce titre, il ne percevra pas de salaire, mais des gages pouvant être révoqués en même temps que lui. Par le fait, il n'apparaîtra pas sur les comptes de la nation. Officiellement, il n'existera jamais.

Devant les explications de son grand-père, Anatole comprenait mieux, maintenant, pourquoi cette profession, longtemps rejetée par la population qui repoussait le bourreau loin de la ville, répugnait autant qu'elle fascinait. C'est pourquoi, comme beaucoup d'autres, il avait éprouvé tant de mal à s'imaginer dans ce rôle, à prendre sa place dans une galerie d'ancêtres placée sous le sceau de la mort.

Tenus à l'écart, tels des mendiants, les bourreaux s'étaient regroupés pour la défense de leurs intérêts. En France comme à l'étranger, cette corporation fonctionna comme un système de castes. Les exécuteurs se cooptaient entre eux, et quand il n'y avait pas de descendance mâle dans une famille dynastique, des alliances complexes présidaient par le mariage à la succession des charges. Les lignées de bourreaux n'étaient pas rares et pouvaient s'étendre sur cinq ou six générations. Tant qu'il y avait un bourreau par département, ce procédé souvent machiavélique permit à quelques familles de s'emparer des rênes du métier. Mais depuis 1870, il était devenu très difficile de s'immiscer dans l'univers des clans qui avaient servi la guillotine au point de s'en approprier la succession. Anatole mesurait désormais l'étendue de sa responsabilité.

Il connaissait les noms des prédécesseurs de sa propre dynastie : Heidenreich et Roch avaient traversé son enfance, et de nombreuses anecdotes les concernant nourrissaient encore ses cauchemars. Mais il ignorait encore les origines de sa propre famille. D'où venaient les Deibler ? À quel monde appartenaient-ils pour avoir empoigné la faux plutôt que l'épée, la cagoule au lieu de la robe du magistrat ? De quelle histoire secrète le premier bourreau de la caste se prévalait-il ? Le vieux Rasseneux, qui n'était pas le premier exécuteur du nom, avait fait des recherches au moment où sa fille épousait Louis Deibler, fils de Joseph et petit-fils de Fideli, né dans un village de Bavière le 27 novembre 1763… Deux siècles, presque jour pour jour, avant qu'Anatole ne vienne au monde.

Ses ancêtres avaient tâté de la hache dans le duché de Wurtemberg à la fin du XVIIe siècle. On exécutait alors sur le billot et dans l'Allemagne d'alors il semblerait que le nom de « Deubler » évoquait déjà le geste ultime de la Justice des hommes. Fideli était le sixième enfant du bourreau de Biberach, Johannes Deubler, dont le père était lui-même « équarrisseur » et la mère fille d'« écorcheur ». À cette époque, notent les historiens allemands cités par Jacques Delarue, les Deubler étaient tous qualifiés d'« équarrisseurs » ou d'« écorcheurs » sur les actes d'état civil. Cette profession était traditionnellement le privilège des « rifleurs » de l'Est et de certaines villes du Nord. Ils apparaissaient également sous le nom latin de « Carnifex », ou « Maître du Trèfle », qui pourrait avoir comme origine la clé servant à marquer les criminels, que l'on chauffait au rouge. L'habitude en remontait au VIIIe siècle dans le droit germanique des Lombards, et plus tard dans le droit des Francs. Ce qui permet à Jacques Delarue de conclure : « Cette supposition nous ramène de toute façon à la même profession pour les membres de la famille Deibler. »

Fideli Deubler, bien qu'il fût bourreau de Biberach un certain temps, ne semblait pas vouloir perpétuer la dynastie. Homme de la campagne, il épousa une riche héritière et de nombreux enfants naquirent de cette union paisible. L'aîné d'entre eux se prénommait Josef Anton. Il avait vu le jour le 6 septembre 1789, puis s'était engagé dans l'armée pour y faire carrière, lorsque l'ultime coalition des États européens contre Napoléon le conduisit en France. C'est à Lyon qu'il fut stationné, sous le commandement du baron Fürstenwaerther. Mais une fois la guerre terminée, Josef ne rentra pas au pays de ses ancêtres. Il s'établit comme cultivateur à Villeurbanne et c'est là qu'il fit la connaissance de Marguerite Boyer, une jeune couturière de Saint-Étienne qu'il épousera le 8 mai 1822. À cette époque, la famille avait changé depuis longtemps l'orthographe de son nom. C'est donc un « Joseph Deibler », qui avait francisé son prénom au moment de son établissement, que l'on retrouve sur les registres de l'état civil. La France vivait sous la Restauration et la population de Paris assistait cette année-là à l'exécution des « quatre sergents de La Rochelle ». Le couple, qui avait peu de goût pour l'agriculture et l'élevage, prit en gérance un débit de boissons. Les affaires n'étant pas florissantes, Joseph Deibler songea quelque temps à retourner en Bavière. Mais, tôt ou tard, il était écrit que le sang parlerait. Parmi les anciens clients de Joseph et Marguerite Deibler se trouvait un homme qui les avait pris en sympathie. Certes, il exerçait une étrange profession qu'il gardait volontiers secrète, mais qui nourrissait son homme et lui permettait d'élever honorablement sa famille. Il s'appelait Étienne Chrétien et c'était le bourreau de Lyon.

– Dans le métier, lui avait-il confié, si tout se sait, tout ne se dit pas. Et surtout pas à n'importe qui !

Joseph Deibler ne comprit pas tout de suite ce que son ami était en train de lui proposer. Alors, l'exécuteur en chef du département lui proposa de se rendre à Dijon, sur sa recommandation. Il y connaissait bien le bourreau et c'était une caution de poids car, avant d'officier à Lyon, Étienne Chrétien avait été affecté à Besançon sous l'Ancien Régime puis, en 1793, la Révolution l'avait commissionné à Chalon-sur-Saône. C'est là qu'il avait fait l'apprentissage de la guillotine, avant d'être nommé à Lyon au mois de mars 1804.

– Maître Stanislas Desmorets te recevra. Il cherche un aide et je crois que tu lui plairas.

Joseph fit si bien l'affaire qu'il obtint le poste aussitôt. Lui a-t-il parlé de ses ancêtres, bourreaux dans le Wurtemberg ? La caution d'Étienne Chrétien a-t-elle suffi à vaincre la méfiance d'un homme qui avait l'habitude de s'entourer d'aides familiers ? Toujours est-il que le jeune couple s'installa dans la cité bourguignonne et qu'il y baptisa son premier enfant, le 12 février 1823 : Louis Stanislas Deibler venait au monde sous le double signe du verseau et des bois de justice.

Louis n'avait que deux ans lorsque son père, nommé premier assistant du bourreau de Saintes, en Charente, s'y installa avec sa famille. Puis le poste d'exécuteur en chef pour le Cantal s'étant libéré à la mort de Bernard Gathuel, Joseph Deibler deviendra l'une des figures les plus marquantes de Saint-Flour, de 1836 à 1850. Avec sa famille, Joseph s'était installé dans ce que tout le monde appelait « la maison du bourreau », 66 place du Muret. Pendant trente-trois ans, elle avait abrité l'ancien exécuteur d'Aurillac et personne, depuis lors, ne l'avait plus habitée. À peine en fonction, Joseph Deibler sera hautement considéré par la bourgeoisie de la ville et ses bonnes manières lui épargneront le mépris de ceux qui alimentent gratuitement la rumeur. Le personnage, dont la silhouette était reconnaissable, était grand et légèrement voûté. Mais il était solitaire : « taciturne », disaient les gens de Saint-Flour. Il ne se mêlait à personne et vivait par là même en bonne intelligence avec tout le monde. Il s'installait souvent au *Café Froment* qu'il traversait silencieusement, et s'asseyait seul dans une petite salle du fond.

– Comme d'habitude, monsieur Joseph ?

Les clients ne se retournaient pas sur son passage. Le pas lourd du bourreau faisait partie de leur vie quotidienne. Il faut dire que les têtes tombaient rarement dans le département. Sa distraction favorite était la pêche à la ligne, qui convenait particulièrement à son goût du silence et de la solitude. « En bref, conclut Jacques Delarue, il se tenait à sa place. »

Son fils Louis, qui avait étudié chez les frères de la Doctrine chrétienne, était apprenti menuisier, rue de la Boucherie, lorsque Joseph Deibler fut rétrogradé pour des raisons d'économie et de restructuration administrative. Le poste de Saint-Flour, qui n'était pas « rentable » en termes de têtes coupées, fut donc supprimé par une loi qui prévoyait un découpage par cours d'appel.

– Désormais sans ressources, ton grand-père paternel était au bord de la faillite personnelle, dit Antoine Rasseneux à son petit-fils qu'il avait emmené en promenade dans les environs d'Alger. Heureusement que ta tante, Marie Henriette, sœur aînée de ton père, était déjà mariée. Elle vivait à Caen dans une famille d'anciens exécuteurs alsaciens.

De retour au 34, rue des Maugrebins *[sic]*, le vieil homme prit Anatole par les épaules en le regardant au fond des yeux. C'est alors qu'il lui dit :

– Ton grand-père a été très courageux. Pendant quelque temps, sa famille a vécu dans la misère, mais il s'était arrangé pour ne pas alarmer ses enfants.

Par bonheur, le poste de Rennes vint à se libérer. Joseph, qui était familier des intrigues qui prévalaient et des manœuvres dans le métier, apprit qu'un autre candidat s'était fait connaître pour la charge de Bretagne. Mais cette fois la chance fut au rendez-vous, Joseph Deibler et les siens trouvèrent bientôt à se loger dans une ruelle près de la gare. Louis avait trente ans, il était robuste et ressemblait à ses aïeux bavarois. Le visage couperosé, il traînait un corps un peu lourd et boitait légèrement.

Anatole écoutait son grand-père sans répondre et cherchait à reconstituer des tranches de vie dont il ne possédait que quelques images adoucies par l'émotion.

La guillotine républicaine – et révolutionnaire. Le nombre 93, dans la lanterne, fait allusion à la période extrême de la Terreur. Le dessinateur Willette, dans Le Courrier français *du 4 décembre 1887, représente cette « certaine idée de la justice en France », que condamneront les partisans de son abolition.*

Antoine Rasseneux, qui ne connaissait rien des tourments qu'Anatole avait subis tout au long de son adolescence avant de prendre sa cruelle décision, lui raconta comment Joseph avait contraint son fils à lui succéder.

– Ton père en a trop souffert, jadis, pour t'obliger à ton tour.

Anatole garda le silence.

– Ta décision t'appartient, mais sache qu'elle fait le bonheur de tes parents, ajouta-t-il innocemment.

Le grand-père lui parlait maintenant de la ruelle de Châtillon, de Rennes où les premiers Deibler avaient débarqué pour faire souche. En pensée, Anatole fit le tour des quartiers qu'il connaissait. Le collège. L'arbre au milieu de la cour et le banc des « exécutions »...

– Quand est-ce que mon père est venu travailler en Algérie ? demanda vivement Anatole en refermant la porte sur la rue.

Il faisait frais dans la maison. Dehors, les ombres de la ville commençaient à disparaître sous le soleil de plomb. Très haut dans le ciel, quelques nuages passaient au loin sur la mer.

– En 1853. Lorsque ton grand-père fut promu chef à Rennes. Louis, qui avait déjà quelques années d'expérience dans ce domaine, accepta le poste d'aide qu'avait demandé le ministère. Je ne le connaissais pas, mais il m'a tout de suite fait bonne impression. Il était un peu gauche et je craignais que sa maladresse le gêne dans l'exercice de sa mission, mais rien de tel ne s'est produit.

Antoine Rasseneux avait une fille alors âgée de dix-huit ans. Et ce qui devait arriver arriva : Zoé Rasseneux deviendra Mme Louis Deibler le 6 novembre 1858. Ils avaient élu domicile au 5 de la rue Adada. Cinq ans plus tard, après être partie s'installer à Rennes, 3, faubourg d'Antrain, à la demande de sa belle-famille, Zoé Victorine mettait au monde Anatole Joseph François Deibler, que le sort avait désigné pour marcher sur les traces des siens.

Ce jour-là, dans la poussière ensoleillée de la ville blanche, Anatole fut presque rassuré sur les intentions du destin qu'il avait essayé de combattre. Si la fonction qui l'attendait ne ressemblait pas à ses ambitions, l'histoire de sa famille lui donnait aujourd'hui quelques raisons de croire qu'il n'était pas entièrement coupable de ce qui lui arrivait.

Joseph et Louis Deibler, en dépit de leurs communes activités, étaient de natures fort différentes. Le père, autoritaire et fier, estimait que la fonction de bourreau relevait d'une sorte de droit divin, que le « dernier article de la loi » qu'il représentait devait forcer le respect. Fort de cette certitude, il enseigna cette « prédestination » à son fils, qui entendait autrement son rôle de bourreau. Anatole les connaissait bien, l'un et l'autre, avec leurs qualités et leurs défauts. S'il avait pris la décision de suivre leur exemple, il n'avait pas envie, pour autant, de leur ressembler. Il savait toutefois que la fonction requérait du courage et de l'abnégation. La pitié n'y était pas de mise et cette force de caractère, utile à l'instant du geste fatal, était nécessaire à sa propre survie psychologique. Car s'il allait devoir sans cesse lutter contre ses réactions instinctives, il faudrait aussi qu'il prévienne les trahisons de ses concurrents, voire de ses propres aides lorsque leurs intérêts seraient en jeu. Il arrivera même que le ministère de tutelle reçoive des lettres de délation destinées à discréditer un « patron » pour lui ravir sa place !

En 1861, l'exécuteur d'Angers, qui convoitait le poste de Rennes au moment même où ton grand-père était relevé de ses fonctions dans le Cantal, écrivait au ministre de la Justice pour lui demander ouvertement d'être nommé « en remplacement du dénommé Deibler, si toutefois il venait à être révoqué pour cause de l'accident survenu à Nantes pour l'exécution du nommé Josset, lequel ne peut être arrivé que par son incapacité à remplir ses fonctions convenablement, ce que j'ai été à même de constater dans plusieurs exécutions où j'ai coopéré avec le nommé Deibler. Signé : Ganié ». Ce n'était pas la première fois que l'on essayait de manœuvrer dans les coulisses du ministère, dit le vieux Rasseneux, et ce ne sera pas la dernière.

En 1853, lorsque Joseph Deibler prit ses fonctions à Rennes, il évinça malgré lui le prétendant au poste d'exécuteur en chef, qui avait reçu l'agrément de l'avocat général. Il se nommait Jean Grosholts et dut se contenter d'être son assistant. Dès lors, il devint l'adversaire le plus acharné de Deibler et ne cesserait d'ourdir contre lui toutes sortes de machinations pour le déconsidérer. Particulièrement vindicatif, Grosholts n'allait pas en rester là. Avec l'aide de l'exécuteur d'Angers, qui en voulait à son confrère de Rennes pour les mêmes raisons, il prétendit que Deibler était incapable d'assumer son office pour cause de paresse et d'éthylisme invétérés. Ganié, de son côté, porta personnellement plainte contre son patron en 1859 : il l'accusa de coups et blessures, avant de revenir sur sa déposition. La même année, il adressait à Jean Grosholts cette lettre pleine d'amertume et de récriminations : « Veillez bien, car l'intention du bonhomme est toujours de donner sa place à son fils, lequel est marié avec la fille du chef d'Alger ! »

Le regard surpris d'Anatole obligea son grand-père à lui rapporter, nonobstant quelques détails qu'il ne souhaitait pas évoquer, ce que les journalistes avaient écrit sur le compte de son père.

Incrédule, Anatole demanda s'il avait conservé la trace de ce qu'il avançait. Inconsciemment, il avait espéré que le vieillard l'épargnerait. Car il se souvenait fort bien des critiques formulées à l'endroit de son père, à l'époque où, curieux de son métier, il découvrait en même temps que les premières vérités les blessures qui les accompagnent. À force d'insistance, il prit connaissance d'une coupure de presse datée du 15 avril 1861 et dont il regretterait la lecture toute sa vie : « Un incident très regrettable a marqué cette exécution. Le couperet de l'instrument a parfaitement produit la décollation, seulement, par la suite d'un mouvement musculaire, le corps du condamné a exécuté un mouvement de retrait tel que la séparation de la tête et du corps n'a pas été complète. L'un des bourreaux a dû appuyer sur le couteau, tandis que l'autre tirait sur le tronc pour opérer la section de la partie charnue adhérente... »

Anatole ne chercha pas à relire ces lignes qu'il considérait comme un parfait exemple d'indécence. « La mort, quelle que soit la raison qui la provoque, doit rester digne », pensa-t-il en tirant un second journal de l'enveloppe que son grand-père lui avait remise. Sur une pleine page on pouvait lire les commentaires d'une décapitation qui avait mobilisé l'opinion jusqu'à Paris, bien que le procès se fût déroulé à Brest : c'était l'affaire du *Foederis Arca* ! Il renonça, cette fois-ci, à lire un article qui lui rappellerait tous ses rêves d'aventures aujourd'hui remisés dans des livres d'images et qui ne ressemblaient plus à rien.

Les craintes jadis formulées par les aides de Joseph Deibler sur la coopération de son fils s'avéreront encore d'actualité trente ans plus tard, lorsque Anatole, de retour d'Algérie, prendra ses fonctions à ses côtés. Sa nomination officielle date du 31 octobre 1890. Adjoint de son grand-père pour l'Algérie et la Tunisie, il devient adjoint de deuxième classe à Paris, aux côtés de son père. Il touchait, en cette qualité, trois mille francs de gages annuels payés par douzième et sans retenue, « à la charge pour lui de résider à Paris et de ne pouvoir s'absenter sans la permission écrite du chef du Premier Bureau de la direction des Affaires criminelles ». À quelques années d'intervalle, l'histoire de la famille se répétait.

La fin de la décennie sera marquante pour les affaires criminelles, l'histoire de la guillotine et la dynastie Deibler. Ce n'était pas la première fois qu'une exécution publique donnait lieu à d'immenses rassemblements populaires. Mais la publicité que les journaux donnèrent à « l'affaire Gouffé », dès que l'assassinat de l'huissier parisien fut connu du public, rendit cette affaire célèbre

La dernière exécution d'une femme, en 1887, à Romorantin, par Louis Deibler.

dans la France entière. Par la nature du crime et la personnalité des protagonistes, ce meurtre sordide prémédité par un couple d'aventuriers crapuleux rejaillit sur la famille Deibler, au moment même où Louis rappelait son fils dans la capitale. La guillotine était plus que jamais célèbre dans le monde entier. Les décapitations parisiennes attiraient les journalistes de la presse étrangère et les gestes du bourreau, précis ou maladroits, alimentaient les commentaires des éditorialistes. Les chroniqueurs politiques s'en emparaient à leur tour et chaque tête qui tombait relançait le débat sur la peine de mort.

Le 27 juillet 1889, la police enregistrait la disparition d'un huissier parisien aux mœurs douteuses. Son goût pour les femmes légères et les aventures sans lendemain ne laissait pas de faire sourire les enquêteurs. Jusqu'à ce que, le 16 août, un garde-champêtre de la région de Lyon fasse une découverte qui alerta la curiosité des journalistes. Dans un sac, le cadavre d'un inconnu relança l'affaire Gouffé. Bien que la description faite par le médecin légiste lyonnais ne correspondît pas à celle de l'huissier disparu, la police judiciaire envoya sur place un enquêteur plus suspicieux que les autres. La science en matière de criminologie ayant fait de grands progrès, l'inspecteur ordonna aussitôt une expertise. Or, les conclusions de cette investigation furent sans appel : le corps trouvé sur les bords du Rhône appartenait bien à maître Augustin Gouffé. L'enquête pouvait commencer.

Le 17 août, en pleine « affaire », Joseph Allorto et Jean-Baptiste Sellier tombaient sous le couteau de Louis Deibler. À ce moment, Anatole était sur le point de s'en retourner en France. L'Exposition universelle avait rempli Paris de curieux venus de tous les horizons. On avait affrété des trains ; des bateaux venus en masse d'Angleterre déversaient des milliers de touristes chaque jour. Les agences avaient rivalisé d'ingéniosité pour satisfaire leur clientèle. Les wagons-lits Cook, cette année-là, donnèrent à la fois dans l'insolite et le tragique. À leur programme de visites, ils avaient inclus une double exécution à la Roquette…

Sept grandes voitures remplies par quelque trois cents touristes étaient stationnées aux alentours de la prison. Par groupes compacts, tous ces gens furent conduits au plus près de la guillotine afin que chacun pût frémir au lâcher du couperet. En fait, personne ne verrait rien, car les cordons de police tiendraient la foule à distance, mais ils raconteraient, émerveillés, le spectacle d'une population à l'arrêt, subjuguée par la mort violente et retenant son souffle. Plus d'une centaine de fiacres seraient dénombrés par la police dans les rues voisines de la prison. Maîtres et serviteurs avaient répondu à l'appel du sang. Les fenêtres, les balcons furent pris d'assaut, on loua des chaises à prix d'or et l'on se disputait les bancs publics. La nuit allait être longue.

Pendant ce temps, les limiers de la police judiciaire poursuivaient leurs investigations dans l'affaire dite de « la malle à Gouffé ». Car le corps de l'huissier, on en avait acquis la preuve, avait été transporté jusqu'à Lyon par le train, avant d'être abandonné en pleine campagne non loin de Millery. La police s'intéressait depuis peu à une prostituée du nom de Gabrielle Bompard, dont le compagnon, connu pour être un chevalier d'industrie, s'appelait Michel Eyraud. On les avait vus en compagnie de la victime peu de temps avant. C'est le professeur Lacassagne, de la faculté de médecine de Lyon, qui reconstitua le crime du 26 juillet. Confondue, Gabrielle Bompard livra son complice que la police n'appréhenderait que plusieurs semaines après. Le meurtrier, qui avait fui en Amérique du Sud, fut arrêté à Cuba. Lors du procès, les accusés révélèrent la nature de leur crime et n'omirent aucun détail de leur machiavélique entreprise. L'audience eut lieu du 16 au 20 décembre 1890. « Le procès se déroula au milieu d'un déchaînement de curiosité malsaine, note René Reouven, des commerçants ayant loué l'appartement du crime pour le faire visiter aux foules accourues de province. »

Gabrielle Bompard était devenue la maîtresse d'Augustin Gouffé. Il lui avait été facile de l'appâter, elle était avenante et l'huissier la convoitait depuis quelque temps. Lorsque le rendez-vous fut pris, place de la Madeleine à Paris, le scénario mis en place par le couple Eyraud-Bompard était prêt depuis longtemps. Elle devait faire en sorte que son amant l'emmène à son appartement, car c'était là que devait se resserrer le piège tendu par les meurtriers. Aveuglé par son plaisir, Gouffé ne verra pas la nasse se refermer sur lui. Michel Malherbe raconte :

« Après avoir fait le tour de la pièce, maître Gouffé s'installe sur le seul siège disponible : le divan situé devant une épaisse tenture. Pendant les préludes amoureux, Gabrielle défait la cordelette de son peignoir et, faisant mine de jouer, la passe autour du cou de Gouffé. Derrière la tenture, Michel Eyraud attend. Dès que sa maîtresse lui tend l'extrémité de la cordelière formant une boucle, il l'accroche à la corde de la potence – qu'il avait préalablement installée pendant l'absence du propriétaire. Car, en fait, c'est un véritable lasso que Gabrielle vient de passer au cou de Gouffé. Montant sur un escabeau dissimulé derrière les rideaux, il exerce une forte pression destinée à tendre la corde, et se laisse tomber dans le vide à la manière d'un sonneur de cloches. Grâce à la démultiplication des poulies, Augustin Gouffé est littéralement arraché du divan. Dans un sursaut d'agonie, il s'accroche aux rideaux qu'il arrache. Au bout d'un court moment, Eyraud lâche la corde et le corps de Gouffé retombe lourdement au sol. La mort semble avoir été foudroyante, vraisemblablement due à une rupture des vertèbres cervicales. Les yeux sont vitreux et la langue sort de la bouche. »

La suite était déjà connue des magistrats. Elle écœurerait les jurés. Les assassins ne furent pas en mesure d'ouvrir le coffre-fort qui contenait le mobile du crime, mais il fallait qu'ils fassent disparaître le corps ! Une malle achetée à Londres leur servit de cercueil et c'est dans un train à destination de Lyon qu'ils expédièrent les restes de leur victime, avant de la récupérer pour la jeter dans le Rhône, près de Millery. C'est là qu'on devait retrouver la dépouille dans les broussailles.

Le verdict des jurés tomba moins de trois semaines plus tard. Il n'y eut pas de surprise : la peine capitale fut prononcée à l'encontre de Michel Eyraud, tandis que Gabrielle Bompard était condamnée aux travaux forcés à perpétuité.

Chez Louis Deibler, on avait une bonne raison de se réjouir : l'exécution de Michel Eyraud, devenu célèbre depuis quelques mois, donnerait ses lettres de noblesse au jeune bourreau fraîchement intronisé aux côtés de son père en tant que deuxième assistant. Or, si depuis le 31 octobre 1890 Anatole avait pris fait et cause pour le « métier de famille » qui l'attendait, par obéissance à la tradition, et pour défendre aussi, d'une manière qu'il aurait voulue différente, la mémoire de ses aïeux, il n'était pas prêt à toutes les compromissions. Il ferait certes son travail au mieux de sa conscience, mais il ne faudrait jamais venir lui demander de se justifier publiquement. Sa pudeur le lui interdisait. La froideur qu'il affichait lui servait d'excuse. Il touchait mille francs de gages annuels et ce premier contrat de l'État était pour lui plus qu'un salaire : une reconnaissance de son statut dont il réclamerait le cautionnement toute sa vie.

Dans les carnets gris d'Anatole, on lit en lettres rouges sur une page de gauche du premier des six volumes : « France et Corse. » L'épisode algérien était terminé. Les affaires sérieuses commençaient. En regard, une nouvelle date : « 1891. » Le 3 février, il écrivit de sa petite écriture serrée : « Le nommé Eyraud Michel, âgé de quarante-huit ans, condamné par la cour d'assises de la Seine le 20 décembre 1890, pour vol et assassinat sur la personne du sieur Gouffé, huissier, rue Montmartre à Paris. Crime commis à Paris le 26 juillet 1889. » Puis, avant de le refermer, il y inscrivit le terrible nombre qui pendant quarante ans ne cesserait d'augmenter…

Tout s'était parfaitement déroulé malgré les craintes de débordement. La police n'avait pas eu à charger, Michel Eyraud n'avait pas déchaîné les passions comme on s'y attendait. Le procès avait retenu toutes les attentions, l'exécution avait attiré la foule des grands jours, mais l'opinion publique ne s'était guère enthousiasmée pour le criminel. Seule Gabrielle Bompard faisait figure d'héroïne, et sa notoriété était telle au moment du procès que la foule, avide de sensations fortes, s'était approprié ses « exploits ». Elle avait reçu des centaines de lettres en prison, des fleurs et des demandes en mariage. « Elle reste en cela un exemple type d'enclitophilie [1] qui se manifeste lors de chaque grande affaire criminelle », souligne René Reouven. Anatole n'en tint pas compte dans son carnet de notes, mais il prit l'habitude, à dater du procès du 7 janvier, de rédiger un « journal de condamnations » dans lequel il inscrirait désormais certains détails qui n'apparaissent pas dans les

1. Engouement du public pour le criminel et pour le spectacle de l'exécution.

« carnets d'exécutions », des impressions personnelles parfois, relatives au condamné, à son histoire et à ses crimes. « Brouillon » plus intime que les « carnets d'exécutions », cet exercice constitue une sorte de soupape de sécurité psychologique dans son existence d'« écorcheur ».

Si la célébrité de « la » Bompard ne suscite pas de réaction particulière chez le jeune Deibler, elle court les salons et les rues de Paris. Jusque dans la France profonde, on chante ses aventures et l'on plaint ses malheurs. On en fait la victime de son complice, des mœurs dissolues de Gouffé, de la société de l'argent que racontent les romans de Zola. Le musée Grévin offre à ses visiteurs une reconstitution du crime, feuilletonistes et marchands de curiosités exploitent la gloire passagère de « la belle Gabrielle ». Sur les Grands Boulevards, on propose des malles miniatures du fond desquelles on extrait un petit cadavre articulé ! Le Palais de Cristal à Marseille met *La Malle sanglante* à son programme de pantomime… « Pour Gabrielle, écrit Michel Malherbe, c'est la gloire. Une célébration ayant des relents de cadavre certes, mais le public a toujours été attiré par les grands crimes et la personnalité même des auteurs. » Yvan-Claude Laroche analyse le phénomène de l'enclitophilie. « N'est-ce pas l'auréole du crime qui donne tant de séduction ? » se demande-t-il. Avant d'ajouter : « La popularité de Gabrielle Bompard est étrange. En prison, on la traite avec ménagement. Elle commande ses repas, distribue des sourires, reçoit des déclarations. Par qui peut donc être ainsi adulé ce petit produit de province ? »

Lors des reconstitutions, tant à Lyon qu'à Paris, des scènes incroyables ont vu la population se précipiter sur le passage de l'accusée. Cette dernière, après avoir été conduite à Millery, est raccompagnée à la gare de Perrache « dans un enthousiasme délirant », notent les témoins de cette surprenante journée. Dans son livre, *Prestige du crime*, l'auteur rapporte que « telle une reine, elle serrait la main à des fonctionnaires, à des magistrats. Son compartiment-salon de première classe était rempli des fleurs les plus rares. Pour recevoir l'hommage ardent de la foule de ses admirateurs, littéralement ruée à ses pieds, elle fut obligée de paraître à la portière. On lui envoyait des baisers pâmés ; des bouquets se tendaient vers elle. Si le train ne finissait pas, heureusement, par s'ébranler, sans doute certains exaltés en seraient-ils arrivés à supplier leur idole de les bénir… » À Paris, six cents personnes sont venues l'attendre devant la maison du crime, rue Tronson-Ducoudray. Très vite, elle comprend ce qu'elle peut tirer de sa popularité. Les hommes rêvent de la conquérir, elle est plus convoitée

Gabrielle Bompard, lors du voyage à Lyon pour la reconstitution du crime.

qu'une danseuse de l'Opéra. Les magistrats qui vont la juger ne pourront pas faire fi de cette opinion, encline jusqu'à l'hystérie à la tirer des griffes du bourreau.

L'être humain, mystérieux et secret, se passionne pour le crime qu'il n'a pas commis parce qu'il admire et jalouse, fasciné par l'horreur, celui d'entre les siens qui ne lui ressemble pas. Il regarde en lui ce qu'il ne peut ou ne veut pas transgresser. Respectueux des règles qui gèrent l'organisation des êtres entre eux, l'homme social est un animal fraîchement domestiqué, un chien qui aime hurler avec les loups. « Les amoureux des criminels, écrit encore Yvan-Claude Laroche, n'ont-ils pas donné naissance à de nombreux héros de la littérature ? Ce qui est vrai pour le chevalier des Grieux, pour Candide ou pour Salammbô l'est *a fortiori* pour l'homme et la femme de la rue, qui vient goûter le frisson de la vie l'espace d'une exécution. » L'exemplarité de la punition, si longtemps revendiquée par le législateur, perd ici tout son prestige : on saura plus tard qu'une majorité de condamnés à mort ont avoué avoir assisté à une exécution capitale peu de temps avant de commettre leur crime !

D'une certaine façon, Anatole Deibler, entre les lignes de ses carnets confidentiels, exorcise à sa manière l'attirance qu'il éprouve pour l'homme qu'il va décapiter.

Le jour de l'exécution de Michel Eyraud, tout le monde pense à Gabrielle. Héros de circonstance, le condamné à mort a peu d'importance. On a même oublié la victime : Augustin Gouffé n'est au reste qu'un huissier de justice, de ceux qui n'inspirent pas la pitié ni les poètes. C'est la tête d'un assassin que Louis Deibler va trancher, à l'aube tardive de ce mois de janvier, mais c'est à la gloire de sa maîtresse qu'on trinquera, d'alcool et de vin chaud, quand tout sera terminé.

Le rapport officiel du chef de la Sûreté, conservé aux archives de la police, rapporte les faits sans poésie. Le texte déclare : « Ce matin à 7 h 15 a eu lieu sur la place de la Roquette l'exécution du sieur Eyraud Michel, l'assassin de l'huissier Gouffé, condamné par la cour d'assises... » Après avoir énuméré les onze personnalités officielles présentes pour le dernier voyage d'un condamné à mort, le commissaire de police a enregistré, d'une écriture penchée, cursive et régulière : « En entrant dans la cellule où Eyraud dormait tout habillé, les gardiens qui nous accompagnaient ont réveillé celui-ci. Il n'a d'abord pas prononcé une parole et est resté pendant quelques instants comme terrifié. Eyraud devait compter sur la grâce de Monsieur le président de la République. Après quelques exhortations au courage de Monsieur le directeur de la Roquette, Eyraud a quitté le costume des prisonniers, s'est habillé sommairement sans rien dire. Au moment où nous allions quitter la cellule avec lui, Monsieur le directeur Beauquesne lui a demandé s'il ne voulait pas rester quelques instants avec l'aumônier. »

Louis Deibler sait bien ce que le condamné lui a répondu, sur quel ton de reproche, dernier acte de liberté qu'il s'offre, il s'est empressé de lui dire :

– Pour quoi faire ? C'est inutile. J'aurais voulu écrire, mais c'est trop tard.

– Que faut-il dire à votre femme et à votre fille ? avait insisté l'abbé Faures.

– Dites-leur que je leur dis « adieu », qu'elles s'aiment bien, qu'elles soient heureuses et qu'elles ne se quittent jamais !

« Telles ont été les seules paroles d'Eyraud jusqu'à l'avant-greffe », nota le commissaire de police à l'attention du préfet. Des paroles que personne n'a vraiment écoutées, qui ne sont destinées qu'aux cartons des archives de la police, mais qu'Anatole entendra longtemps résonner dans sa tête. Parce que, cette fois-ci, elles ont été vraiment prononcées par un homme qu'ils allaient faire mourir ensemble. Comme son père l'avait toujours souhaité.

– Vous me serrez trop, vous me faites mal !

Le prisonnier s'est adressé à Louis Deibler. Car tandis qu'on lui fait sa toilette, les aides lui lient les mains dans le dos, et les pieds avec des cordelettes de chanvre.

« Il a insisté par deux fois, consigne le rapporteur officiel. Puis il a refusé d'accepter le cordial que lui offrait le prêtre. Il prétendit que ce n'était pas la peine et que ça lui ferait mal. Il s'est inquiété aussi de ce que deviendrait son corps et a demandé à ce qu'il ne fût pas transporté à la faculté de médecine… Il a marché avec courage à travers les différentes pièces et la cour de la Roquette jusqu'au pied de l'échafaud. »

À 7 h 40, une dépêche du commissariat du IVe arrondissement est adressée au chef de la police municipale : « Le corps d'Eyraud vient de passer place de la Bastille, se dirigeant vers le cimetière d'Ivry. Aucun incident. » Comme l'exige la loi, le commissaire accompagne la dépouille du supplicié jusqu'au cimetière où les attendent deux représentants de la Faculté. Mais le corps ayant été réclamé par sa famille, ils s'en retournent bredouille.

« Sur la place de la Roquette, conclut le rapport de police, il y avait environ trois cents personnes. On a remarqué qu'il y avait moins de monde qu'aux autres exécutions. »

Parmi les invités de la préfecture de police, ce jour-là, se trouvait un jeune officier russe, Alexandre Ivanovitch Winter, qui venait de parcourir à pied les deux mille kilomètres qui séparent Paris de la frontière germano-russe, d'où il était parti trente-neuf jours auparavant. Pour le distraire, on l'avait emmené sur les pavés de la Roquette. Il assista au montage de la guillotine, à la toilette du condamné qu'il avait suivi des yeux jusqu'à ce que son corps fût basculé dans le panier. Louis Deibler n'aimait guère ce genre d'exhibition, mais il n'y opposa jamais une farouche résistance. Ce genre de décision n'était pas de son ressort, il ne cesserait de le clamer. Or, à la suite du procès de Michel Eyraud et Gabrielle Bompard, il avait accepté d'accorder un entretien à *La Presse*.

– Je vous parlerai après l'exécution, avait-il dit la veille au reporter qu'il cherchait à décourager.

Louis lui avait adressé une note précisant qu'il le recevrait chez lui. Au jour dit, le bourreau alla lui-même ouvrir la porte lorsque la sonnette retentit. Les propos qui se sont probablement tenus ont été reconstitués par François Foucart :

– On prétend que vous comptez bientôt prendre votre retraite ?

– Je connais ce bruit, mon premier aide se plaît à l'accréditer, répondit vivement Louis Deibler. Il compte aussi me troubler car il serait enchanté de me faire rater une exécution. Une révocation serait au bout de ce scandale et il pourrait prendre ma place sans avoir à attendre ma retraite ou ma mort.

– Pouvez-vous avoir la certitude de ne jamais rater une exécution ?

Deibler, toujours sur le qui-vive quand il s'agissait de répondre à des questions d'ordre personnel, répliqua froidement.

– Lorsque j'ai tout préparé, la rapidité de mon exécution ne dépend plus de moi mais de mon patient.

– Comment considérez-vous votre métier ?

La question n'était pas innocente. Deibler y vit plein de sous-entendus. Il répondit :

– Je suis un ouvrier de la Justice, un simple mécanicien. Je ne touche pas au condamné lorsqu'il est sous le couteau. Les journalistes prétendent que je me couvre de sang. C'est un mensonge odieux. Venez à côté de moi à une exécution quelconque et vous verrez qu'aucune goutte de sang ne rejaillit sur moi.

Ce dialogue, imaginé par Foucart, montre que Louis Deibler tentait évidemment de minimiser l'horreur de la décapitation, qu'il voulait banaliser à tout prix l'acte de mort violente qu'il donnait en déclenchant la chute du couperet. Chaque fois qu'il en avait l'occasion, il s'efforçait de démentir les accusations de la presse à son sujet. De plus, à cette époque de sa vie, le bourreau commençait à souffrir d'un mal étrange qui devait aller en empirant à chaque nouvelle décapitation. Il ne supportait plus la vue du sang, se lavait les mains toute la journée, tremblait à l'idée d'être souillé comme c'était malheureusement le cas, chaque fois qu'une tête tombait dans le seau, au pied de la lunette. Discret sur ses activités, il l'était encore davantage lorsqu'il s'agissait de sa vie privée.

– Connaissez-vous Michel Eyraud ? reprit le reporter de *La Presse*.

– Sachez bien une chose, insista Deibler. Je ne fais la connaissance de mes condamnés que lorsqu'on me les livre.

Anatole venait d'entrer dans la pièce. Son père le présenta comme son aide et son futur successeur.

– Êtes-vous pour la peine de mort ? demanda tout à coup le journaliste en s'adressant à son nouvel interlocuteur.

Anatole se sentit pris en faute, comme jadis dans la cour du collège de Rennes. Depuis lors, il s'était forgé des arguments par plusieurs années de réflexion, et par sa propre conviction. Mais il n'eut pas envie d'en parler. Son père, après quelques secondes de silence, répondit :

– Le matin, de bonne heure, je vois par ma fenêtre, au poste de police voisin, le défilé des vagabonds, des souteneurs et des escarpes que les gardiens de la paix ont ramassés pendant la nuit et qui s'engouffrent dans le couloir du poste. Je les regarde et je dis à ma femme : « Voilà de l'ouvrage pour plus tard. »

TROISIÈME PARTIE

Les premiers reflets d'un miroir sans tain

C'est sous la des attentats terroristes qu'Anatole Deibler entra véritablement dans la vie active. Ravachol avait été condamné, Louis Deibler et son fils lui avaient coupé la tête en juillet 1892, mais loin d'avoir évacué le problème, par leur geste même, ils exacerbaient la haine et la vengeance des anarchistes. Des représailles furent lancées contre les exécuteurs : lettres anonymes, intimidations, tentative d'enlèvement se succéderaient tout au long des années quatre-vingt-dix. Le contexte politique relevait de l'histoire de France, et si la crainte l'emporta tout d'abord, il s'ensuivit pour Anatole, après l'exécution d'Émile Henry, la volonté d'assumer sa destinée jusqu'au mensonge, jusqu'au désir de convaincre, haut et fort, tous ceux qui doutaient encore de sa conviction. Mais il le cria trop longtemps. Trop fort aussi pour que cette profession de foi ne lui portât pas préjudice... Il en mesurerait les premières conséquences lorsque le père Heurteloup, pourtant fournisseur officiel des bois de potence, lui refuserait la main de sa fille. Choqué par tant d'hypocrisie, Anatole se marierait néanmoins en 1898 avec la descendante d'une famille de bourreaux, l'année de sa nomination au poste que son père avait occupé jusque-là : exécuteur en chef pour le continent.

Printemps 1892. Au lendemain de la vague d'attentats qui fit trembler Paris, on pouvait lire sous la plume des Goncourt : « À l'anarchique heure présente, dans les maisons où les magistrats ont un appartement, il y a une porte intérieure en glace fermée qu'ouvre seule la portière. Cette porte existe chez le juge Meyer qui habite le logement du dessus de Quesnay de Beaurepaire. » Les juges ne sont pas les seules victimes expiatoires des anarchistes. La bourgeoisie, qui entretenait la police et votait les lois, était également visée, de même que le bourreau, figure emblématique de l'État.

Ceux qui venaient d'être arrêtés allaient être vengés par leurs camarades. On craignait pour l'avenir de la République. « Ils donnent vraiment à réfléchir, ces nihilistes russes, ajoutait Edmond de Goncourt, ces artisans désintéressés du néant, se vouant à toute une vie de misère, de privations, de persécutions pour leur œuvre de mort, et cela sans espoir d'une récompense, ni ici-bas, ni là-haut, mais seulement comme par un instinct et un amour de bête pour la destruction. » Si des bombes explosaient un peu partout dans le monde, c'est à Paris que la crainte était la plus vive. Entre le 9 février et le 27 mars 1892, quatre explosions secouèrent plusieurs quartiers de la capitale où résidaient financiers et magistrats. Le substitut Bulot, dans un récent procès, avait prononcé un violent réquisitoire contre les anarchistes : l'immeuble qu'il occupait rue de Clichy fut en partie détruit par une explosion. L'escalier s'est écroulé, il y eut de nombreuses victimes parmi les locataires. La grande « armée du drapeau noir » dont parle Georges Blond provoquait ouvertement la République et mit le préfet de police devant l'obligation de décapiter l'anarchie ou de l'écouter.

Des noms couraient le Tout-Paris, que la rumeur rendait responsables de la vague terroriste du printemps ; les journaux réclamaient le respect de la paix républicaine. Chaumartin, Simon dit « Biscuit », Béala et sa maîtresse Mariette Soubère, traqués par la police, furent arrêtés le 22 mars à la grande satisfaction de l'opinion publique. Cinq jours plus tard, l'explosion de la rue de Clichy remettait en question la sécurité de l'État et des citoyens. On se souvint alors d'un cinquième homme, qui avait échappé au piège tendu par la police : un certain Léon Léger, désormais traqué par toutes les polices de France. *Le Petit Journal* publia la description détaillée de l'anarchiste recherché. Les mailles du filet se resserrèrent et les limiers, jour et nuit sur le terrain, relevaient les nasses à la moindre alerte. Le 28 mars, un garçon de café du boulevard Magenta reconnut l'individu signalé par le journal.

– Ravachol est à l'auberge de *L'Ange-gardien* !

Au commissariat de la porte Saint-Martin, on vérifia d'abord l'identité du témoin. Encore essoufflé, il expliqua qu'il était le patron du café dans lequel son beau-frère venait de reconnaître le dénommé Léger, de son vrai nom François-Claudius Kœnigstein, dit Ravachol. Le commissaire du quartier n'était pas là. Souffrant, il était resté chez lui. Mais, lorsque son secrétaire lui téléphona, il n'eut guère besoin d'insister sur l'importance de la nouvelle.

Pendant ce temps, à l'enseigne de *L'Ange-gardien*, le garçon continuait de servir son « client ». Très calme, il essayait de gagner du temps. Ravachol avait terminé son repas. N'ayant rien remarqué, il demanda qu'on lui apporte un café.

Au poste de police, le commissaire Dresch venait d'arriver. Il s'était habillé à la hâte et continuait de s'ajuster tout en questionnant le témoin.

– Il faut se dépêcher, ne cessait de répéter le patron du café. Mon beau-frère est peut-être en danger. Il ne pourra pas le retenir très longtemps.

Sur la table de marbre blanc, le client jeta sa monnaie d'un geste méprisant. Une pièce de cinq centimes, rendue par le garçon, roula sur elle-même dans une soucoupe en porcelaine... Ravachol la regarda tout en se levant. Derrière lui, le garçon fit un signe à son patron ; celui-ci, flanqué du commissaire, de son secrétaire et de deux agents réquisitionnés en chemin venaient d'entrer dans le restaurant. Soudain, à l'instant même où l'anarchiste comprit qu'il s'était fait piéger, les quatre hommes se jetèrent sur lui en le saisissant aux poignets. Le secrétaire Moutet lui arracha le revolver qu'il venait d'extraire de sa poche, tandis qu'au prix d'un mouvement violent Ravachol parvint à se dégager pour s'emparer de sa canne-épée, qu'il dégaina d'un geste fulgurant. On s'agrippa à ses vêtements, la mêlée devint indescriptible et des tables brisées jonchaient le sol déjà recouvert de chaises renversées... On entendit les sifflets des gardiens de la paix accourus à la rescousse. Moutet se saisit alors des jambes de Ravachol qui chuta lourdement. Le commissaire perdit son chapeau, les clients du restaurant,

L'attentat des anarchistes, rue de Clichy, en 1892.

tassés dans le fond de la pièce, étaient pétrifiés par la scène qu'ils étaient en train de vivre et qu'ils verraient s'étaler dans les journaux du lendemain.

Lorsqu'on l'emmena, il s'en prit à la police et, s'adressant à la foule dont il quêtait le soutien, il cria plusieurs fois :

– Vive l'anarchie ! Vive la sociale !

La police saisit un second revolver dans son pantalon, dont il n'avait pas eu le temps de s'emparer, des cartouches et un bâton de fard, dont il avait l'habitude de se servir pour masquer sa pâleur.

Dans l'appartement qu'il occupait à Saint-Mandé, on découvrit un véritable arsenal, un outillage de faux-monnayeur, du matériel de cambrioleur, des lanternes sourdes, de la strychnine, des flacons et des éprouvettes. Sa cause était entendue.

Le procès de Ravachol et de ses compagnons fut annoncé pour le 27 avril. L'enquête n'avait pas traîné. La République venait de donner l'exemple de la résistance au désordre et de la fermeté. Mais, c'était sans compter avec l'esprit de corps de ceux qui avaient pris les armes contre toute forme de gouvernement et pour la liberté qu'ils prônaient par la violence. Ce que le sociologue Henri Arvon appelle « le troisième acte » de l'affaire n'était pas terminé pour autant. En effet, dès l'ouverture des assises de la Seine où comparassait Ravachol, ses complices signaient un nouvel attentat dans Paris : le restaurant Véry, à l'enseigne de *L'Ange-gardien*, vola en éclats ! L'anarchie n'était pas décapitée. L'hydre survivait à l'arrestation du plus célèbre de ses membres.

Un consommateur et le patron de l'établissement, qui avait dénoncé Ravachol aux policiers, succombèrent à leurs blessures. La veille pourtant, un article prémonitoire avait alerté la police attentive à de probables représailles : « On ne parle plus que des anarchistes et du procès Ravachol, écrit le chroniqueur du *Figaro*. Une terreur reste. On se demande s'il n'y aura pas avant mardi ou ce jour-là même une nouvelle explosion. Tous les anarchistes ne sont pas arrêtés, et la preuve, c'est que j'en ai vu quelques-uns hier, un entre autres qui est d'une intelligence peu ordinaire. » Cet avertissement était corroboré par une lettre adressée à celui qui avait dénoncé la présence de Ravachol dans le restaurant de son beau-frère. Elle était ainsi libellée : « C'est demain que sera jugée l'affaire Ravachol. Souvenez-vous qu'avant que le jugement soit prononcé, vous serez atteint par notre vengeance »…

Le procès, quatrième acte de ce feuilleton sanglant, s'ouvrit sous haute surveillance policière. Le conseiller Guès présidait les débats. Le procureur général Quesnay de Beaurepaire, qui fut l'une des victimes des attentats du mois précédent, soutenait l'accusation. Le président se montra ferme et clair sur ses intentions : la cour devait statuer le jour même. Entendez : toutes les têtes seraient demandées sans que le débat détournât les jurés de leur devoir patriotique. La France était en guerre contre l'anarchie. Ce procès aurait donc des accents de cour martiale.

Tout le monde en connaissait l'issue. Louis Deibler et son fils en seraient les ultimes acteurs. Dès lors, le bourreau devenait la cible des anarchistes. On menaça de faire sauter son immeuble : on avertit son propriétaire qui lui signifia immédiatement son congé. En pareille circonstance, il était difficile d'échapper à la publicité que les journaux faisaient à l'affaire ; le nom de Deibler, en cette fin de siècle, était redevenu sulfureux. La rumeur s'en mêla, on ressortait de la mémoire enfouie les vieilles superstitions qui l'avaient mis jadis au banc de la société. À force de recherches, Louis Deibler trouva dans l'avenue Michel-Bizot de quoi se reloger sous un autre nom, mais le propriétaire avait eu vent de la vérité : la peur l'emporta et la location fut annulée. Il se souvint alors de la petite maison qu'il avait vue dans le quartier d'Auteuil, non loin des berges de la Seine, une petite maison de style champêtre située au 39 de la rue de Billancourt.

François-Claudius Kœnigstein, dit Ravachol, passa en jugement devant la cour d'assises de Montbrison, le 23 juin 1892. Dans les « carnets de condamnations », Anatole Deibler avait inscrit tous les chefs d'accusation retenus contre le prévenu. Une petite croix tracée au crayon rouge, en haut de la page à gauche, signifie que la mort a été réclamée. Le soir même, comme prévu, le jury le condamnait à la guillotine. Or, ce n'étaient pas ses actions politiques, mais une série de crimes de droit commun remontant à 1886, qui l'avaient conduit à l'échafaud.

Jugé d'abord à Paris pour divers attentats, l'anarchiste, le poseur de bombes, n'avait écopé « que » des travaux forcés à perpétuité !... Les jurés ne s'y étaient pas trompés, Ravachol n'était pas un véritable militant, comme l'explique Robert Cassagnau : « Il a voulu, dans la capitale, risquant le tout pour le tout, se couvrir de mobiles politiques et se donner une dimension nouvelle. » À la question du président sur les raisons de son acte, Ravachol répondait, le 21 juin, devant les assises de la Seine :

– Mon intention était de terroriser pour qu'on portât attention à nos idées, pour qu'on soit plus doux avec les anarchistes. Voilà ce que j'avais à dire. Chacun en prendra ce qu'il voudra.

Pour l'opinion publique il ajoutait pourtant, au terme de sa défense :

Dessin d'audience lors du procès des anarchistes. De gauche à droite : Ravachol, Béala (debout), Simon, dit Biscuit, et Chaumentin, accoudé.

– Oui, je le répète, c'est la société qui fait les criminels, et vous, jurés, au lieu de les frapper, vous devriez employer votre intelligence et vos forces à transformer la société. Du coup vous supprimeriez tous les crimes, et votre œuvre, en s'attaquant aux causes, serait plus grande et plus féconde que n'est votre justice qui s'amoindrit à punir les effets. Je ne suis qu'un ouvrier sans instruction, mais parce que j'ai vécu de l'existence des miséreux, je sens mieux qu'un riche bourgeois l'iniquité de vos lois répressives. Où prenez-vous le droit de tuer ou d'enfermer un homme qui, mis sur terre avec la nécessité de vivre, s'est vu dans la nécessité de prendre ce dont il manquait pour se nourrir ? J'ai travaillé pour vivre et faire vivre les miens ; tant que ni moi ni les miens n'avons pas trop souffert, je suis resté ce que vous appelez honnête. Puis le travail a manqué, et avec le chômage est venue la faim. C'est alors que cette grande loi de la nature, cette voix impérieuse qui n'admet pas de réplique, l'instinct de la conservation, me poussa à commettre certains des crimes et délits que vous me reprochez et dont je reconnais être l'auteur.

« Si le peuple avait des instincts violents, écrit pour sa part le propagandiste Émile Pouget, journaliste au *Père Peinard*, il ne subirait pas vingt-quatre heures de plus la vie de misère, de privation, de dur labeur qui est l'existence à laquelle l'oblige la minorité parasitaire et exploiteuse. Pas n'est besoin, à ce propos, de recourir à des explications philosophiques, de démontrer que les hommes naissent ni bons ni mauvais et qu'ils deviennent l'un ou l'autre, suivant le milieu et les circonstances. La question se résout par l'observation quotidienne. Il est indubitable que le peuple, sentimental et d'humeur douce, n'a rien de la violence endémique qui caractérise les classes dirigeantes, et qui est le ciment de leur domination – la légalité n'étant que la couche légère d'un badigeonnage d'hypocrisie, destiné à masquer cette foncière violence. »

Les magistrats connaissent mal, probablement, « la douceur naturelle du peuple », mais ils sont là pour juger de la violence que Ravachol perpètre et dont le discours, ce jour-là, n'a convaincu personne.

Le président pressa l'accusé d'en finir.

– Jugez-moi, messieurs les jurés ! s'est-il alors exclamé. Mais si vous m'avez compris, en me jugeant, jugez tous les malheureux dont la misère, alliée à la fierté naturelle, a fait des criminels, et dont la richesse, dont l'aisance même aurait fait des honnêtes gens !

Un homme que l'on allait juger deux jours plus tard pour une série de crimes de droit commun pouvait-il donner des leçons de paix civile et d'honnêteté ? C'est pourquoi le procureur ajouta immédiatement à l'attention des jurés :

– Après avoir commis les crimes que vous connaissez, il n'a pas eu un mot de regret, il s'est vanté de ses forfaits. Homme politique ? Allons donc ! conclut-il en désignant l'accusé principal des attentats de Paris : vous n'êtes qu'un chevalier de la dynamite ! Le jury vous connaît maintenant et c'est à lui que je vous livre !

Ce jury-là ne l'a pas entendu et lui accorda les circonstances atténuantes. Il avait préféré juger le « fou » désigné par l'avocat de la défense, l'illuminé « sincère », la victime peut-être des doctrines libertaires. Mais ce n'est pas par hasard qu'on lui accorda un tel « sursis ». Tout le monde savait que deux jours plus tard il comparaîtrait à nouveau pour des crimes de sang… et que cette fois-là il n'aurait aucune chance d'en réchapper. Les jurés de la Loire ne l'épargneraient pas. Ceux de la Seine avaient eu le beau rôle.

Les délibérations parurent interminables aux témoins du second procès de Ravachol. Certains journaux s'étaient encore faits son avocat, reprenant à leur compte les conseils d'un psychiatre célèbre, qui préconisait la clémence pour éviter toute publicité à l'affaire. Ils demandèrent « l'apaisement » plutôt que la tête de l'accusé. Rien n'y fit. La sentence tomba. À l'énoncé du verdict, l'accusé dit simplement :

– J'ai accumulé sur ma tête toutes les malédictions. J'aurais pu être français si je l'avais voulu et je ne me suis pas fait naturaliser.

Le procureur général, qui n'attendait pas une si belle occasion, répliqua dans un effet de manche :

– Ainsi, le sang français ne coulera pas !

Dans ses carnets, Anatole ne rapporte pas les propos de Ravachol, il se contente de relater les faits. Car ce sont eux qui justifient son action. Comme si toute circonstance atténuante avouée, reconnue en son âme et conscience et relatée dans son « journal » eût contrarié le bel équilibre qu'il avait mis en place pour justifier son geste à son regard critique. Confort ou lâcheté : il était trop tôt pour le dire.

« Une société intelligente aurait fait des criminels des gens comme tout le monde », avait assené Ravachol au cours de son interrogatoire. Anatole s'était alors demandé ce qu'il voulait dire. Ce dont il était sûr, pour le moins, c'est qu'il n'était pas, lui, Deibler le bourreau, « un homme comme tout le monde ». Or, dans quel camp était-il ? Aux yeux de la bourgeoisie qui le mandatait pour servir la guillotine, il était « du bon côté ». Mais combien de fois n'avait-il pas entendu dire qu'il n'était pas meilleur que les assassins qu'il décapitait, qu'il n'y avait entre le bourreau et le criminel sous le couperet que la différence d'une loi injuste, maintenue par une minorité de gens qui détiennent le pouvoir ?

Par une procédure hâtive, l'exécution eut lieu le 11 juillet 1892, soit moins de trois semaines après le verdict de Montbrison. Le dernier cri de révolte de celui que l'on conduisait à la mort fut : « Vive l'anarchie ! » Des jurons inaudibles adressés à la bourgeoisie conclurent son réquisitoire contre la société. Louis Deibler, d'un geste de la main, le fit taire en déclenchant le couperet.

On pensa que les mesures d'ordre prises par la préfecture de police allaient dissuader les derniers anarchistes de mettre leurs menaces à exécution. Quand soudain, le 15 juillet, un journal du soir titra : « On a enlevé l'exécuteur ! » Depuis le début des attentats, Louis Deibler se montrait peu. Du côté d'Auteuil, on ne le vit plus sortir de chez lui que sous l'œil vigilant d'un agent de police. Son fils ne l'accompagnait plus dans ses promenades qu'il avait écourtées par crainte des représailles. Or, depuis l'exécution de Ravachol, personne à Paris n'était en mesure de dire où se trouvait le bourreau. Quelques jours plus tard, la presse en conclut donc qu'il avait bel et bien disparu… Il s'était bien rendu à Valence le 5 juillet pour une exécution. Le 11 on l'avait vu rouler le corps de Ravachol dans le panier d'osier. Mais depuis on ne l'avait plus revu nulle part. Le 25 juillet pourtant, sans se soucier de la rumeur qui courait sur son compte, Louis Deibler était de retour à Paris. On apprendrait par la suite qu'il s'était rendu successivement à Rennes, à Caen puis à Montpellier pour des raisons « professionnelles », mais ce n'est que plus tard, par un journal bordelais, qu'on sut les raisons de son absence entre le 12 et le 18 juillet. L'exécuteur s'était rendu à Lourdes « pour se mettre sous la protection de Bernadette », rapporte Marcel Montarron.

La réalité, pour une fois, se confondait avec la rumeur, et les bruits qui avaient couru sur l'enlèvement de Louis Deibler n'étaient pas sans fondements. Diverses actions furent envisagées pour entraver l'accomplissement de la Justice à cette époque. Certains anarchistes envisagèrent de voler la guillotine, comme on l'avait fait sous la Commune de Paris, d'autres, plus que jamais, soutenaient qu'il fallait enlever le bourreau.

Une première tentative aurait été faite rue Vicq-d'Azir, selon *Le Figaro*. Le reporter, en contact avec les ravisseurs, donne des détails sur cette opération, qui n'eut finalement aucune suite. Il explique qu'avant l'expédition projetée, les anarchistes s'étaient réunis dans un restaurant de la rue de Richelieu, *Le Grand U*. On apprend à cette occasion qu'ils y auraient mangé du bœuf à la provençale. Or, dans un article démentant l'information, *Le Temps* prétend qu'il était impossible que les terroristes se soient réunis à cet endroit, ce plat n'ayant jamais figuré à la carte de l'établissement… En réalité, corrige l'auteur des *Coulisses de l'anarchie*, « le plat mangé ce soir-là était du bœuf à la bourguignonne ». Le reporter du *Figaro* s'était trompé de province… « Nous avons lieu de croire, poursuit le journal, que la tentative fut renouvelée quelque temps plus tard et qu'elle n'échoua que par une circonstance imprévue : Monsieur Deibler, qui généralement sort seul, fut ce soir-là rejoint par des amis. »

Tout cela est vraisemblable.

Une troisième tentative eut lieu peu de temps après, dans le quartier du Point-du-Jour, non loin de la nouvelle résidence du bourreau. À la suite de cette menace, la police protégea la maison Deibler et ses habitants, qui allaient dorénavant vivre à l'abri des regards, derrière des volets souvent clos. Dès lors, l'enlèvement du bourreau devenait plus difficile et plus risqué. Il n'était plus fonction, désormais, que des dernières habitudes dont le père Deibler refusait obstinément de se défaire. Chaque soir, en effet, il promenait son chien sur les berges de la Seine. L'été favorise les longues soirées ensoleillées qu'il appréciait par-dessus tout. Après plusieurs jours de surveillance, trois hommes jaillis des buissons se jetèrent sur leur victime pour la bâillonner, s'en saisir et la pousser dans une voiture volée pour l'occasion. La surprise, puis la peur sans doute, décuplèrent les forces de Louis Deibler, qui se débattit à coups de canne dès qu'il comprit qu'on en voulait à sa personne. Rip le chien se mit de la partie en aboyant bruyamment... C'est alors qu'on entendit des éclats de voix dans le voisinage, puis des bruits de pas : on venait au secours de celui que ses ravisseurs essayaient vainement d'enlever. De toute évidence, les kidnappeurs avaient sous-estimé les forces du vieux bourreau. Voyant qu'ils n'y parviendraient pas, ils abandonnèrent la partie pour prendre la fuite.

Les anarchistes qui avaient cherché à venger leurs camarades en intimidant les magistrats s'étaient au préalable renseignés sur ce qu'il leur en coûterait d'enlever l'exécuteur des Arrêts criminels.

– La violence et la séquestration arbitraire, leur avait dit un avocat prévenant, ne sont passibles « que » de poursuites en correctionnelle, sanctionnées par des condamnations de six à douze mois d'emprisonnement !

Les trois hommes qui avaient sollicité le rendez-vous se regardèrent, manifestement surpris par la légèreté de la peine. Un sourire discret leur passa sur les lèvres.

– ... À la condition toutefois, ajouta l'homme de loi, que la séquestration ne dure pas plus de neuf jours ! Passé ce délai, l'aventure se criminalise et relève de la cour d'assises. Vous pouvez alors encourir de fortes peines de réclusion ou de travaux forcés.

Désormais fixés sur les conséquences de l'entreprise, les anarchistes optèrent pour le « tarif minimum » : ils s'empareraient du bourreau, le conduiraient dans une maison des environs de Paris et le relâcheraient dans la soirée du neuvième jour, dans le bois de Boulogne ou dans le bois de Vincennes ! La cause était entendue, mais la suite devait leur prouver le contraire.

Ces années-là furent difficiles. Henri Arvon, dans son ouvrage devenu classique sur l'anarchie, explique cette étonnante fascination qui s'empara des intellectuels, et qui ressemble à ce que les grands bourgeois ressentirent pour Gabrielle Bompard. C'est ce qu'il appelle le « cinquième acte de l'affaire, le plus effarant de tous » : « Ravachol, dit-il, étrangleur et sacrilège, est pour ainsi dire sanctifié. On voit en lui un martyr qui, courageusement, a immolé sa vie pour le bien du monde. Élisée Reclus, savant intègre, exalte le courage, la grandeur d'âme et la générosité de ce chevalier des temps modernes. Une souscription en faveur des enfants d'un de ses complices rassemble les noms de Lucien Descaves, Octave Mirbeau, Michel Zévaco, Henri de Régnier, Camille Pissarro, Saint-Pol Roux, Jehan Rictus, Tristan Bernard, Émile Verhaeren. Décidément, l'anarchie a beau prendre son aspect le plus hideux, l'élite du pays lui garde un préjugé favorable. »

Après cela, les attentats vengeurs prirent encore de l'ampleur. Pendant deux ans Paris vécut au rythme des explosions. Malgré tout, la crainte d'être un jour l'innocente victime de l'anarchie provoqua une psychose grandissante. Parce que, si le président de la République était visé pour n'avoir pas gracié Ravachol, personne, en dépit de l'admiration qu'une partie de la population vouait à « ceux qui vont au bout de leurs idées », ne souhaitait que le désordre s'installât durablement.

Ce terrorisme, visant des masses d'individus anonymes, n'était pas rare. Dans le *Crapouillot* du mois de mai 1938, on peut lire à propos du crime politique : « Il est en tout cas courant que des hommes, par ailleurs très normaux, lorsqu'ils se trouvent découragés par les tares de la société, lorsqu'ils ont à souffrir personnellement de certains abus, aient rêvé une destruction universelle, une sorte d'apocalypse ou de jugement dernier, ou exprimé cette pensée qu'ils aimeraient voir sauter la planète. On peut considérer, poursuit le journal, que de tels actes de destruction sont des actes de guerre. »

Louis Deibler mesurait le poids de sa charge. Il n'en dit rien à son fils de peur qu'il ne regrettât sa décision, mais il imaginait tout ce qu'il pouvait ressentir et l'impossibilité dans laquelle il était de se confier à lui. Anatole, qui n'était encore que son deuxième aide, pouvait au pire démissionner, au mieux ne pas vouloir postuler pour sa succession. Il fallait que le vieux bourreau tînt encore quelques années, envers et contre toutes les peurs qui l'assaillaient un peu plus à chaque installation de la guillotine. « Misère et grandeur d'un homme, écrit Paul Dornain, il n'est pas douteux que Louis Deibler, à la fin de sa vie, la redoutait. Elle l'attirait et l'effrayait à la fois. Il ne cherchait plus à expliquer, à justifier son rôle dans la société. Mission divine ou châtiment, il n'essayait plus de savoir. » Officieusement, le bourreau avait passé la main. Dans son esprit malade il accomplissait des gestes mécaniques dont il ne redoutait même plus les défaillances. Anatole était devenu malgré lui l'espérance et l'énigme de ses vieux jours.

1894 ! « la Veuve » réclamait encore sa part de justice. Vaillant, Caserio… Émile Henry. Et le père Bruneau ! Voici qu'elle lui demandait l'impossible, à lui, Louis Deibler le mystique, le dévot,

L'anarchiste Auguste Vaillant, auteur de l'attentat perpétré à la Chambre des députés, le 9 décembre 1893, exécuté par les Deibler le 5 février 1894.

qui avait son nom gravé sur un banc de l'église d'Auteuil où chaque dimanche il assistait à la messe. Certes, sa naissance l'avait prédestiné au service de la guillotine. Il avait assumé sa condition, repris le sceptre des mains de son père et conclu pour la vie une sorte de pacte avec la mort. Aujourd'hui, sans jamais trouver de répit, il pensait qu'il avait été condamné à tuer ; qu'il expiait une faute inconnue.

– Mon père pensait que sa tâche était noble parce qu'elle était de salubrité publique, une manière de grand œuvre, murmura Louis Deibler au terme du procès d'Émile Henry.

Anatole, qui l'accompagnait dans sa promenade quotidienne, pensa qu'il s'adressait à lui. Mais ses yeux l'interrogèrent en vain. Le vieil homme n'avait plus rien à confier. Il se parlait à lui-même. Pour lui, désormais, son office était devenu son châtiment.

L'affaire Auguste Vaillant éclata sous la forme d'une bombe le 9 décembre 1893 dans l'enceinte du Palais-Bourbon. La République modérée, qui venait de faire entrer Jaurès au Parlement, était confrontée aux vieux fantômes des conflits de partis, de classes et d'intérêts dont elle avait su s'affranchir en même temps que l'opposition monarchiste régénérée par l'Action française.

Il est seize heures et cinq minutes lorsqu'une terrible déflagration secoue l'hémicycle. Un éclair bleu, fulgurant, précipite les députés à bas de leurs bancs. La Chambre, soudain, n'est plus qu'un cri. La fumée dissipée, on dénombre plus de quatre-vingts blessés, parfois déchiquetés par la volée de clous contenus dans la machine infernale. Partout, jusque dans les tribunes, ce ne sont plus que plaintes et gémissements. Puis on entend le président de la Chambre, Charles Dupuy, prononcer d'une voix presque douce :

– Restez calmes, messieurs, ce n'est pas à des législateurs de s'effrayer devant un semblable attentat, d'où qu'il parte, et contre qui qu'il soit dirigé. La séance continue. Monsieur de Montfort a la parole…

Auguste Vaillant, blessé dans « l'exercice de sa révolte », a tout d'abord tenté de fuir. Se voyant cerné, il fait face. Il a devant lui, bien qu'ébranlés, les représentants de l'État qu'il a provoqué. Mais on refuse de l'entendre. Pris en flagrant délit, Vaillant verra son dossier d'instruction bouclé en treize jours. Même l'opinion la plus libérale se retourne alors contre lui. Si l'on reconnaissait, au temps de Ravachol, que le geste était beau, les victimes, désormais, par leur importance et par ce qu'elles représentent, ne laissent pas de souder la nation contre toute recrudescence de la violence sociale.

À l'Hôtel-Dieu, où il a été transporté, Vaillant dit à l'inspecteur qui l'interroge :

– De quoi m'accusez-vous ? D'avoir jeté une bombe à la Chambre ? Et c'est pour cela que vous venez m'interroger, que vous prenez des détours pour me tirer les vers du nez ? Ne vous donnez pas cette peine.

– C'est donc vous qui avez jeté la bombe ? lui demande le policier.

– C'est moi.

Après avoir esquissé un sourire, il ajoute fièrement :

– Ne cherchez pas de complices, je n'en ai pas, c'est moi seul qui ai fait le coup. On ne fera jamais assez de mal à ces salauds de députés !

Le 10 décembre, lendemain de l'attentat, Vaillant s'est adressé au juge Meyer afin d'appuyer ses aveux : « Hier, lui écrit-il, j'ai poussé la fantaisie de vous laisser chercher, croyant que la justice en serait pour ses frais, mais comme je viens d'apprendre que l'on a arrêté une quantité d'individus et que, parmi ce nombre, il est des malheureux sans gîte et sans moyens d'existence qui pourraient, faute de ne pouvoir prouver l'emploi de leur temps, payer de leur tête un acte qu'ils n'auraient pas commis, je vous déclare par la présente que je suis le seul auteur de l'attentat commis hier au Palais-Bourbon, que je n'ai pas de complice et que je suis prêt à répondre à l'interrogatoire que vous désirez. »

Le 10 janvier 1894 à onze heures précises, Auguste Vaillant comparaît devant ses juges pour « tentative d'assassinat et de destruction volontaire d'édifice par l'effet de substance explosive ».

– Il n'y a pas de défense possible ! s'exclame son avocat maître Ajalbert.

Joignant l'acte à la parole, il se retire, laissant à l'un de ses jeunes collègues le soin de perdre sa cause.

Louis Deibler, après l'exécution de Ravachol, espérait avoir décapité la pieuvre, mais avec le procès d'Auguste Vaillant les menaces contre sa personne ont repris de plus belle. Rongé par l'angoisse, il donna sa démission, que le ministère de la Justice refusa devant l'imminence du verdict. En dépit de ses soixante et onze ans et de sa maladie, on lui intima l'ordre d'honorer son contrat. Plus que jamais, le bourreau devait tenir sa place et son rang dans la société qui l'avait chargé d'exécuter ses sentences. La presse relaya l'opinion : devant les dangers qui menaçaient les institutions, la nation devait faire front. Elle le fit. « Nous espérons que le jury de la Seine fera son devoir », lançait alors le rédacteur en chef du *Figaro*. La Suisse, qui avait accueilli quelque temps les anarchistes, collabora plus activement au combat que menait l'Europe entière contre le terrorisme. L'Espagne, qui n'avait pas été épargnée, demanda la réunion d'une conférence internationale sur la sécurité.

Anatole regarda son père avec inquiétude. Il craignait maintenant pour sa santé mentale, mais il n'osait pas lui en parler ouvertement. La réponse du ministre à sa demande de mise à la retraite était une fin de non-recevoir et il valait mieux ne pas l'évoquer devant lui. Le gouvernement Casimir-Perier avait d'autres préoccupations : le 12 décembre 1893, après avoir fait voter huit cent mille francs supplémentaires pour la police et crédité les services de la préfecture de nouvelles prérogatives, il restreignait la liberté de la presse votée en 1881.

Pendant le procès de Vaillant, le jeune Deibler prit quelques notes pour les confier à ses « carnets ». Sans attendre le verdict, il retranscrivit « au propre », à l'encre brune dans le second carnet, les principaux faits retraçant l'itinéraire criminel d'un homme en sursis. Douze lignes sans émotion. Un rapport de police en forme de caution à l'attention de sa bonne conscience.

Sept heures plus tard, tout était dit. *L'Illustration*, comme tous les grands titres de la presse nationale, se félicitait de la décision des jurés. « Ravachol peut dormir tranquille du sommeil qu'il doit aux soins officiels de monsieur Deibler. Ce n'est pas Vaillant qui le dépossédera à son profit de l'auréole dont l'ont affublé les compagnons anarchistes. Sa comparution devant le jury, si attendue de la curiosité publique, mais dont, pour son compte, il n'avait nul désir de hâter le jour, ne l'aura pas grandi, mais diminué. Il sort des débats de mercredi condamné à la peine capitale, sans avoir le bénéfice de laisser l'impression de la crânerie. » Pourtant, à bien y regarder, l'accusé n'a-t-il pas répondu sans détour au président Caze, allant même jusqu'à le provoquer sur les questions relatives aux causes premières de l'anarchie, ou sur les conséquences humaines des attentats ?

Les relations d'audience furent nombreuses et les extraits publiés quelquefois fantaisistes. D'autres résument l'ambiance qui régnait aux assises ce jour-là.

Lorsque Vaillant cite les journaux qui ont parlé d'« égratignures » à propos des blessures occasionnées par la bombe, on entend le magistrat s'emporter :

– Mensonges ! crie-t-il. Beaucoup ont été blessés de façon horrible.

Son propre frère était à la Chambre au moment de l'attentat. La question était sensible.

– Moi, rétorque Vaillant, j'ai bien reçu un clou dans la cuisse.

– Ne comparez pas, s'il vous plaît, l'assassin et ses victimes !

Le président a tout juste le temps d'achever sa phrase qu'il entend l'accusé lui répliquer :

– Et mes frères que le gouvernement envoie mourir au Tonkin ! Pensez un peu à eux !

– Il ne s'agit pas du Tonkin !

On s'attend à cet instant que Vaillant marque le point.

– Vous avez lancé votre bombe pour tuer, reprend le magistrat d'une voix forte et posée.

– Pour tuer, non ! Sans cela, j'aurais mieux pris mes précautions. Je dis et je répète que j'ai visé les députés et non les autres, car les députés sont les premiers responsables de la misère sociale.

Alors, sans qu'il soit conscient de la portée de ce qu'il va dire, le président assène dans un souffle :

– Vous avez blessé plus de cinquante personnes ; ce n'est pas un insuccès !

Lorsque vient le moment de dire à la cour ce qu'il veut ajouter pour sa défense, Auguste Vaillant, qui reçoit l'autorisation de lire la déclaration qu'il a préparée, se lance dans une critique du gouvernement qui va le desservir. L'heure n'est plus à la philosophie mais à la politique. Les égarés de la société n'ont pas la parole.

– Partout où je suis allé, dit-il entre autres diatribes à l'attention du pouvoir, j'ai vu des malheureux courbés sous le joug du capital. Partout j'ai vu les mêmes plaies qui font verser des larmes de sang. Las de mener cette vie de souffrance et de lâcheté, j'ai porté cette bombe chez ceux qui sont les premiers responsables de...

Les journalistes notent fébrilement ce qu'ils vont dénaturer dans leurs articles. Les caricaturistes de presse croquent les visages las des jurés pressés d'en finir. Faut-il plus de six heures de débat pour confirmer l'idée ferme et définitive que l'on a du justiciable ? Beaucoup se posent la question. D'avance, ils ont décidé de rattraper le temps perdu lors de la délibération.

– ... Ah ! messieurs, combien peu de chose est votre assemblée et votre verdict dans l'histoire de l'humanité, et l'histoire humaine est à son tour bien peu de chose dans le tourbillon qui l'emporte... poursuit inlassablement l'anarchiste à l'adresse de ses bourreaux.

Mais ils ne vont guère être sensibles à ses arguments, pas plus qu'à son éloquence. L'entendent-ils encore, l'ont-ils jamais écouté ? Quarante-cinq minutes de délibérations vont le livrer aux mains tremblantes de Louis Deibler. À l'unanimité.

– C'est la mort ? demande-t-il à son avocat pendant que le jury regagne sa place.

Et comme il lui prend la main, Vaillant lui murmure :

– Eh bien ! Je vous remercie.

Puis il crie d'une voix sonore sans attendre le verdict :

– Vive l'anarchie !

Le 5 février, Anatole Deibler inscrivit en surcharge de son « carnet de condamnations », pour mémoire peut-être : « Au pied de l'échafaud il crie : Vive l'anarchie ! » Pour la dernière fois. Il ne rapporte rien d'autre, ni dans l'un ni dans l'autre des petits carnets lignés, si bien tenus dans le secret de ses sentiments. Loyalistes par définition, les Deibler ne pouvaient se soustraire aux décisions de justice. Lorsqu'ils prenaient « possession » du condamné, au moment de la levée d'écrou, ils en étaient comptables devant la nation tout entière. L'honneur de leur profession et de leur nom était en jeu. S'il devait sentir un jour que ses convictions le conduisaient à faillir à sa tâche, Anatole Deibler trahirait ses opinions plutôt que de manquer à son contrat, c'est-à-dire à sa parole. Il sut qu'il en était capable le jour où son grand-père le prit à son service, à l'âge de vingt et un ans.

Louis n'en était plus là. Sa vie allait s'achever dans une semi-folie qui le préservait des angoisses et des interrogations. Aussi, lorsqu'il trancha la tête d'Auguste Vaillant, il ne se préoccupa que de la chute du couperet sur la nuque d'un père qui venait d'embrasser sa fille « aux yeux gonflés de larmes », diraient les journalistes à leur sortie de la Roquette, d'un homme qui haranguait encore la foule en jetant son corps sur la bascule.

Il est 7 h 11 et le matin commence à poindre derrière le cimetière du Père-Lachaise. Il reste encore à nettoyer la rue et les accessoires de la guillotine à grande eau. Une fois démontée, elle doit être remisée dans le hangar de la Folie-Regnault. Méticuleusement, Anatole veille à ce que chaque pièce soit remise à la bonne place, pour sa prochaine sortie nocturne. « La Veuve », la France la regarde au fond des yeux, sans ciller, convaincue de sa bonne foi dans l'usage républicain de la mort sur ordonnance. Louis Deibler laisse à son fils le soin de superviser les gestes ultimes d'une mission qui va encore se répéter longtemps, ponctuée de débats et de grâces présidentielles. Sadi Carnot, qui sera la prochaine victime expiatoire des anarchistes, avait refusé de signer le recours en grâce présenté par l'avocat d'Auguste Vaillant. Il est resté inflexible jusqu'au bout, malgré la lettre de supplication que lui adressa la petite Sidonie Vaillant, fille du condamné. Ses proches collaborateurs, chargés du dossier, avaient donné un avis défavorable malgré les risques de surenchère terroriste. Une minorité pensait pourtant qu'il était préférable de commuer la peine et rompre ainsi le cycle de la violence. Mais la raison d'État participe d'une autre philosophie dont il arrive que les fruits se cueillent encore verts.

La « machine » ne resterait pas longtemps démontée. Le 12 février suivant, soit à peine huit jours après l'exécution de Vaillant, les bourreaux la chargeaient sur un train à destination de Coutances. Ils avaient quitté Paris lorsqu'une nouvelle bombe explosa dans le *Café Terminus* situé devant la gare Saint-Lazare. Très peu de temps avant, c'est par là qu'était passé, par une étrange ironie du sort, le fourgon noir chargé des bois de justice. Émile Henry, qui s'apprêtait à jeter la terreur parmi les clients du célèbre restaurant parisien, l'avait-il aperçu, traîné par son cheval au pas lent des convois funéraires ? Le couperet n'était pas pour lui ce jour-là, mais il passa si près qu'il aurait pu ressentir le souffle frais de la lame d'acier, comme un ultime avertissement du destin. La mort est patiente. Le 13 février, c'est la tête d'un journalier de dix-neuf ans qui tombait à l'aube. Sans avoir le temps de regagner Paris, les bourreaux partirent ensuite pour les Deux-Sèvres.

À leur retour à Paris, Anatole et Louis Deibler apprirent ce qui s'était passé quelques jours plus tôt dans la capitale. Tous les journaux parlaient de « l'affaire Émile Henry ». Comme à chaque fois qu'il s'agissait de crime contre la sécurité de l'État, le procès s'ouvrit dans les semaines qui suivirent l'attentat. Il suffisait de lire la presse pour suivre au jour le jour le compte rendu des débats et les réflexions qui nourrissaient la fin du siècle, ses drames et ses promesses.

Le Rappel du 17 avril 1894 écrivait : « Le jury de la Seine devant prononcer son verdict sur l'attentat du *Café Terminus* et l'explosion de la rue des Bons-Enfants, la cour d'assises jugeant Émile Henry le 27 et le 28, il nous paraît intéressant de rappeler la vie du jeune anarchiste. » Sur trois colonnes, on apprend qu'il était le fils d'un communard exilé, que sa scolarité, après le retour de sa famille à Paris, avait été presque exemplaire jusqu'à son échec à l'oral d'entrée à l'École polytechnique. On racontait qu'il avait vécu quelque temps à Venise, et qu'il avait regagné la France pour travailler dans une maison de commerce. C'est à cette époque qu'il s'était mis à fréquenter les milieux anarchistes. Il fut arrêté après l'attentat de Ravachol, mais on le relâcha faute de preuves. Entré chez un sculpteur-décorateur de la rue de Rocroy, Émile Henry fomenta plusieurs attentats, dont celui de la rue des Bons-Enfants pour lequel il ne serait pas inculpé. Or, frustré de cette publicité qui faisait le sel de sa révolte, il revendiqua son geste après son arrestation pour l'explosion du *Café Terminus*. Et le journal reprenait le cours de son récit : « En décembre dernier, Henry songe à commettre un nouvel attentat. Rue des Envierges, à la villa Faucheux, où il habite sous le nom de Dubois, il passe son temps à confectionner une nouvelle bombe. Celle-ci terminée, composée d'une centaine de balles et d'une cartouche de dynamite, il ne sait encore où la lancer. Il visite tour à tour le restaurant *Bignon*, le *Café américain*, le *Café de la Paix* sans se décider. Il ne lui paraît pas qu'il y ait assez de victimes à faire dans ces établissements. C'est alors que, toujours porteur de l'engin, il arrive devant le *Café Terminus* vers huit heures et demie. »

On ne sait pas à quel moment passa le fourgon de la guillotine, mais il nous plaît à penser que le Crime et la Justice se sont croisés ce jour-là... « Le destin est un surnom de la Providence », écrivait Chamfort. On ne sait jamais de quel côté penchera la balance tant qu'elle oscille sans se décider, entre le bien et le mal. Anatole Deibler, comme Henry, s'est interrogé sur sa destinée. Comme Deibler, Émile Henry s'est projeté dans ses rêves. Mais si l'un et l'autre ont pris conscience des pièges de l'existence, Henry s'est révolté. L'acceptation d'un rôle convenu agréait mieux, de toute évidence, au jeune Deibler, fils et petit-fils d'une longue lignée d'exécuteurs. Émile Henry, anarchiste, a été porté par les thèses de la Commune. Deux destinées tracées d'avance allaient désormais s'affronter, mais l'une d'elles avait d'ores et déjà perdu son pari. Dans *Le Figaro* du 27 mars, le comte de Kératry n'écrivait-il pas en réponse à la lettre d'Henry publiée dans le même numéro : « Voilà certes un billet d'imberbe bien tourné, il ne manque ni de style ni de raisonnement. L'arbre a porté ses fruits et la bombe du *Terminus* a été le post-scriptum logique de ce déclassé d'avance. Voilà le jeune citoyen fin de siècle, apportant aux malheureux déshérités une formule nouvelle, qui remplace la consolation de la foi par une opération chimique, et la résignation dans la souffrance par une rébellion ouverte contre les lois sociales. » Le ton ne laisse pas d'annoncer la teneur de l'article, qui continue ainsi : « Que dire de cette jeunesse qui, à peine entrée dans la vie, sans avoir encore souffert, sans avoir encore rien demandé au travail, ne se nourrissant que de déclamations, prétend d'emblée à toutes les jouissances ? Henry est un bacille de l'instruction moderne, ajoute-t-il pour faire bon poids, dont la culture s'est développée dans un milieu ambiant favorable à l'éclosion de toutes les mauvaises passions, que les leçons familiales ont perverti dès l'enfance. De l'instruction peut-être, mais aucune éducation morale. »

Le *Café Terminus* lui parut favorable. La proximité de la gare attirait de nombreux clients à cette heure-là. Il entra calmement, s'assit pour consommer deux bocks de bière en observant les gens autour de lui. Sans état d'âme, sans la moindre compassion.

Sur les voies de triage, à quelques centaines de mètres plus loin, Anatole et ses compagnons devaient surveiller l'arrimage du fourgon. Dans son étui, le couperet parfaitement aiguisé avait été rangé sous le siège, à sa place. Chaque geste avait son importance, rien ne devait attenter à sa précision. Tout était en bon ordre dans le moule légué par Louis Deibler à son fils.

Émile Henry sortit de sa poche un cigare qu'il venait d'acheter au garçon. Il n'avait presque rien prévu d'avance. Il l'alluma lentement et quelques bouffées de fumée bleue l'enveloppèrent un instant. Il avait un air inspiré, l'air d'attendre quelque chose. Parce que son geste n'avait pas la précision de la main du bourreau, la sienne trembla un peu. La presse l'a longuement raconté : « Après avoir payé sa consommation, il dégage la bombe de la ceinture de son pantalon, allume la mèche avec son cigare et lance l'engin dans la direction de la petite estrade sur laquelle est placé un orchestre. La bombe éclate. Il fuit, mais on l'a vu et on s'élance à sa poursuite. Un employé de la Compagnie de l'Ouest le rejoint à l'angle de la rue du Havre et de la rue d'Isly. Il le saisit à l'épaule. Henry se retourne… »

On peut facilement reconstituer la suite au vu des nombreux témoins qui ont assisté à la scène. Par son geste, Émile Henry signait sa rencontre avec Deibler. Sortant son revolver, il tira à bout portant sur l'homme qui allait se jeter sur lui. Mais la balle ricocha. L'employé des chemins de fer trébucha sous le choc, mais le coup n'avait pas porté. Un coiffeur, qui tentait à son tour de l'appréhender, reçut la balle perdue. Alors, profitant de la confusion qui régnait sur le trottoir, Émile Henry se remit à courir en direction de la gare en tirant sur l'agent de police qui lui barrait le passage. Sur le dossier numéro 484373 du Deuxième bureau de la première division de la préfecture de police de Paris, on peut lire, sous la plume de l'inspecteur chargé de prendre la déposition d'Émile Henry (dit Léon Breton) : « J'ai couru immédiatement après cet individu qui est sorti des grilles de la cour du Havre et a tourné à droite dans la rue Saint-Lazare, en repassant devant le café de l'*Hôtel Terminus*. Arrivé vers le milieu de la façade de ce café, il s'est retourné et a tiré un coup de revolver dans la direction de ceux qui le poursuivaient sur mes instructions. Se voyant serré de près, il s'est retourné de nouveau en arrivant à hauteur de la cour de Rome et a déchargé trois autres coups de revolver. C'est à ce moment qu'il a pu être arrêté et désarmé par deux agents. » L'arrestation suivit de peu les crimes qu'il venait de commettre. Un homme, grièvement blessé dans l'attentat, succomba dans la nuit. Interrogée par un reporter du *Petit Temps*, la mère d'Émile déclara : « Monsieur, vous n'y croyez pas à la culpabilité de mon fils ? Il y a confusion. J'en aurais été avisée. Mon fils m'aurait écrit avant ou depuis son attentat. La police serait venue prendre des renseignements ici. Tout le monde me connaît dans le pays… » Bien sûr, « elle n'avait pas à rougir de lui », son fils lui « avait donné toutes satisfactions » et, comme ses autres enfants, « il adorait sa mère ». Or toutes ces qualités n'offraient guère de circonstances atténuantes, au contraire.

Au quartier des condamnés à mort de la prison de la Roquette, Émile Henry a laissé le souvenir d'un « pensionnaire » sans histoire.

Il accueillit calmement le verdict de sa condamnation et n'invectiva pas les jurés. On rapporte qu'il tenta de soudoyer quelques gardiens et les journalistes venus l'interviewer, mais de toute évidence il ne put mettre son projet d'évasion à exécution. Sous la plume de Gaston Méry, *La Libre Parole* du 8 mars publia un article intitulé « La psychologie d'Émile Henry ». Convaincu de voir en ce garçon la « victime » de l'anarchie plutôt qu'un suppôt du terrorisme, l'auteur déclare que ce ne sont pas les idées libertaires d'Henry qui l'ont poussé à jeter sa bombe sur la foule du *Café Terminus*, car « il n'était pas l'homme d'un complot », selon l'expression de son défenseur, maître Hornbostel, mais un intellectuel inexpérimenté : « Émile Henry n'est pas l'instrument d'un parti, c'est un isolé, et surtout quelqu'un qui s'est nourri des lectures des romanciers du Nord et surtout des œuvres d'Ibsen, Tolstoï et tant d'autres. C'est un intellectuel poussé à l'extrême. Rien n'existe que ce qu'il pense. Il est absolument convaincu que l'acte qu'il a commis doit servir au bonheur de l'humanité. » Le sang versé pour une cause, disaient déjà les Pères de l'Église, n'est-il pas considéré comme la matérialité de cette cause ? Et Gaston Méry de conclure : « Je doute que les jurés entrent dans toutes ces considérations ; mais il n'était peut-être pas inutile de les émettre. »

En effet, le jury de la Seine vota la décapitation d'Émile Henry sans se demander si la mort qu'ils allaient infliger au nom de la société servirait la cause de l'État ou la vengeance de ceux qui prétendaient n'avoir plus rien à perdre. Pas même leur vie. Comme Émile Henry, précisément.

Lorsqu'il s'agissait d'un crime de droit commun, il s'écoulait au moins quarante jours entre la fin du procès et l'exécution d'un condamné à mort. En revanche, afin de ne pas laisser aux anarchistes le temps d'exploiter ce laps de temps qu'Anatole trouvait toujours trop long, la Justice décida que le bourreau ferait son œuvre dans le courant du mois suivant. La date du 21 mai fut ainsi fixée dans le plus grand secret. Sachant que le jour approchait, de plus en plus de gens vinrent s'informer auprès des rédactions ; on affluait à la préfecture de police en quête d'un renseignement. Aussi, dès que la nouvelle fut connue, les journaux consacrèrent à nouveau des pages entières à l'affaire Émile Henry.

Le 20 mai, le défenseur du condamné fut reçu par le président Carnot. Maître Hornbostel était revenu spécialement de la campagne à la demande de l'Élysée, mais l'audience fut brève et sans appel. Le Président refusa de signer la grâce. Au parquet de Paris, deux employés attendaient au greffe depuis la veille, afin de transmettre à « Monsieur de Paris » l'ordre d'exécution donné par le ministère de la Justice. À vingt heures, ce dimanche soir, la Chancellerie envoya deux gendarmes au domicile de Louis Deibler, rue de Billancourt, afin de lui remettre le pli contenant son ordre de mission.

La Cocarde avait annoncé la date de l'exécution : la tête d'Émile Henry aurait dû tomber le 16 mai. Anatole Deibler, à la suite de la visite des gendarmes, l'a pourtant noté dans son carnet pour le 21, comme il avait pris l'habitude de le faire la veille du jour fatal. La préfecture craignait en effet qu'une manifestation ne vînt entraver le cours de la Justice, qu'une émeute ne survînt ou qu'un autre attentat vengeur ne fût perpétré au milieu de la foule. Un nouvel ordre était donc venu repousser la date fatidique dont les Deibler furent les premiers informés. Le 17 mai, le journal écrivit alors : « La nouvelle que nous avons donnée hier a prolongé de quelques heures la vie d'Émile Henry. » Les démentis se succédèrent, mais le journal, qui avait enquêté sur la question, annonça la modification décidée par le préfet Lépine en dernière minute. « Pouvez-vous me dire, écrit *La Cocarde*, ce que le commissaire de Gentilly – qui assiste à l'inhumation des suppliciés – est venu faire hier au cabinet du préfet de police où il s'est présenté à six heures du soir ? Pouvez-vous me dire pourquoi, à neuf heures du soir, on veillait encore au parquet de monsieur le procureur général ? Allons, allons, vous voyez que nous étions bien informés. » *L'Événement* du 21 mai confirmait à demi-mot l'information : « Quoique ces ordres aient été donnés avec la plus grande discrétion, le bruit de l'exécution ne tarda pas à se répandre dans le public. »

Celle-ci fut prévue pour cinq heures. À partir de minuit, des barrières furent placées à trois cents mètres de la prison, dans toutes les rues qui conduisent à la place de la Roquette. Cinq cents gardiens de la paix avaient été mandés pour le maintien de l'ordre, auxquels vinrent se joindre quatre cents gardes municipaux, à pied et à cheval. Massés contre le mur de la Petite Roquette, ils viendraient tout à l'heure se placer en demi-cercle autour de la guillotine. À une heure et demie, le préfet Lépine arriva sur les lieux.

L'enceinte du « théâtre de la guillotine » descendait jusqu'à la place Voltaire ; c'est par là qu'on accède aux « loges », sur autorisation spéciale de la préfecture. Les écrivains, journalistes, hommes politiques et personnalités en vue du moment qui ont sollicité d'assister au « spectacle » forment, avec quelques demi-mondaines en faveur, une population bigarrée conspuée par le petit peuple entassé sur les trottoirs, à l'extérieur des barrières de protection. Depuis peu, on a mis de l'ordre dans l'organisation des « jeux du cirque ». Autour des bois de justice, il n'y a plus que les magistrats, les personnalités officielles énumérées par la loi et quelques journalistes autorisés à relater l'exécution. Ce matin-là, le reporter de *L'Événement* commence à rédiger son papier : « Il est deux heures et demie… Dans le lointain, du côté du Père-Lachaise, deux voitures éclairées par des lanternes qui semblent raser le sol s'avancent silencieusement. Ce sont les fourgons contenant les bois de justice qui arrivent… De nombreux agents les escortent. Sur le siège du premier fourgon, Monsieur Deibler et son aide principal ont pris place. Arrivé sur la place, et en descendant de la sinistre voiture, Monsieur Deibler semble inquiet et jette furtivement des regards à droite et à gauche. Il se plaint à plusieurs reprises que les barrières retenant le public admis à assister à l'exécution sont trop près de la guillotine ; il s'adresse plusieurs fois au chef de la Sûreté pour le prier de vouloir bien surveiller les abords et les toits des maisons voisines… et le sinistre travail commence : un à un les différents morceaux de la guillotine sont placés méthodiquement par terre, le couteau enfermé dans sa gaine de cuir est appuyé contre une borne… des bruits sourds de coins et de vis qu'on enfonce se font entendre et jettent une note lugubre dans le silence de la nuit. »

Sur la « scène », tous les accessoires sont à leur place. Plusieurs fois vérifiés. Pour que le hasard n'ait aucune prise sur le déroulement de la mise à mort. Préparée. Organisée. Méthodique. Comme la tragédie antique, une exécution capitale répond à des critères précis censés refouler les instincts primaires des criminels en puissance. En 1822, François Guizot, pourtant hostile au libéralisme, autoritaire et doctrinaire, écrivait déjà que les peines sont efficaces par l'impression morale qu'elles éveillent, plutôt que par la terreur qu'elles causent. « Sans doute, dit-il, la crainte a sa part dans l'efficacité morale des peines, mais il ne faut pas exagérer la vertu de ce ressort. » Ce qui permit à Guizot d'ajouter qu'en matière politique aussi l'irréflexion des hommes explique bien des choses. « Mais lorsque le pouvoir, pour détruire les fictions politiques, invoque la crainte que répand la peine de mort, il s'abuse d'une façon étrange, car en employant ce moyen, il ne sait pas ce qu'il fait. »

Anatole Deibler conduit le jeune anarchiste jusqu'au pied de l'échafaud. Les mains attachées dans le dos, les chevilles entravées, il a été soulevé par les assistants pour franchir les quelques mètres qui séparent le portail de la prison des « cinq dalles » de la Roquette. Il a le dos cambré par les liens, le torse bombé par la douleur. Émile Henry et

Anatole Deibler viennent de croiser leur destin. Furtivement, ils se sont regardés sans mesurer ce qui aurait pu les réunir et qui les a toujours séparés : des rêves et des projets abandonnés pour deux conceptions de la société qui se sont fait la guerre pendant trois quarts de siècle, sans se comprendre ni même s'adresser la parole. Pourtant, publie *L'Intransigeant* du 23 mai 1894, l'exécution d'Émile Henry était « inutile ». « En coupant le cou d'un enfant de vingt ans devant un parterre de policiers et de bourgeois en uniforme, écrit en substance André Vervoort, Monsieur Deibler a tranché l'affaire avant que ne s'engage vraiment le débat. En effet, il y avait plusieurs raisons pour que le jeune Émile Henry fût gracié. La première, c'est qu'il apparaît nettement que cet anarchiste, doué d'une remarquable intelligence, n'était pas responsable de ses actes. Fils d'aliéné, il avait la folie des grandeurs et la monomanie du suicide. Un examen approfondi et désintéressé des médecins spécialistes aurait certainement prouvé cette assertion d'un docteur digne de foi. Mais il y a d'autres raisons. »

Robespierre ne disait-il pas : « Un vainqueur qui fait périr ses ennemis captifs est un barbare. Un homme qui fait égorger un enfant qu'il peut désarmer est un monstre. Un accusé que la société condamne n'est tout au plus qu'un ennemi vaincu et impuissant ; il est, devant elle, plus faible qu'un enfant devant un homme fait. Au nom de la vérité et de la justice, ces scènes de mort, qu'elle a ordonnées avec tant d'appareil, ne sont autre chose que de lâches assassinats, que des crimes solennels » ? Fort de ces propos si peu mis en pratique sous la Révolution, *L'Intransigeant* affirme qu'Émile Henry devait être gracié parce qu'il était, à ses yeux de militant, une victime de la société qui l'avait entretenu dans ses désillusions. Mais le président Carnot, en cette fin du mois de mai 1894, considéra que la clémence réclamée par certains n'avait aucun sens. Il eut un mois pour y réfléchir. Au bout du trente et unième jour, un anarchiste italien de vingt et un ans, Santo Caserio, frappera le président de la République d'un coup de poignard en criant à son tour : « Vive la révolution ! »

À quelques jours du procès d'Émile Henry, le préfet de police avait reçu de nouvelles menaces signées « Un ami de Vaillant et d'Émile Henry ». Malheureusement, il était impossible de savoir comment elles allaient être mises à exécution, ni quelle serait la cible des anarchistes. La mise à mort d'Henry n'avait provoqué aucun incident, Paris n'avait pas succombé à la psychose de l'attentat et tous les regards étaient maintenant braqués sur l'Exposition universelle de Lyon. La paix civile semblait être rétablie. « Faites bien attention, stipulait pourtant la lettre anonyme. Et gardez-vous bien si vous ne voulez pas sauter. Il y aura quatorze bombes de prêtes pour cette époque ; ainsi nous sommes bien munitionnés. Maintenant, si vous voulez continuer à arrêter les compagnons, nous les vengerons, et vous le premier, vous sauterez. Si votre police est bien faite, qu'elle cherche après moi... »

Caserio n'est peut-être pas le signataire de la lettre, mais il sera ponctuel au rendez-vous de l'Histoire. Au milieu des fêtes que Lyon donnait en l'honneur du chef de l'État ce soir-là, un homme suivait attentivement le cortège présidentiel. Peu après vingt et une heures, le président quitta le palais du Commerce pour se rendre à une représentation de gala donnée au Grand-Théâtre. Sadi Carnot, le maire de Lyon et les généraux Borius et Voisin avaient pris place dans la voiture officielle. Le cortège, parti de la place des Cordeliers, s'engagea dans la rue de la République. Il longeait maintenant la façade du palais de la Bourse. Les services de la police, disposés le long du parcours, s'étaient faits discrets. De chaque côté de la rue, la population acclamait le président. Il y eut un peu de confusion lorsqu'un homme, sorti de la foule à deux mètres du convoi, s'avança vers la voiture...

La France de la fin du XIXe siècle était prête à se battre. Fiers de leur nationalité, les Français se sentaient capables d'affronter toutes les souffrances au nom du ferment national. À l'extérieur comme à l'intérieur de ses frontières. À ce propos, Robert Cassagnau souligne qu'ils étaient alors « courageux jusqu'au bellicisme, capables de faire corps, à une immense majorité, contre un défi, une provocation. On s'approche d'une date butoir, et comme toujours en pareille circonstance on est attentif aux malaises de la société qui se transforme ». La mue, à cette occasion, sera longue et difficile jusqu'à ce qu'un choc plus violent que les autres vienne ébranler les vieilles fondations. On attendait une guerre, un naufrage. Figé dans un attentisme dangereux, le monde, et la France en particulier retenaient leur souffle. Pour exorciser la peur et conjurer les mauvais augures, on mit en chantier le *Titanic*.

Dans la famille Deibler, on vivait une autre fin de règne. Le père souffrait d'un mal inconnu qui le privait souvent de ses facultés. Quant à son fils, il apprenait avec effroi le drame qui venait de se produire à Lyon. « L'affaire Caserio » le concernait déjà, car il savait ce que les jurés populaires, désormais, réserveraient au meurtrier. Pendant ce temps, les rafles se succédaient dans les milieux anarchistes. Ainsi, du 6 au 12 août, on jugea trente personnes soupçonnées de collusion terroriste. Pourtant, si le 3 août Caserio n'a pas échappé à la peine capitale, on ne requiert aucune condamnation à mort au terme du procès de ses compagnons. Dans la salle d'audiences, comme dans le reste du pays, chacun semblait camper sur ses positions, cristallisé dans l'attente d'une réponse aux grandes questions que soulevait la fin d'une ère, et qui tardait à venir.

Dans les « carnets d'exécutions », Anatole Deibler, fort des informations recueillies notamment dans la presse, inscrivit, sous le numéro 66 : « Transporté à la préfecture, monsieur Carnot reçut aussitôt les soins éclairés et habiles de plusieurs membres éminents du corps médical. La lame du poignard avait perforé le foie et la veine-porte. Une hémorragie s'en est suivie, qu'aucune intervention ne pouvait arrêter, et la mort est survenue environ trois heures après l'attentat. »

Suite aux controverses suscitées par les décapitations successives de Vaillant, d'Émile Henry et de Caserio, le débat sur la peine de mort inspira de nombreux abolitionnistes. Comme en 1848, on monta souvent au créneau. Parfois brillamment. La presse parisienne et la tribune de la Chambre seront la caisse de résonance d'une rivalité philosophique aux accents souvent politiques. Georges Clemenceau tira le premier. Dans *La Justice* du 29 mai 1894, celui qui plaidera pour une humanisation des mœurs de la société française aux côtés de Jean Jaurès et d'Aristide Briand, publiait un réquisitoire passionné dans la forme, où l'émotion palpitait à fleur de peau, mais froid dans le fond de sa pensée que rien n'ébranlait quand il s'agissait de vouloir convaincre. S'il n'avait jamais pensé différemment, Émile Henry venait de lui donner un argument de poids supplémentaire contre la tuerie administrative qu'il dénonçait : « Que les partisans de la peine de mort aillent, s'ils l'osent, renifler le sang de la Roquette. Nous causerons après », lança-t-il à ses détracteurs. Soudain, sa confiance en la victoire de la raison sur la barbarie lui semblait avoir de nouvelles chances.

Un jour, quelqu'un lui avait dit qu'il devait voir « ça », ne fût-ce que pour en parler à ceux qui trouvaient « ça » bien. Clemenceau, le 21 mai 1894, se rendit donc à la Roquette, hésitant, cherchant prétexte à renoncer. Puis, brusquement il murmura :

– Partons.

Le Paris du tout petit matin, sous les becs de gaz, lui apparaît alors plus pâle que de coutume. « Je cherche un air étrange dans les choses », dit-il. Mais il ne trouve rien. Arrivé place du Château-d'Eau, il pose le regard sur la République au bonnet phrygien, qui tient une branche d'olivier dans la main.

– Et le couperet ? dit-il à son compagnon de la nuit. Pourquoi ne tient-elle pas le couperet de l'autre main ?

Et la longue marche reprend jusque dans le funeste quartier des prisons.

Devant la statue de Ledru-Rollin, il est à nouveau tenté de lancer une remarque. Et comme il se tait, celui qui l'a convaincu de faire le « voyage de la Roquette » lui en donne l'occasion : de la main, il lui désigne l'urne du suffrage populaire que le sculpteur a placée à ses côtés. Alors Clemenceau lui dit :

– Le salut est là, voyez-vous, mais l'attente est longue pour une courte vie. Pendant vingt ans, cet homme-là n'en a-t-il pas fait la cruelle expérience ?

Puis ils marchent en silence jusqu'au boulevard Voltaire. « Toutes les rues aboutissant à la place de la Roquette sont barrées, écrira-t-il un peu plus tard dans la journée. La place est occupée militairement. Il y a là mille hommes. C'est beaucoup pour en tuer un seul. Des barrières maintiennent le public au débouché de la rue de la Roquette. Il est impossible qu'il voie quoi que ce soit du spectacle de tout à l'heure. La place n'est plus qu'une grande cour de prison. Devant la porte de la Roquette, nouvelles barrières pour les personnes munies de cartes. Il y a bien là une soixantaine de journalistes dont une femme, une vieille dame grise qui fait l'objet de la curiosité générale, sans en éprouver la moindre gêne. Elle cause gaiement avec ses voisins, ou même avec les officiers de paix qui la plaisantent. Des sergents de ville passent, la cigarette ou la pipe à la bouche. Tout le monde fume. On cause à mi-voix. L'attitude est plutôt recueillie. De la foule lointaine qui se compose de quelques centaines de personnes tout au plus, aucun bruit ne vient. Les deux Roquettes, mornes, se regardent. Leurs ouvertures noires n'ont rien à se dire. Dans le fond, une haute maison qui les surplombe éclaire joyeusement ses fenêtres. On soupe, sans doute, pour tromper le temps. Il fait froid. Nous attendons. Henry dort. »

Le temps passe. Très lentement. Malgré l'arrivée du fourgon transportant les bois de justice, le « public » commence à battre la semelle sur le trottoir. On parle plus fort. On s'habitue déjà. Clemenceau, qui regarde sans dire un mot cette surprenante coulisse de bateleurs, songe à l'histoire de la guillotine et de ses grands échafauds, qui ont disparu des places de Grève.

Encore un peu de temps. L'arrivée du bourreau provoque soudain le silence des spectateurs. Le « second rôle » de la tragédie entre en scène accompagné par des acteurs que le public ne connaît pas bien. Chacun d'eux sait par cœur les répliques et les gestes qu'il faudra accomplir. La victime, elle, a été laissée dans la terrible angoisse de l'ignorance. « Trois hommes, en redingote avec chapeau haut de forme, dirigent trois ouvriers en costume de travail : bourgeron, pantalon de toile bleue. Les trois “bourgeois” sont le bourreau et ses deux aides. L'un d'eux est son gendre, me dit-on. »

– L'un des valets du bourreau est son propre fils, précise le compagnon de Clemenceau.

Sans détourner la tête, celui-ci lui répond d'une voix terne :

– Ils ont certainement soupé en famille, puis ils sont partis bravement pour le travail, jetant un regard plein de caresses aux petits qui dorment, embrassant l'un sa mère, l'autre sa femme ou sa fille, qui lui font des recommandations affectueuses, par crainte du froid de la nuit.

« J'ai mal vu Deibler, un petit vieux qui traîne la jambe, écrira-t-il. Il m'a paru gauche, oblique et sournois. Un de ses aides, un jeune homme blond, gras, frais et rose, faisait contraste avec lui. Tout ce monde travaillait sans bruit, avec la bonne humeur décente des gens qui savent vivre. » Quelques lignes plus bas, il note : « Tandis que je songe à eux, l'équipe des bourreaux n'est pas restée inactive. Maintenant, les ouvriers sont montés dans le fourgon, pour quitter leur costume de travail. Ils reparaissent, tout de noir vêtus, coiffés de chapeaux haut de forme. Monsieur Deibler, faisant d'un coup d'œil sa dernière inspection, aperçoit un balai posé en travers d'une échelle couchée le long du trottoir. Il traverse la place et remet le balai délinquant dans l'alignement. Cet homme, évidemment, aime la belle ordonnance des choses. »

Le soleil n'est pas encore levé lorsque le bourreau, suivi de ses aides, franchit la porte de la prison. Ce qui va s'y dérouler, chacun, plus ou moins, le sait. Mais qui pourrait traduire avec de simples mots la vérité des sensations qui président à l'abattoir, sinon celui qui va mourir, sinon l'homme qui paraît devant le peuple qui l'a condamné, par procuration ? Comme Deibler exécute par procuration. Au nom de l'État qui n'est qu'une entité virtuelle et qui n'a plus de nom devant l'Histoire.

Émile Henry paraît enfin. D'un coup, tout semble s'accélérer, hormis les gestes du bourreau, « misérable autant que sa machine », murmure Georges Clemenceau. D'ailleurs, il va l'écrire. À la fois misérable et démesuré. De sa place, il ne peut pas tout voir. Alors il prête l'oreille, comme Anatole Deibler, la nuit où son père l'avait emmené voir sa première exécution. Le bourreau, un instant, s'arrête pour vérifier quelque détail. Puis il y a un bruit sourd et c'en est fait… Débarrassée du panier qui contient le corps du supplicié, la guillotine luit de sang. Clemenceau retient une convulsion, l'horreur de l'ignoble drame l'a envahi tout entier : « Le crime d'Henry me paraît odieux, confessera-t-il, je ne lui cherche pas d'excuses. Seulement le spectacle de tous ces hommes associés pour le tuer, par ordre d'autres fonctionnaires, également corrects, qui, pendant ce temps, dorment d'un sommeil paisible, me révolte comme une horrible lâcheté. Le forfait d'Henry est celui d'un sauvage. L'acte de la société m'apparaît comme une basse vengeance. Que des barbares aient des mœurs barbares, c'est affreux, mais cela s'explique. Mais que des civilisés irréprochables, qui ont reçu la plus haute culture, ne se contentent pas de mettre le criminel hors d'état de nuire, et qu'ils s'acharnent vertueusement à couper un homme en deux, voilà ce qu'on ne peut expliquer que par une régression atavique vers la barbarie primitive. »

Le 29 août de la même année, terrible en épreuves psychologiques pour le vieux bourreau, alors que ses atteintes hémophobiques le persécutaient de plus en plus, Louis Deibler recevait l'ordre de partir pour Laval où devait être guillotiné le dénommé Albert-Joseph Bruneau, prêtre. La coupe était pleine. Certes, il s'agissait d'un « ancien vicaire, condamné par la cour d'assises de la Mayenne pour incendie volontaire, vol avec effraction et surtout l'assassinat du curé d'Entrammes, près de Laval », note le fils du bourreau dont c'est la soixante-huitième exécution en tant qu'assistant. Le crime a été particulièrement odieux, puisque la victime a été jetée vivante dans le puits du presbytère avant d'être dévalisée du produit de ses quêtes. Un autre crime lui était imputé, contre une vieille femme, pour lui voler ses valeurs. Le prêtre, qui n'exerçait plus son ministère, fréquentait en outre les prostituées de la ville. Mais ses crimes et ses débauches ne faisaient pas oublier qu'il était le vicaire de Dieu. Et cette perspective effrayait le vieux bourreau plus que toute autre. Anatole tenta de le raisonner, de contenir sa répulsion. Les détails de l'assassinat de l'abbé Fricot, qu'il avait lus dans la presse après le crime et pendant le procès, ne feraient rien à l'affaire. Louis Deibler était glacé d'effroi.

Anatole, en désespoir de cause, lui fit le compte rendu des crimes du père Bruneau qu'il avait consignés dans son carnet :

– L'abbé Fricot a essayé de sortir du puits à la force des bras, mais son assassin veillait à la margelle. Jetant des bûches sur sa victime, il l'assomma rapidement avant d'abandonner le corps et de quitter les lieux. Le lendemain, le cadavre retiré du puits était dans un état épouvantable. On a constaté que les os du nez étaient en bouillie, les lèvres éraillées, les dents cassées, à la tempe il avait une blessure, sur le sommet du crâne…

Le vieux Louis lui demanda d'arrêter cette énumération, mais Anatole, dont les yeux clairs fixaient son pauvre père, poursuivit son insoutenable description. Visiblement, il ne pouvait pas se détacher des images que traduisaient ses mots. Il sentait qu'une chaleur étrange commençait à s'emparer de son corps, et cette impression lui procurait du plaisir.

Louis Deibler, qui se croyait persécuté, lui confia qu'il n'irait pas plus loin dans l'exercice de sa mission. Anatole comprit à demi-mot ce que cela signifiait pour lui. Le père, désormais, intriguerait jusqu'à ce que le ministère acceptât la candidature du fils. Anatole savait que l'Administration ne refuserait pas sa proposition, et cette idée, subitement, lui plut. Que le dénommé Bruneau ait été prêtre et qu'il ait commis ses premiers larcins à l'âge de quatorze ans, tandis qu'il était pensionnaire au séminaire de la Mayenne, l'excitait vivement d'une curiosité malsaine.

– ... Sur le sommet du crâne, reprit-il pour lui-même à voix basse, la peau était décollée, les mains étaient couvertes d'ecchymoses et d'éraflures, la plante du pied droit était dépouillée de sa chair. Sur une des bûches on retrouva une mèche des cheveux blancs du vénérable ecclésiastique...

Après l'exécution, il ajoute dans le « carnet de condamnations » cette phrase au crayon qu'il ne reproduira pas dans les pages du « carnet d'exécutions » : « Il marcha au supplice en disant son chapelet, s'arrêtant et faisant une génuflexion à chaque *Ave Maria* en s'écriant : Jésus, Marie, Joseph... ayez pitié de moi ! » Il en sourit en l'écrivant.

C'était l'époque où la fille du père Heurteloup, menuisier de la rue Pierre-Bayle et fabricant attitré des bois de justice, venait souvent rendre visite au fils Deibler, dans le XVIe arrondissement. Louis ne voyait pas cette fréquentation d'un mauvais œil et l'on commença, au bout de deux ans, à faire des projets de mariage. Anatole allait avoir trente-trois ans et la perspective de prendre la relève au plus haut niveau donnait au jeune homme une importance que sa famille était prête à faire valoir. L'imagination des parents Deibler et l'attirance véritable qu'Anatole avait pour la jeune fille comblaient d'aise tout le monde. Mais c'était sans compter avec le père Heurteloup. Quand il avait pris une décision, personne au monde ne pouvait le faire changer d'avis. À la demande officielle qu'Anatole Deibler lui fit en 1896, il répondit simplement :

– Non.

Et ce fut rédhibitoire. Louis Heurteloup n'accorderait pas la main de sa fille à un coupeur de têtes ! Il avait sa morale et ne se privait pas de l'assener sans autre explication : construire la guillotine et la vendre au bourreau qu'elle servirait comme une maîtresse fidèle était une chose ; mais qu'il acceptât de voir sa propre fille entre ses mains en était une autre, qui n'autorisait aucun débat. Car le père Heurteloup, qui avait eu le temps d'observer le jeune Deibler, était sûr d'une chose : Anatole était un amoureux platonique de la guillotine. À sa fille, qui lui réclamait une explication, il répliqua :

– Tu ne l'as pas vu l'essayer, quand il vient travailler à son perfectionnement dans l'atelier. Dans la lunette, il place une botte de paille qu'il tranche avec une joie malsaine. Je l'ai vu. Son regard ne trompe pas. Il aime ce qu'il fait !

Trop avisé pour rompre ses relations avec l'exécuteur, Louis Heurteloup maintiendra de bons rapports avec celui qui ne sera jamais son gendre. Et comme Anatole Deibler était conscient de tenir en lui le meilleur fabricant de la place, il continuera de lui commander les machines que l'État lui réclamera. L'un et l'autre s'entendaient d'ailleurs très bien, trop occupés qu'ils étaient à perfectionner les performances de « la Veuve ». Très fier de cette collaboration, Heurteloup dira plus tard : « C'est Anatole Deibler qui a mis ce modèle au point et c'est une vraie merveille ! »

Le 13 octobre 1896, Louis Deibler perdait sa femme et sombrait dans une folie toujours croissante. Voyant venir le jour fatal de sa démission, ses aides s'empressèrent de postuler. Le plus acharné de tous à revendiquer la place d'exécuteur en chef était Berger, le gendre de Nicolas Roch. Mais il n'était pas le seul : Estienne et Desmourets, Bourgogne et Desfourneaux, tous descendants de bourreaux, convoitaient l'honneur de servir le couperet. Une jalousie terrible animait ces hommes, qui reprochaient aux Deibler d'avoir de la fortune. Quelques-uns, une fois encore, iront jusqu'à susciter des incidents pour porter préjudice à ceux qu'ils voulaient éliminer de la compétition. Lorsqu'il se rendit compte que, malgré sa vigilance, le déclic de la machine avait été volontairement endommagé, Louis décida de se retirer. C'était le 18 janvier 1897 à Nancy. Quoique sa succession fût encore incertaine, il passa la main.

QUATRIÈME PARTIE

Anatole Deibler et son image

Les années du siècle naissant, jusqu'à la Grande Guerre, seront psychologiquement les plus difficiles pour Anatole Deibler ; car ce seront les premières de sa carrière d'exécuteur en chef, et parce que les condamnations à mort seront encore rarement commuées par décision présidentielle. Pour survivre à cette obsession permanente, le bourreau basculera dans un dédoublement de la personnalité. Face à son image, il lui faudra réconforter sa conscience et vivre sa vie d'homme à l'ombre de ses états d'âme. Se devant d'être digne en toutes circonstances, il s'appliquera sans cesse, avec la précision et la minutie d'un orfèvre, à cautionner la morale barbare de l'exécuteur par la perfection du geste. Et de se faire le plus discret possible en fuyant les reporters et les photographes qui, faute d'informations, trahiront souvent sa pensée. Il deviendra donc malgré lui le représentant d'une opinion publique dont il ne partageait pas les accents vindicatifs, un « justicier » révéré qu'il se refusait de reconnaître en dépit des apparences. Pour la population qui assistait aux exécutions, le jeune homme, en assurant la survie de la dynastie Deibler, se devait d'asseoir une réputation qui ne lui convenait pas, mais qu'il dissimulait derrière l'image d'un reniement qui ressemblait au suicide des illusions de sa jeunesse.

Louis Deibler, qui avait longtemps retardé son départ à la retraite, était possessif et jaloux de ses prérogatives. C'était comme si la « mangeuse d'hommes » lui « appartenait » tout entière. Sa maladie et les peurs qu'elle engendrait les avaient soudés l'un à l'autre et le lien qui les rattachait était le lien du sang. Aussi, la seule perspective de voir la guillotine échapper à son fils augmentait encore son obsession. C'est donc avec beaucoup de difficultés qu'il vécut les intrigues de sa succession, dès 1898. D'autant qu'il était veuf depuis peu, et qu'à ce moment-là son fils unique avait d'autres priorités, d'ordre sentimental, qui prévalaient sur l'union que son père lui préparait avec la Veuve...

Rosalie Rogis était de parents belges. Depuis plusieurs années déjà, elle fréquentait le club vélocipédiste d'Auteuil où le jeune Deibler, passionné de courses cyclistes, venait fréquemment en compagnie de quelques champions de renommée nationale. Après la rupture de ses fiançailles avec mademoiselle Heurteloup, Anatole s'était replié sur ses rêves anciens, et les jeunes filles qui tentaient d'attirer sur elles son regard bleu terni par la mélancolie ne recueillaient que du mépris. À l'âge de trente-cinq ans, l'héritier de la dynastie conservait une âme de garçon blessé. Les femmes l'intimidaient, et leurs œillades, en attirant sa convoitise, consumaient ses instincts refoulés. Un jour pourtant, l'une d'entre elles prit l'initiative de s'approcher de lui. Simplement, elle lui parla de leur commune passion pour le vélo, puis il la raccompagna jusque chez elle, 141, avenue de Versailles, à deux pas de la rue de Billancourt. Le père de Rosalie était un mécanicien fort honorable, qui s'était installé à Paris en 1871. Elle était née six ans plus tard et n'était jamais allée dans son pays d'origine. Bientôt, Anatole et Rosalie prirent l'habitude de se promener ensemble et de parcourir la campagne en pédalant au rythme soutenu des sportifs qu'ils étaient tous deux. Anatole osa finalement lui parler de sa famille et de son métier. L'expérience du père Heurteloup l'ayant échaudé, il prit quelques précautions. Mais la jeune femme, qui était de quatorze ans sa cadette, ne fut pas gênée d'apprendre que cet homme élégant, auquel une calvitie précoce donnait de la maturité, qu'elle aimait voir à son bras le dimanche, avait du sang sur les mains le reste de la semaine.

Ils décidèrent de se marier au printemps 1898. Louis Deibler était comblé : sa famille, alliée aux Rogis, était en passe d'accomplir son plus vieux rêve. Quand Anatole prendrait la succession de son père, Louis Rogis, frère aîné de Rosalie, renforcerait la dynastie par sa présence à ses côtés. La cérémonie fut fixée au 5 avril 1898 à la mairie du XVIe arrondissement.

En dépit de toutes ces assurances, Louis et Anatole Deibler ne déclarèrent pas leur profession lorsque l'officier d'état civil, au nom du député-maire de l'arrondissement, rédigea le certificat de mariage : « Anatole Joseph François Deibler, peut-on lire sur l'acte officiel, né à Rennes le 29 novembre 1863, *rentier*, domicilié avec son père à Paris, rue de Billancourt 39, fils majeur de Louis Antoine Stanislas Deibler, *rentier*, présent et consentant... » Le métier de bourreau avait ses raisons que la République elle-même ne reconnaissait pas.

Trois semaines à peine avant son mariage, Anatole se rendit en Corse pour aider une fois encore son père dans sa tâche. Une dernière fois. C'est à Bastia qu'ils allèrent dresser la guillotine, pour un cordonnier de vingt-huit ans qui, pour une montre et un revolver, avait assassiné un chef de gare. Rosalie ne saurait jamais rien des rêves et des révoltes de son mari, ni des confidences secrètes de ses carnets. Pourtant, plus la succession de son père approchait, plus il devenait intransigeant : les comptes rendus d'audience qu'il se mit à écrire à ce moment-là ne laissaient aucun doute sur sa volonté de prendre fait et cause pour les jurés d'assises, dont il soutenait toujours les décisions. Pas un mot ne viendrait sous sa plume pour évoquer quelque circonstance atténuante ou moduler l'esprit de vengeance qui alimentait l'opinion publique au terme d'un procès d'assises, et dont il se faisait l'écho dans la rédaction de ses notes personnelles. « Cet assassinat, dont le vol a été le mobile, a été longuement prémédité et exécuté dans les conditions les plus odieuses, écrit-il au cours de son voyage de retour à bord du *Cyrnos*. La victime lui était venue en aide à diverses reprises, et lui avait même offert l'hospitalité. »

9 mai : Soulat, Georges, âgé de trente-six ans. Numéro 90.

25 juin : Carrara, Xavier-Ange, âgé de trente-cinq ans. Numéro 91.

27 juin : Priolet, Justin, âgé de quarante-sept ans. Numéro 92.

22 juillet : Vinseneaud, Eugène, âgé de quarante ans. Numéro 93.

19 août : Caillard, Alphonse, âgé de vingt-sept ans. Numéro 94.

(Ad. B. N° 1286).

DÉPARTEMENT DE LA SEINE

ÉTAT CIVIL

MARIAGES

Année 1898

Reg. 105

N° 263

RÉPUBLIQUE FRANÇAISE

LIBERTÉ—ÉGALITÉ—FRATERNITÉ

VILLE DE PARIS

Seizième Arrondissement

CERTIFICAT DE MARIAGE

Le Maire du 16e arrondissement de Paris certifie que

M. Anatole Joseph François Deibler

demeurant rue de Billancourt, 39

fils de Louis Antoine Stanislas

et de Zoé Victorine Rasseneur

son épouse décédée

~~veuf~~

Et D. Rosalie Rogis

demeurant av. de Versailles 141

fille de Lambert

et de Stéphanie Hélène Burguin

son épouse

veuve

ont été mariés cejourd'hui en cette Mairie.

En foi de quoi le présent certificat a été délivré, en conformité de la loi du 18 germinal an X, pour servir au mariage religieux.

Fait en Mairie, à Paris, le Cinq Avril

mil huit cent quatre-vingt-dix huit

Le Maire du 16e arrondissement,

Paris. Imp. Hénon (13)

PM

Certificat de mariage d'Anatole Deibler et de Rosalie Rogis.

Photo de mariage des époux Deibler, célébré le 5 avril 1898
à la mairie du XVIe arrondissement de Paris.

Dans son carnet intitulé *Condamnations 1897-1907*, il inscrit : « Résultats pour l'année 1898 : Condamnations, 19. Commutations, 9. Exécutions, 10. » Dans ce nombre, il comptabilise la décapitation de Joseph Vacher, le 31 décembre à Bourg-en-Bresse, sur le coup des sept heures du matin.

Trois jours plus tôt, le directeur des Affaires criminelles et des Grâces nommait Anatole Deibler, qui avait été promu premier assistant peu de temps auparavant, « Exécuteur en chef des Arrêts criminels en France », à dater du 1er janvier 1899, en remplacement de son père dont la démission avait été acceptée. Pour gages de ses services, il recevrait six mille francs par an, par douzième et sans retenues. C'est ce que percevait son père et la première réaction du nouveau bourreau de la République fut de s'en plaindre à sa femme, qui s'empressa de répercuter les doléances de son époux dont elle était très fière, et dont l'honorabilité rejaillissait sur sa condition.

Depuis plusieurs semaines, Anatole Deibler se demandait qui serait son premier « client », quelle tête porterait le premier numéro de la série qu'il allait illustrer de son propre nom. Serait-ce le dénommé Delvescovo, sujet italien âgé de vingt-trois ans, condamné par les jurés de Lons-le-Saulnier ? Ou le nommé Delion, natif de Saint-Malo, qui avait étranglé une rentière pour la voler ? Mazoyer, Roussel ou Victor Malavoi, que les jurés des cours d'assises de l'Ain, de l'Ariège et du Finistère, entre le mois de septembre et le mois d'octobre, avaient envoyés à la guillotine dans l'espoir qu'une peine exemplaire inciterait d'autres criminels à plus de retenue ? Or, ce sera la tête d'un homme de soixante-cinq ans, Pierre-François Damoiseau, qui fera les frais de sa première exécution, dans l'Aube, le 14 janvier 1899. Pourtant, ce n'est pas cette tête-là que la petite histoire a choisi de retenir pour célébrer les débuts d'Anatole Deibler, troisième du nom, mais celle d'un certain Peugnez, âgé de vingt-deux ans, parce qu'elle est tombée sur le pavé parisien, fief de la presse populaire qui relata largement sa « prestation ».

Mais à la veille de sa prise de fonctions, un bouleversement d'un autre ordre inquiétera « Monsieur de Paris » : la peine de mort était remise en question. Le Sénat et la Chambre des députés discutaient âprement de sa légitimité, ouvrant de la sorte un débat qui durerait une dizaine d'années, durant lesquelles le président de la République, Émile Loubet, allait gracier des hommes que les jurys populaires avaient envoyés à l'échafaud.

Après plusieurs tentatives, en 1891, 1893 et 1894 notamment, la Chambre basse enregistra, au début de l'été 1898, le dépôt d'un nouveau projet de loi réclamant l'abolition pure et simple de la peine

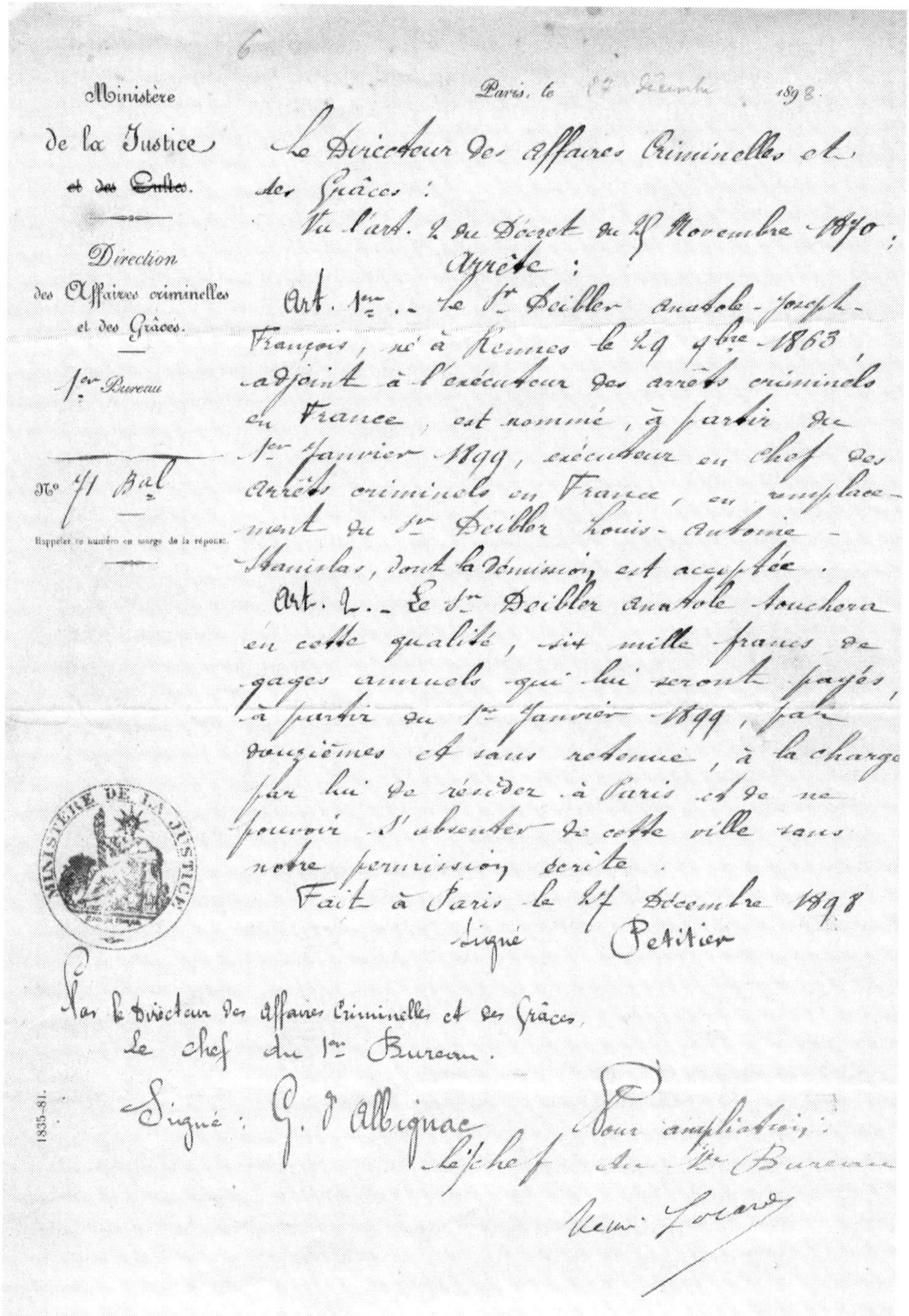

Ministère
de la Justice
~~et des Cultes.~~

Direction
des Affaires criminelles
et des Grâces.

1er Bureau

N° 71 Bal

Rappeler ce numéro en marge de la réponse.

Paris, le 27 Décembre 1898.

Le Directeur des Affaires Criminelles et des Grâces :

Vu l'art. 2 du Décret du 25 Novembre 1870 ;

Arrête :

Art. 1er. – Le Sr Deibler Anatole-Joseph-François, né à Rennes le 29 9bre 1863 adjoint à l'exécuteur des arrêts criminels en France, est nommé, à partir du 1er Janvier 1899, exécuteur en chef des arrêts criminels en France, en remplacement du Sr Deibler Louis-Antoine-Stanislas, dont la démission est acceptée.

Art. 2. – Le Sr Deibler Anatole touchera en cette qualité, six mille francs de gages annuels qui lui seront payés, à partir du 1er Janvier 1899, par douzièmes et sans retenue, à la charge par lui de résider à Paris et de ne pouvoir s'absenter de cette ville sans notre permission écrite.

Fait à Paris le 27 Décembre 1898

Signé Petitier

Par le Directeur des Affaires Criminelles et des Grâces,
Le chef du 1er Bureau.

Signé : G. d'Albignac

Pour ampliation :
Le chef du 1er Bureau

1835-81.

Document du ministère de la Justice relatif à la nomination d'Anatole Deibler au titre d'exécuteur en chef, le 27 décembre 1898.

capitale. Certes, il y avait loin de la coupe aux lèvres, mais la classe politique prenait au sérieux les initiatives des abolitionnistes, dont les chefs de file, outre Georges Clemenceau, avaient pour noms Aristide Briand et Jean Jaurès. De son côté, le Sénat votait un projet tendant à fixer le lieu d'exécution dans l'enceinte des prisons, à l'abri des regards et de toute publicité. On rechercha donc un consensus et l'on décida, dans un premier temps, que les exécutions se dérouleraient dorénavant devant l'entrée des prisons, au pire dans leur immédiate proximité, et non plus en place publique ainsi qu'on le faisait encore en province. Par ailleurs, suite au projet de démolition de la Roquette, on avait prévu d'agrandir la prison de la Santé pour y installer le quartier des condamnés à mort. Les bois de justice y auraient désormais leur place, dans un hangar spécialement prévu à cet effet et sous la responsabilité du bourreau.

Cette décision eut très vite ses adversaires. Le conseiller municipal du XIVe arrondissement, fort du soutien de trente-huit de ses collègues du Conseil de Paris, déposa contre cette « nuisance » un nouveau projet de loi tendant à la suppression définitive de l'échafaud… « Tout le monde s'insurge contre ces exécutions dont l'objet est de tuer pour démontrer qu'il ne faut pas tuer », dit le conseiller Ranson. Pourtant, s'il était sincère et convaincu, si ses thèses renforçaient une idée qui faisait son chemin, il n'eut pas plus de succès que ses illustres prédécesseurs. Et ses administrés du quartier de Denfert verraient bientôt s'élever la guillotine sous leurs fenêtres. Anatole Deibler, digne successeur de son père, qui avait « raccourci » trois cent soixante assassins reconnus coupables par ses concitoyens, des hommes comme lui, dont la moralité était au-dessus de tout soupçon, en assurait la surveillance et le fonctionnement. Combien de fois, se sont sans doute demandé les riverains du boulevard Arago, combien de fois le « jeune » Deibler déclenchera-t-il à son tour la chute du couperet ?

En réalité, il faudra dix ans pour qu'on entreprenne le déménagement définitif de « la Veuve » à la Santé.

La presse parisienne ne s'intéressait pas qu'aux procès d'assises de la Seine. Si les discussions concernant les exécutions dans la capitale animaient les cafés, confrontaient les informations « de première main » et faisaient monter les paris chez les bookmakers clandestins, un fait divers des plus horribles, pendant ce temps, mettait la police et la presse sur les dents. La France entière retenait son souffle. Depuis son procès et sa condamnation à mort par un jury du département de l'Ain, Joseph Vacher, l'assassin aux onze victimes déclarées, faisait la une des journaux à grand tirage.

« L'affaire Vacher » avait commencé en 1895, au lendemain de l'exécution des anarchistes. Le 1er septembre de cette année-là, une plainte pour meurtre avait été déposée contre X. Le corps d'une jeune journalière de dix-sept ans, Augustine Mortureux, ayant été retrouvé quelques mois plus tôt dans la région d'Étaules, en Côte-d'Or, l'inconscient populaire en tira la conclusion qu'un tueur de bergers, toujours à l'affût de nouvelles victimes, sévissait dans cette région. Ce meurtrier fantôme, ce mystérieux rôdeur qui n'avait jamais été rattrapé provoqua la psychose de toute une population et suscita la rumeur jusque dans Paris.

Si la ville est dangereuse, la campagne recèle moult pièges tendus par les trimardeurs et les vagabonds, les chemineaux et les gueux qu'Anatole Deibler et son père ont souvent envoyés, par le passé, dans les fosses communes des condamnés à mort ou sur les tables de l'Institut de médecine légale. « En cette fin de XIXe siècle, écrit Jean-Pierre Deloux, qui n'est pas une belle époque pour les classes laborieuses, l'équilibre traditionnel de la société a été bouleversé par l'ère industrielle avec les conséquences que l'on sait, l'exode rural, le début de la désertification des campagnes les plus défavorisées, la surpopulation urbaine, la main-d'œuvre exploitée systématiquement car trop nombreuse et donc bon marché, le chômage des ouvriers les moins compétents ou le plus ouvertement contestataires. Tout cela a précipité sur les routes une foule de traîne-misère. »

En 1894, le ministère de l'Intérieur recensait plus de dix-neuf mille délits imputables à des vagabonds, contre deux mille cinq cent, soixante ans auparavant. Joseph Vacher, après quelques mois de prisons purgés dans le Maine-et-Loire en 1896 pour coups et blessures, avait été remis en liberté sans qu'on soupçonnât la fin du drame, qui se conclurait le 4 août 1897 dans le département de l'Ardèche. Entre-temps, il avait sauvagement assassiné six jeunes filles, quatre jeunes garçons et une vieille femme, et tenté de commettre un douzième crime contre un enfant.

Résumant les chefs d'accusation retenus contre lui par la cour d'assises de l'Ain, Anatole Deibler retint qu'il avait perpétré son premier assassinat le 31 août 1895 à Benonces, et qu'il s'en était pris à un berger de seize ans nommé Victor Portalier. Le pauvre enfant avait eu la gorge tranchée, le bas-ventre arraché, « partie avec un couteau, partie avec les dents ». L'assassin avait ensuite tailladé le cadavre après l'avoir souillé. Le célèbre professeur Lacassagne, de la faculté de médecine de Lyon (qui avait permis l'identification du cadavre de « la malle à Gouffé » en 1891), publiera en 1899 un ouvrage retentissant sur « l'affaire Vacher », agrémenté de dessins reproduisant toute la variété des crimes de celui que la presse appelait désormais « l'éventreur du Sud-Est ». À partir de là, les spéculations iront bon train : chaque fois qu'il se commettait un crime dans la région, c'était l'œuvre du mystérieux rôdeur dont on commençait à cerner le portrait et les habitudes. Des chansons de rues et des poèmes étaient vendus sur les places de villages, dans lesquels on stigmatisait le « monstre ».

« Comment faire, note l'auteur de *Vacher l'assassin*, pour identifier parmi ces dizaines de milliers d'errants qui circulaient sur les routes du Sud-Est, sans parler de ceux qui voyageaient dans tout le pays, ce criminel inconnu ? » Finalement, à force de confrontations, la police resserra les mailles d'un filet qu'elle avait tendu sur une grande partie du territoire français, relâchant tous les suspects qui ne correspondaient pas au profil de l'assassin dont elle comprenait un peu mieux, après chaque agression, le mobile et la manière de tuer.

Les recherches dureront deux ans, au cours desquels Joseph Vacher s'adonnera aux plus pervers de ses instincts. Pour chacune de ses victimes, écrit René Sussan, « il est à la poursuite de ses fantasmes. De partout, on le rejette, on le honnit, on se moque de ses tics, son rictus, son œil malade. Il fait peur aux enfants, vit de rapines, de mendicité, ne demeure jamais plus d'un jour au même endroit ». Puis, un jour d'avril 1897, tandis qu'il agressait une cultivatrice près de Tournon pour la violer, le mari de la victime intervint. Pour la première fois, le « loup-garou » se vit pris au piège et ceinturé par un homme plus fort que lui… Identifié, Vacher raconta longuement ses forfaits. Comme plus tard au cours de son procès, il chercha constamment à se justifier par ses tares physiques et mentales. Devant le juge d'instruction qui l'interrogeait, il tenta de se disculper, racontant qu'il était investi d'une mission divine. « Les grands assassins ont tous de ces mysticismes dévoyés, écrit René Sussan, et les compagnons de la Mandragore, quand ils ne se reconnaissent pas possédés du diable, se disent habités par Dieu. »

Pour la presse et l'opinion, Vacher ne pouvait être qu'un aliéné. On commençait à parler de son irresponsabilité… On pronostiquait un non-lieu. Le procès se faisait et se défaisait dans les cafés et les journaux, jusqu'au jour où le juge Fourquet, chargé de l'instruction, dut faire appel au civisme des journalistes pour qu'ils n'influençassent pas la décision des jurés. Conscient du rôle qu'on lui attribuait, Vacher jouait sur tous les registres qui pouvaient conduire à son élargissement. On l'entendit même crier : « Vive l'anarchie ! » Dans la quiétude de la maison familiale, Anatole Deibler suivit les débats sans la moindre émotion, souriant aux conclusions des médecins qui s'acharnaient à disculper le meurtrier. Aussi, pendant que le docteur Voisin, de la Salpêtrière, le considérait comme un « malade ordinaire », le docteur Corre enchérissait en assurant que Vacher, « monomaniaque instinctif », devait être interné plutôt qu'incarcéré. Pendant ce temps, Anatole Deibler énumérait tranquillement les faits qui devaient conduire le criminel devant ses juges, et bientôt, comme il en avait la certitude, au pied de l'échafaud qu'il allait dresser pour lui sans état d'âme, ni circonstances atténuantes. À tout le moins dans ses carnets. Aucune interrogation, ni sur l'homme ni sur le geste du fauve, ou sur les traumatismes qu'il aurait subis ne filtre de ses « confidences ». Comme si Deibler, à travers Joseph Vacher, vivait une rédemption par procuration, comme si Vacher le criminel, par son sacrifice, payait une partie de la dette qu'Anatole Deibler devait à la vie. Ainsi que le soulignait Marie Bonaparte citée par Jean-Pierre Deloux, « lorsque paraît sur la scène un de ces rares grands pervers tel Vacher, qui tue pour le simple plaisir, l'âme entière de la foule est soulevée, non pas par l'horreur seule, mais par un étrange intérêt, qui est la réponse de notre profond sadisme au leur. On dirait que nous tous, ajoute-t-elle, malheureux civilisés, aux instincts entravés, sommes en quelque façon reconnaissants à ces grands criminels désintéressés de nous offrir de temps en temps le spectacle de nos plus primitifs et plus coupables désirs enfin réalisés ».

Anatole Deibler, plus que tout autre, n'avait-il pas de bonnes raisons d'en vouloir à la liberté d'existence qu'avait connue le criminel durant ses années de jeunesse ? Ils étaient sensiblement du même âge, tous deux avaient vécu la tragique annulation de leurs fiançailles et subi difficilement leurs années de conscription. Raillés par leurs camarades, solitaires et vindicatifs, ils auraient très bien pu faire cause commune... Leurs chemins auraient pu se croiser, mais il n'en fut rien. Vacher, dans sa folie, avait détruit la vie autour de lui par son impuissance à lui donner un sens, tandis qu'Anatole, enfermé dans le dilemme de sa révolte et de sa bonne conscience, avait résolu son drame en tuant par procuration les victimes qu'il aurait dépecées au gré de ses rencontres, s'il n'avait choisi la légalité contre le crime sauvage, la légitimité de son geste assassin en toute impunité. « L'affaire Vacher est exemplaire de ce facteur humain incarné par les juges qui, selon leur intime conviction ou, parfois, la raison d'État, font pencher la balance dans un sens qui n'est pas celui de la justice, afin d'y substituer la plus ancienne des lois, celle du talion, dont elle se fera porte-glaive, afin de trancher définitivement tout nœud susceptible d'entraver l'ordre social et politique », conclut Deloux. Anatole Deibler avait choisi le bon côté, mais il n'est pas certain qu'en certaines circonstances il n'ait envié d'une manière inavouable le geste pur et franc de l'assassin. Cela se ressent à la lecture de ses carnets, où les descriptions accablantes l'emportent sur la réflexion, la recherche d'une caution sur la remise en question d'une situation définitive et sans appel, enfantée dans la douleur et la frustration.

Deibler retint encore qu'en passant à Beaurepaire, Vacher commit un crime identique à celui qu'il avait perpétré contre le jeune Victor, cette fois sur une jeune fille de vingt et un ans, Eugénie Delhomme. Le 20 novembre 1894, à Vidauban, à l'entrée du village, il rencontrait une enfant de treize ans nommée Louise Marcel, qu'il saisit par le cou afin de l'entraîner dans une bergerie ; là, après l'avoir étranglée, il lui coupa la gorge et lui taillada la poitrine. Le 12 mai 1895, il se trouvait aux environs de Dijon. Vers neuf heures du matin, il rencontrait au lieu-dit le Bois-du-Chêne une adolescente de dix-sept ans qu'il tua dans les mêmes conditions que la petite Louise. Vacher revint ensuite du côté de la Savoie. Le 24 août, à Saint-Ours, il égorgea dans sa maison la veuve Morand, âgée de cinquante-huit ans, dont il souilla le cadavre. Au mois de septembre enfin, le monstre était dans le département de la Drôme.

Dans la première série de carnets qui lui servaient de « brouillon », Anatole Deibler enchaîna les faits à la hâte, d'une écriture fébrile et nerveuse. Comme si la plume cherchait à suivre le flot de ses pensées, la succession des images qu'il se faisait de l'assassin tout au long de son itinéraire macabre. En revanche, dans le « carnet d'exécutions », le trait s'est apaisé, la passion mal refoulée s'est ressaisie. Le bourreau a pris la succession du jeune homme un peu fébrile qui tentait d'exorciser ses mauvais rêves en vivant secrètement la folie de ceux qui l'avaient vécue jusqu'à son terme le plus extrême... dont il était devenu le censeur suprême. La vengeance était désormais totale.

« Le 22 septembre 1895, Vacher passait à Truinas, où d'un coup de couteau il tuait une jeune fille de seize ans. Après cela, il se rendit dans le département de l'Ardèche, où... »

Deibler précise rarement le détail des horreurs que le meurtrier faisait subir à ses victimes : viols, sévices sexuels contre nature et derniers outrages perpétrés sur les cadavres de jeunes filles et de garçons. Les précisions apparaîtront dans la deuxième version de ses notes. Pour l'heure, dans la précipitation, il collationne les faits :

« Au mois de mai 1897, Vacher se trouvait aux environs de Lyon. Dans les premiers jours de juin, près d'une maison inhabitée, il rencontrait un jeune vagabond, Claudius Beaupied, âgé de quatorze ans, qu'il déshabilla pour lui couper la gorge. Dans la nuit du 18 juin 1897... »

Il est arrêté le 4 août 1897.

Au terme de trois jours d'audience, la mort fut votée par les douze jurés d'assises, malgré la polémique scientifique et les querelles d'opinion relatives à la peine capitale. D'une manière générale, on réagit favorablement à la sentence. La loi la plus élémentaire avait été si violemment bafouée, si souvent injuriéc par le criminel, qu'il apparaissait normal, aux yeux de tous, de lui rendre la monnaie de sa pièce. Aussi, lorsque la presse dévoila que ce même jury, à l'unanimité, venait de signer une demande de commutation de peine à remettre au président de la République, la population de Bourg-en-Bresse et des environs se rendit en masse devant la prison pour manifester sa colère et son incompréhension.

– À mort l'assassin !

Le peuple hurle à la fois son indignation et sa frustration, sa crainte d'avoir attendu pour rien le jour de l'hallali si longuement annoncé. Le jour des bacchanales tant attendues.

L'Élysée recula devant les fourches levées des paysans de France.

Le 29 décembre, le ministère de la Justice a fait prévenir Louis Deibler, dont ce sera l'ultime manifestation publique. Un reporter dépêché par *Le Progrès de Lyon* rend compte de l'événement, pour lequel une foule considérable s'est à nouveau déplacée : « Vacher est hissé dans le fourgon. L'abbé Roman et Deibler prennent place à côté de lui et le cortège de gendarmes à cheval se dirige vers le Champ-de-Mars en passant par les rues du Palais, Bourgmayer et des Casernes. »

Il fait grand jour quand tout ce monde débouche enfin devant la foule attentive.

– Le voilà !

Au premier rang de ceux qui se pressent aux barricades, des femmes hurlent des mots à moitié prononcés qui ressemblent à des invectives. D'autres, par provocation peut-être, prennent la défense de celui qu'elles auraient aimé guillotiner à la place du vieux bourreau, avec une joie sadique et bestiale conforme à tout ce que l'on a dit sur Joseph Vacher au cours de son procès.

Le fourgon s'est arrêté à quelques mètres à peine des bois de justice qui se détachent maintenant sur le ciel d'hiver. La porte s'est ouverte, mais on ne voit personne sortir. Les secondes qui s'écoulent à cet instant-là semblent interminables.

– À mort, Vacher ! crie quelqu'un.

Au milieu de la foule anonyme, une voix blanche lui fait écho.

D'autres lui répondent vaguement, dans un long mugissement. Le troupeau des spectateurs, parqué autour de la guillotine, piaffe d'impatience. Il faut qu'on lui livre Barabbas. Vacher, qui s'est évanoui pendant le court trajet qui le conduit au lieu de son exécution, n'a pas repris connaissance.

Les troupes venues en renfort pour le maintien de l'ordre sentent que la foule s'anime. Quelques chevaux se cabrent, des cris lancés au hasard tombent comme des pavés jetés sur les officiants. Louis Deibler, que la moindre contrariété rend fébrile, perd un instant le contrôle de la situation. Il regarde son fils pour lui demander de l'aide et ses assistants pour qu'ils prennent la décision qui lui échappe. Anatole, qui a reçu l'aval du ministère, prend alors l'initiative de faire transporter le condamné sur la bascule et c'est un corps inanimé que l'on saisit entre les mâchoires de la guillotine. Peu de gens s'en sont aperçus lorsque la tête de Vacher tombe dans le seau. Il est sept heures et trois minutes. Il se peut que se soit Anatole Deibler qui ait déclenché la chute du couperet à la place de son père.

Dans le carnet gris, il écrira sous le numéro 96, officiellement attribué à son père : « Au moment de son exécution, il se refusa à marcher. Il fallut le porter. » L'honneur de la dynastie était sauf, quelles que fussent les polémiques sur la responsabilité criminelle de celui qu'on leur avait dit de supprimer pour le bien de la société dont ils étaient en quelque sorte les porte-parole, désormais sans voix et sans état d'âme devant la mort.

1899 fut donc une année marquante pour Anatole Deibler. Non seulement il étrennait ses nouvelles fonctions, mais dès le mois de février, dans la quiétude de la maison d'Auteuil, sa jeune épouse lui annonçait qu'elle était enceinte. Le vieux Louis, dont ce serait l'une des dernières joies, se retint de pronostiquer pour l'enfant – dont on ignorait le sexe – l'avenir qu'il avait déterminé d'avance pour son fils dans les mêmes circonstances. La naissance était prévue pour le début du mois de septembre. Aussi, lorsque le bureau des Frais de justice, le 31 décembre 1898, lui fit savoir que le ministère lui allouait un « abonnement » de huit mille francs, il considéra que ses débuts s'annonçaient sous les meilleurs auspices. S'ils fêtaient dignement cette nouvelle année, le vieux bourreau ne laissa pas de rendre son fils attentif au fait qu'il fallait rester vigilant sur les questions d'argent. Rosalie promit à son beau-père de s'en charger s'il négligeait de se rappeler de temps en temps au bon souvenir de l'Administration.

Le vendredi 13 janvier dans la matinée, après avoir reçu son premier ordre de mission, Anatole Deibler se rendit chez le procureur de la République afin d'y prendre ses instructions.

– Faites entrer monsieur Deibler.

Anatole fut introduit dans le bureau, tandis qu'une femme l'observait depuis quelques minutes. Comme averti par un pressentiment, il s'était refusé à la regarder, sentant qu'elle cherchait un prétexte pour l'interpeller. Quand il entra dans le bureau, il vit que des huissiers lui ordonnaient de s'en aller.

– Vous voilà prêt, sans doute, à faire votre devoir en digne successeur de votre père et de feu votre grand-père, lui dit le procureur en lui tendant la main. Asseyez-vous.

On lui expliqua qu'il devait partir pour Troyes et que le ministère se réjouissait de le voir enfin au poste qui lui revenait de droit, et qui convenait à sa dextérité...

– À ce que l'on m'a dit, vous avez déjà le geste sûr et la promptitude que l'on attend de vous.

Le procureur ne fit aucune allusion à l'exécution de Vacher. Anatole, ne sachant quelle attitude prendre, lui répondit simplement « qu'il fera de son mieux, naturellement, pour répondre à ce qu'on attend de lui ». Il prit ses ordres et, sans tarder, quitta ce lieu qui l'intimidait. Lorsqu'il franchit à nouveau le seuil du bureau pour gagner la sortie, le jeune Deibler était perdu dans ses pensées. La peur de manquer à ses responsabilités l'angoissait horriblement : l'organisation du voyage, la sécurité des bois de justice et leur expédition par chemin de fer jusque dans le département de l'Aube où, le jour même, ils devaient être acheminés sur le lieu d'exécution, l'absorbaient complètement. Déjà, il était à Troyes, prisonnier de ses pensées, lorsque subitement...

– Vous êtes bien monsieur Deibler, n'est-ce pas ? Je vous ai reconnu, lui dit la voix d'une femme qui le rattrapait dans le couloir.

Anatole ne se retourna pas tout de suite ; puis il sentit qu'on le prenait par le bras. Un flot de paroles, qu'il lui fut impossible d'endiguer, l'empêcha de répondre qu'il ne donnait pas d'interview, que son interlocutrice faisait erreur. Enfin, qu'on cessât de l'importuner de la sorte et...

– Je m'appelle Hélène Cordier, lui dit-elle.

Quelque peu interloqué, Deibler la dévisagea sans lui répondre.

– Est-ce qu'il vous serait possible de me faire assister à l'exécution de demain, reprit-elle. Parce que si vous le pouviez, ce serait vraiment pour moi, monsieur, une très grande joie.

Anatole la regarda longuement sans répondre. Alors elle insista :

– M’accorderez-vous le privilège de me venger de la mémoire de ce criminel, insista la jeune femme en s’agrippant toujours à la manche de son pardessus.

Il comprit alors qu’il s’agissait de la fille de celui qu’il devait exécuter, Pierre-François Damoiseau, cultivateur, ancien maire de Rouilly-Saint-Loup, condamné pour le meurtre de son gendre.

Deibler connaissait parfaitement les circonstances du drame qui avait conduit le père Damoiseau, pris de folie, à décharger son fusil sur le jeune Cordier, avant de s’en prendre au reste de la famille. Ce crime, une fois encore, avait provoqué la vindicte populaire, et Deibler ne devait pas trembler devant ceux qui seront prêts à juger sa performance. Il faudra que le geste soit sûr. Ce 14 janvier, tous les ingrédients de l’horreur seront au rendez-vous, dix-sept ans après que son père l’avait emmené voir sa première exécution. Il avait eu tout le temps de s’aguerrir et de se protéger, mais pour Anatole Deibler, la mort était sacrée, il ne fallait jamais, par une main mal assurée, une parole déplacée, dénaturer l’importance du geste. Et casser par là même la belle harmonie qu’il avait construite autour de son destin contrarié.

– Un peu de dignité, madame ! lui répondit-il en la repoussant.

Cette dignité, justement, qui faisait d’Anatole Deibler et de la mort dont il était responsable, un couple hors du commun, possessif au point de n’accepter aucune ingérence étrangère. Ils étaient désormais les dépositaires exclusifs d’un secret que les journalistes chercheront vainement à percer. Ce sera pour protéger cette « intimité » que Deibler refusera de se confier à la presse qui, faute d’informations, travestira la vérité que le bourreau seul prétendait connaître. Ses émotions devant la mort lui appartenaient, comme le condamné lui appartenait. La levée d’écrou le rendait responsable de sa mort. Propriétaire du drame qu’il vivait chaque fois qu’il ouvrait la parenthèse d’une exécution, il s’agissait pour lui d’en rester le maître. Le partager aurait passé pour une trahison à ses yeux. Une indignité. Le risque de travestir son droit dynastique et régalien.

– Vous ne savez pas de quoi vous parlez ! ajouta-t-il à l’intention de cette femme, qu’il chassa comme la mauvaise conscience lorsqu’elle revient à la charge.

Devant la mort, quelle que soit la forme qu’elle prend, l’émotion est tellement violente qu’il peut être impossible de simplement l’évoquer. En revanche, Deibler pouvait s’exprimer sans retenue sur la machine dont il était le dépositaire unique, sans risquer de s’exposer à la critique. Dans ce cas-là, on ne voyait plus en lui que le fin mécanicien qu’il avait toujours été, passionné d’inventions, et dans la guillotine un banal assemblage de fer et de bois, un « outil » qu'il cherchera toujours à perfectionner. Mais s'il s'intéressait de si près au fonctionnement de la Veuve, c'était aussi pour en améliorer l'efficacité, la rapidité dont il se fera le champion. « Pour la rendre plus humaine ! » dira-t-il…

De la pudeur et de la dignité, il en fallait au jeune bourreau pour oublier les faits qui avaient conduit l'ancien notable devant les jurés de Troyes.

« … Cordier ouvrait sa porte lorsque son beau-père lui tira à bout portant un coup de feu qui l'atteignit à la poitrine. Le malheureux fit quelques pas pour s'enfuir, s'affaissa sur un tas de pierres et mourut. Pendant ce temps, Damoiseau pénétrait en fou furieux dans la maison de son gendre, déchargeant à deux reprises son arme sur le père du malheureux Cordier, qui fut blessé aux doigts de la main gauche. Sa fille, madame Cordier, se réfugia affolée dans un cabinet où était couché son fils Henri, âgé de neuf ans. Damoiseau l'y poursuivit, tira sur elle quatre balles, puis cinq autres balles sur son petit-fils qu'il avait précipité à bas de sa couchette et qu'il piétina. L'assassin avait tiré douze coups de feu. Par un miraculeux hasard, madame Cordier et son fils survécurent à leurs blessures. Après cet horrible attentat, Damoiseau rentra chez lui, rechargea ses revolvers, puis se réfugia chez son neveu, monsieur Lévêque, où blotti sur un tas de paille il menaça de ses armes tous ceux qui tentaient de s'emparer de lui. Le lendemain, il put être saisi par une jambe et précipité sur le sol où il fut aussitôt garrotté par les gendarmes. »

Un partage de succession était à l'origine de ce crime épouvantable. Il y eut deux procès. Le premier, cassé pour vice de forme, eut lieu le 19 juillet 1898 ; le second, le 10 novembre de la même année.

Lorsque, le matin de l'exécution, Anatole Deibler et ses aides franchissent la porte de la prison de Troyes pour en faire sortir le condamné, pieds et poings liés, vers la guillotine élevée dans la nuit par moins dix degrés, la place est presque déserte. À six heures, le ciel est lourd de neige, il fait un temps « à attraper la mort ». Deibler, après avoir tout vérifié une dernière fois, s'applique, comme il le fera toute sa vie, à rendre la justice aussi « proprement » que possible. Qu'il soit ou non conscient du fait que les projecteurs étaient braqués sur lui ne change rien à la « propreté » de sa prestation. Car Anatole Deibler est un adepte de la belle ouvrage. Il en allait de son honneur et de sa fierté, à ses propres yeux comme à ceux de sa famille à qui, toute sa vie, depuis sa plus tendre enfance, il cherchait à plaire. Il aimait la perfection parce qu'elle était un rempart contre la critique, la meilleure manière d'éviter les conflits et de détourner l'attention.

– C'est une iniquité qu'on me tranche le cou parce que j'ai voulu défendre mon bien ! clame le vieux Damoiseau lorsqu'il voit la guillotine dressée devant lui.

Il est presque porté sur la bascule, tandis qu'il discourt encore :

– Il y a de beaux jours pour la racaille !

Personne ne l'écoute plus. L'abbé Georget, qui s'est une dernière fois penché sur lui, le bénit d'un signe de croix, mais emporté par sa folie le meurtrier trouve le temps de lui dire :

– Non merci, l'abbé, je ne crois pas en Dieu. Et je suis aussi honnête qu'un autre. Faites seulement en sorte qu'on m'enterre près de ma femme !

Paul Dornain raconte que, juste avant que ne tombe le couperet, Damoiseau eut le temps d'ajouter à l'attention de Deibler :

– Je suis heureux de mourir, mais je meurs bien vengé. En vérité, monsieur, c'est le plus beau jour de ma vie !

Anatole n'en parle pas dans ses carnets, mais on sait qu'il ne retranscrivait pas tout ce qu'il avait entendu, vécu ou ressenti. Et Dornain d'ajouter que ce matin-là, à sept heures et treize minutes, il aurait répondu au condamné :

– C'est une formalité, monsieur, qu'il nous faut accomplir.

Le père Damoiseau ne saura jamais que sa fille se trouvait parmi les rares badauds qui battaient la semelle dans la nuit parisienne, à quelques pas de là. Par pudeur ou par dignité elle ne s'était pas montrée.

Lorsque les bourreaux furent de retour à Paris, les journaux relataient déjà l'événement, mais faute d'informations, ils attendaient une exécution capitale à Paris pour se prononcer sur les qualités et les défauts du fils de l'ancien exécuteur. Pour comparer leur adresse et discourir sur la peine de mort, qui portait de plus en plus à controverse, notamment sur la question de la responsabilité. Vacher, Damoiseau… le débat était ouvert et Deibler allait être bien malgré lui au centre de cette polémique.

La prochaine tête que l'on couperait à la Roquette serait la cinquante-deuxième à tomber en ce triste quartier. La dernière aussi. Tout était donc réuni pour qu'on s'y intéressât, et l'on s'y intéresserait. L'encre d'imprimerie coula plus abondamment que jamais.

Georges Martin a déclaré au magazine *Détective*, le grand hebdomadaire des faits divers de l'après-guerre, qu'Anatole devait connaître la consécration de sa carrière en ce 1er février 1899.

Alfred Peugnez n'était pas un grand criminel. Mais il allait bénéficier d'une attention particulière de la part de l'opinion publique : parce qu'il serait le dernier à tomber à cet endroit avant la fermeture de la célèbre prison. Dans les carnets d'Anatole Deibler, il porte modestement le numéro 98-2, et n'a droit qu'à quelques lignes sans commentaire, où ne figurent même pas, en surcharge au crayon, les derniers mots qu'il prononcera pour une hypothétique postérité : secrète reconnaissance du bourreau pour sa victime. Plusieurs centaines d'autres têtes tomberont dans le même anonymat.

Après Peugnez, il faudra attendre dix ans pour qu'on exécute à nouveau dans Paris, boulevard Arago cette fois, dans le XIVe arrondissement, aux portes de la Santé comme il est désormais convenu de le faire.

« Dans les milieux intéressés, poursuit Georges Martin, on parle de cette exécution comme on parle, dans les salons et les salles de rédaction, d'une grande première théâtrale. Ce fut d'abord une course aux laissez-passer, ces cartons blancs rayés d'une bande violette qui ne sont distribués qu'à un très petit nombre de personnalités, magistrats, avocats, journalistes, et quelques rares invités, généralement choisis parmi les médecins et les romanciers. En somme, ce 1er février était la grande date de la semaine parisienne. Ce n'est pas tous les jours qu'on a l'occasion de voir opérer un nouveau bourreau. Anatole Deibler commençait à exciter la curiosité. Comme pour les débuts à la Comédie-Française le Tout-Paris se demandait comment se comporterait le successeur de celui qui termina sa carrière en tranchant le col de Vacher. Paris a ainsi ses vedettes. Cette semaine-là, c'était Deibler. Comment était-il fait ce fils et petit-fils de bourreau ? Il fallait absolument le savoir et, le soir même, on pourrait ainsi décrire, dans les salons du boulevard Saint-Germain ou dans les brasseries de journalistes, avec mille détails, les mille et une façons d'exécuter un homme. Ce sont évidemment des choses que l'on ne doit pas ignorer. Rien de tel pour faire frémir un auditoire, et faire courir, sur l'échine des femmes, un délicieux frisson rétrospectif. Et puis c'était aussi la dernière exécution devant la prison de la Roquette. La guillotine changerait, après cette dernière représentation, de quartier. En somme, toute la petite histoire de Paris allait prendre fin, ce matin-là. »

De Peugnez, on ne dit pas grand-chose, sinon qu'il a été condamné pour le double assassinat de la femme d'un employé des Bateaux parisiens et de son fils âgé de sept ans. Deibler, incontestablement, lui volait la vedette. Le crime odieux de ce récidiviste ne passionnait pas les foules. Peugnez ou Zuckermeier, Geffrois ou Bétille qui lui succéderont jusqu'au dénommé Borde, le 7 août à Montbrison... l'important n'était pas de savoir quelle tête on allait trancher ni pour quels motifs, mais de voir, si possible et du plus près que l'on pourrait, comment l'exécuteur allait la faire tomber.

Il est néanmoins possible de reconstituer la lente agonie morale d'Alfred Peugnez à partir des archives de la police, du huis-clos des couloirs jusqu'au pied de l'échafaud. Voir et comprendre le « chemin de croix » de celui que la foule attend sur le trottoir du boulevard Arago, victime expiatoire de ses fantasmes, et qui n'aperçoit que de loin ce qu'elle a envie de « savourer ». « L'horrible curiosité du peuple », que certains dénoncent déjà sous la Révolution, n'aura qu'à peine le temps d'assouvir sa soif que Deibler et ses aides feront emporter le corps et démonter la machine. Une fois encore, la population est bien le personnage principal de cette « représentation », au nom de qui et pour qui elle est donnée. Tout comme le condamné, la Veuve porte en elle sa part d'obsession. Elle est plus qu'un décor, elle devient la raison même du spectacle, l'autel du sacrifice. Le bourreau, grand ordonnateur du drame, partage avec la victime toute l'attention de la foule, dans une intimité qui les unit pendant quelques secondes au même destin. Une lame seulement les sépare. « Moitié acteur, moitié homme de main et figurant, écrit Daniel Arasse, de tous ceux qui ont l'honneur des tréteaux, le bourreau est celui que les textes ignorent le plus, alors qu'il est le seul permanent de l'appareil, le seul des participants pour lequel la tragédie n'a pas qu'une seule représentation. »

D'accord avec la définition du bourreau que donnait jadis Camille Desmoulins, Anatole Deibler accepte d'être un « exécutant » auquel on demande de se faire remarquer le moins possible. Ce sera son credo pendant près de quarante ans. Mais tandis que la justice en fait un homme ordinaire, l'opinion publique, en de nombreuses circonstances, en fait un personnage d'exception, un héros de roman, un justicier sur qui l'on braque les projecteurs de l'actualité. Or, Anatole Deibler vivait très mal ce paradoxe.

En coulisse, l'arrêt de mort de Peugnez a pris des allures de non-retour avant même que son avocat n'ait le temps de prévoir un quelconque recours en grâce. Le 31 janvier, l'avocat général informe le préfet de police que l'arrêt de la cour d'assises de la Seine du 14 décembre 1898, qui l'a condamné à la peine de mort, va « recevoir son exécution » place de la Roquette le mercredi 1er février 1899 à sept heures et quart du matin. « Je vous prie, écrit-il en substance, de vouloir bien prendre les mesures que vous jugerez convenables pour le maintien de la tranquillité publique. »

Le même jour, peu avant dix-sept heures, le commissariat de police du quartier de la Roquette confirme au préfet que « pour concourir au service d'ordre organisé à l'occasion de l'exécution capitale de Peugnez, le 1er février 1899, cent cinquante gardes à pied et trente gardes à cheval, cadres non compris, ont été commandés à la Garde républicaine ».

Le lendemain matin, le « public » arriva très tôt. Les bonnes places sont chères. En coulisse, la machine judiciaire s'active. Dans le hangar de la Folie-Regnault, les aides d'Anatole chargent les éléments de la guillotine dans le fourgon noir que tire, Fend-L'air, la vieille rosse impassible des petits matins.

Ce que la foule n'a pas pu voir, le commissaire de police du quartier, présent tout au long du cérémonial aux côtés du condamné, l'a consigné dans le rapport n° 227 qu'il fera parvenir à la préfecture dans les minutes qui suivront l'exécution.

Après s'être rendu à la prison, le commissaire Leygonie relève sur le registre d'écrou l'état civil du condamné, âgé de vingt-deux ans, né dans l'Oise, de Grégoire Peugnez et Pauline Pucherot, célibataire, parqueteur de son état. « À six heures cinquante précises, poursuit-il, nous avons pénétré dans la cellule n° 1, avec messieurs Blanc, préfet de police, Boudon, directeur, Boucart, juge d'instruction, Arboux, pasteur protestant... un médecin et diverses autres personnes. Le directeur a réveillé le condamné et lui a dit que son recours en grâce était rejeté en l'exhortant à avoir du courage. Le condamné a répondu : "Avant de mourir, j'ai une chose à vous dire : la justice des hommes n'est pas juste, j'espère que la justice de Dieu sera plus juste." On lui a offert du rhum et comme on lui disait qu'on n'avait pas de gobelet, il a répondu : "Ça va bien, pas besoin de gobelet", et il a bu à même la bouteille. Après avoir bu il a dit : "Alors, monsieur le directeur, on me met à la porte !" Il s'est entretenu un moment seul avec le pasteur, et lorsqu'il est sorti de la cellule et qu'on lui a jeté un vêtement sur les épaules, il a dit : "Il faut éviter les fluxions de poitrine." Pendant qu'on lui faisait sa toilette dans le couloir du greffe et qu'il tremblait, il a dit : "Ce n'est pas de peur mais de froid." Et quelques instants après : "Quand on n'est pas coupable on n'a jamais peur de la mort." Puis, en entendant sonner sept heures, il a demandé quelle heure il était, on lui a dit qu'il était sept heures. Il a répété : "Ah ! sept heures." Il a demandé une cigarette qu'il a laissée tomber à moitié brûlée, et comme il était déjà attaché il a prié un garde de la lui ramasser. Quand la toilette a été finie, le pasteur a fait une prière à haute voix pour prier Dieu qu'il fût aussi clément envers lui qu'il l'avait été envers le bon larron. Ensuite le condamné a marché d'un pas assuré vers la porte de la prison... aussitôt qu'elle fut ouverte, il a lui-même crié :

– Portez armes ! »

Les journalistes présents ont noté que, d'instinct, les Gardes républicains se sont exécutés sous le regard satisfait de Peugnez. Le commissaire évitera de consigner cet épisode dans son rapport. Le pasteur, une fois encore, le prenant par les épaules à quelques mètres seulement de la machine, s'est entretenu avec lui pour l'exhorter au courage. L'homme de Dieu se tient à peine debout. Il a l'air malade. Il l'embrasse plusieurs fois avant de l'abandonner à Deibler.

Le commissaire a transcrit l'essentiel de ce qu'il a observé. D'autres verront Peugnez sortir de la prison avec forfanterie, puis, bien droit, les yeux levés vers le couteau, s'arrêter pour cracher sa cigarette avec provocation.

« Le bourreau et ses aides se sont emparés de lui, reprend pour sa part le commissaire de quartier chargé de la sûreté ; puis au moment où il se dirigeait vers la bascule il a crié deux fois : "N'avouez jamais !" Dix secondes plus tard, justice était faite. Le corps a été jeté dans un panier, chargé sur un fourgon spécial qui est parti au grand trot pour le cimetière de Gentilly, accompagné de quatre gendarmes. »

Deux dépêches télégraphiques se succéderont à l'attention du directeur de la police municipale : elles émanent des commissariats des IVe et XIIIe arrondissements. La première, à 7 h 40, stipule que « le fourgon transportant le corps de Peugnez » vient de passer place de la Bastille sans incident. La seconde, dix minutes plus tard, confirme : « Pas d'incident sur mon arrondissement pendant le passage du corps de Peugnez. Le fourgon est arrivé au cimetière d'Ivry. Il a été inhumé à la demande du pasteur. Pas d'incidents. »

En réalité, le corps de Peugnez arrivera plus tard que prévu au cimetière par suite d'un encombrement. Une fosse avait été préparée par les soins du conservateur dans le terrain réservé aux suppliciés. La mise en bière eut lieu tout aussitôt. « La tête a été tranchée au niveau des deux épaules, relève le rapport officiel du chef des services de Sûreté, le visage est très calme, les yeux sont clos et la bouche entrouverte. » Un représentant de la faculté de médecine s'étant avancé pour réclamer le corps, le pasteur fit connaître au commissaire de police de la circonscription de Gentilly que Peugnez lui avait formulé le désir d'être inhumé. Il ne fut fait aucune opposition et le médecin s'est retiré. Le rapport conclut : « Le corps de Peugnez repose entre Vaillant et Vodable. » Aucune inscription ne rappelle sa présence en ce lieu. La loi a été respectée.

Forts d'avoir vu tomber la lame de la guillotine, lourde des trente-cinq kilos du mouton[1] qui la précipitent sur le cou du condamné, les reporters écriront dans les éditions spéciales publiées

1. Support en fonte de la lame, qui lui donne son poids et sa vitesse de chute sur le cou du condamné.

dès le lendemain : « Le nouvel exécuteur des Hautes Œuvres, monsieur Anatole Deibler, a fait preuve d'une sûreté de gestes et d'un coup d'œil qui forcent l'admiration. » Les textes ainsi publiés, relève Georges Martin, sont plus empruntés à la chronique théâtrale qu'à la rubrique des tribunaux.

Les commentaires ont commencé à se répandre et l'on portraiture déjà « l'homme du jour » : barbiche taillée « à l'impériale », longues et fines moustaches que les caricaturistes vont croquer tout au long de sa vie. Deibler a bonne presse. On loue la dextérité de l'homme à la redingote noire et au chapeau haut de forme, que ses prédécesseurs ont institués. Plus tard, seulement, il adoptera le melon, puis enfin le chapeau mou. Toutefois, l'heure n'est pas à la critique vestimentaire mais à la rapidité du geste, à l'exactitude des mouvements et des déplacements autour de la machine. Contrairement à son père, il est vif et précis ; mais ordonné et méticuleux comme lui. Il a l'œil à tout : c'est un Deibler de la dynastie. Bientôt, les journalistes chronométreront le temps qu'il lui faut pour faire tomber une tête, deux têtes... trois têtes. Quatre même au cours d'une même exécution ! On applaudira chaque nouveau record, on parlera de performance inégalable. Certains pourtant, comme Jean Lorrain, dans *Le Journal*, lui reprocheront d'aller trop vite, de « bâcler » le travail en quelque sorte. À la vérité, on lui reprochera de ne pas soigner le spectacle. « De la descente de voiture au couperet, pouvait-on lire au lendemain de l'exécution de Peugnez, le rythme est un peu trop rapide. Cela enlève de la solennité qui constitue pourtant la raison d'être d'une exécution. »

Dans les *Annales politiques et littéraires* du 12 février, qui passent en revue la presse de la semaine, on peut lire : « Tous les journaux s'accordèrent à rendre justice au jeune monsieur Deibler qui montra pour ses débuts à Paris un tournemain et une aisance de vieux praticien. Jeune, élégant, vêtu d'une redingote de couleur sombre, comme un témoin de duel sélect, il réalise dans la perfection le type du bourreau moderne. On peut, après cet heureux essai, lui prédire une belle carrière et un nombre respectable de représentations. »

Le héros du jour avait acheté la presse, comme tout le monde. Dans le salon de la maison d'Auteuil, Rosalie relut fièrement, après le déjeuner, les articles du *Gil Blas* et de *La Patrie*, du *Figaro* et de *L'Éclair* à haute voix, en y mettant les intonations qu'il faut pour souligner les compliments que l'on faisait à son mari. Une rumeur courait, lancée par *La Patrie*, que des particuliers, par faveur spéciale, avaient été autorisés à assister au réveil du condamné. La polémique était ouverte. « Renseignements pris, lisait-on dans *Gil*

Blas, nous croyons savoir que le préfet de police, justement ému par cette rumeur, aurait demandé des explications sur l'incident au directeur de la Roquette. Celui-ci aurait affirmé que, seules, auraient été autorisées dans la prison les personnes appartenant au monde médical. Si une substitution de personnes s'était produite, elle ne serait imputable qu'aux médecins qui l'auraient favorisée », conclut le journal.

Anatole haussa les épaules et ne répondit rien. Il aurait aimé que Rosalie fermât le journal et qu'on oubliât à jamais ce qui devait se produire si souvent, et se reproduire encore jusqu'à ce que la parenthèse, un jour, fût définitivement refermée. Car Anatole Deibler vivait entre parenthèses lorsqu'il entrait « en exécution ». Alors ce n'était plus le même homme. Lentement, il s'intallait dans la peau d'un autre personnage, qui lui ressemblait certes, au point que ses proches ne s'en apercevaient même pas. Mais, lentement, il se dédoublait.

– Écoute plutôt, insista Rosalie : « Dans la soirée, le condamné demanda à ses gardiens à quelle heure se levait le jour en cette saison, puis il leur proposa une partie de dominos, jeu qu'il quittait bientôt pour aller, très excité, se jeter sur son lit, où il demeurait sans vouloir se déshabiller une partie de la nuit. Au directeur, monsieur Boudon, qui le visitait, hier matin, et lui demandait de ses nouvelles, Peugnez répondit : “Oui, ça va, monsieur le directeur, mais, vous savez, pas plus que ça !” »

Rosalie interrogea son mari du regard, afin de savoir s'il fallait croire ce que disaient les journaux. Lui, les yeux dans le vague, lui répondit d'un sourire. Parcourant ensuite *Le Figaro*, elle s'exclama, tout en lisant quelques lignes par-ci, quelques mots par-là de l'article de Georges Grison :

– « Parmi les quatre à cinq cents personnes qui se bousculaient dans l'enceinte réservée, il y avait des invités de marque : lord Rosebery, l'homme d'État anglais, et monsieur Jameson, dont le nom est devenu célèbre lors des affaires du Transvaal. Il y avait aussi beaucoup de gens moins illustres et dont les casquettes et les costumes donnaient lieu de se demander en vertu de quel privilège ils avaient pu pénétrer jusque-là. »

– Non, je ne les ai pas vus, je ne les ai pas rencontrés et je ne leur ai pas parlé, lui répondit Anatole avant même qu'elle ne lui posât la question. Je ne m'occupe pas des gens qui manquent ainsi de dignité.

– Si les exécutions sont publiques, rétorque Rosalie, c'est tout de même pour que les gens y assistent !

Anatole n'aima pas le ton sur lequel sa femme venait de lui répondre. Mais il évita d'envenimer la conversation. Plutôt que de s'expliquer, il préféra se taire. Et murmurer pour lui seul :

– Je ne suis pas payé pour me poser ce genre de questions.

Rosalie, par son arrogance, le fatiguait. Ses questions inlassables sur ses « responsabilités » le rappelaient à l'ordre de sa conscience et ce genre de confrontation lui faisait peur.

À ce sujet, Marcel Montarron se demandera lequel du juge ou du bourreau doit assumer la mort du criminel. Qui, de celui qui vote la mort ou de celui qui refuse la clémence exécute véritablement l'ordre de tuer… Et le chroniqueur judiciaire de conclure qu'Anatole Deibler « avait encore bien des efforts à faire pour convaincre que son métier était un métier comme les autres… ». À s'accepter tel qu'en lui-même afin de convaincre les autres.

Anatole y réfléchit beaucoup dans les premières années du siècle qui verraient son rôle se réduire comme peau de chagrin. Car si dorénavant l'on condamnait beaucoup, on n'exécutait presque plus. Un jour, il écrivit au préfet de police de Paris pour lui faire part de ses impressions sur la nature et le comportement des condamnés devant la guillotine. Cette lettre, dont il n'existe qu'un brouillon non daté dans les archives de la famille Deibler, pourrait être une réponse du bourreau aux tentatives d'abolition qui l'eussent privé de sa fonction ; un acte de résistance aux grâces et commutations présidentielles qui bradaient les décisions des jurys populaires.

Alors, comment ne pas l'imaginer, un soir de cette année 1900 que d'aucuns prédisaient déjà tragique et mouvementée. Courbé sur sa table de travail pour essayer de tirer parti de son succès populaire. Pour Anatole Deibler, l'aube du XXe siècle rimait d'abord avec une certaine idée de sa vie et des projets qu'il formulait timidement pour la famille qu'il venait de fonder. S'il était conscient de partager les difficultés d'un monde en plein bouleversement, il était décidé à défendre ce qui lui restait d'honneur, de pudeur et de dignité : mot fétiche qui soldait ses doutes et confortait ses partis pris. Décidé à prouver à ceux qui en doutaient encore que, dans le rôle que lui avait attribué le destin, il tiendrait son personnage et son rang. Au prix qui lui serait demandé par la vie. Comment donc ne pas l'imaginer, en effet, retiré dans le petit bureau que lui avait cédé son père, son crayon gris à la main, écrivant et raturant successivement, d'un trait souvent rageur, des mots qui dépassaient sa pensée, des phrases qui devaient éclaircir ses propres idées avant de les formuler officiellement ? La lampe était faible et tamisée, la lumière un peu jaune dans la pièce où il remplissait les pages de ses petits carnets. Comme tout le monde, il cherchait simplement un sens à sa vie. À travers la mort qu'il donnait aux autres... mais cela ne devait pas entrer dans ses réflexions.

« Personnellement, commença-t-il par écrire, je regrette que la criminalité ascendante nécessite le maintien de cette peine. Puisque cette peine existe néanmoins, poursuit-il en respectant l'ordre de sa pensée, il me semble que pour être efficace elle devrait être appliquée avec rigueur. »

Il réfléchit un instant, puis se corrigea : « Plus de rigueur », nota-t-il en surchargeant la ligne. Il continua, s'arrêta de nouveau pour se relire : « ... il me semble que pour être efficace elle devrait être appliquée avec plus de rigueur car je ne lui trouve aucune utilité, les deux tiers des condamnés étant graciés. »

Il tenait sa phrase.

– C'est cela, dit-il sur un ton satisfait.

Il pensait à haute voix, parfois se levait brusquement, rabâchant des mots inaudibles.

« Depuis une quinzaine d'années, les exécutions se font bien longtemps après les dates d'arrêt de condamnation. Les crimes sont alors quelque peu oubliés, car il arrive souvent que l'exécution ait lieu un an et quelquefois davantage après la date du crime. »

La formulation était encore hésitante, il avait un peu de mal avec la syntaxe, mais il passa au paragraphe suivant :

« En ce qui concerne les exécutions, elles se ressemblent à peu près toutes : certains condamnés font preuve de courage, d'autres de lâcheté. Parmi leur nombre assez considérable, je citerai... »

Anatole posa son crayon pour se frotter les yeux. « Arriverai-je un jour au bout de ce pensum ? » se demanda-t-il en se remettant à l'ouvrage. Il le fallait pourtant, car il en allait peut-être de son avenir. Il biffa toute la dernière phrase et la remplaça par « quelques exemples ». Il tournerait mieux sa phrase tout à l'heure, en recopiant sa lettre au propre. Des exemples, il en avait tellement qu'il hésita longuement avant d'énoncer la liste de ceux qui s'étaient bien comportés à l'instant de mourir. Car Anatole Deibler aurait aimé, c'est certain, que les condamnés se pliassent de bonne grâce au rituel de la mort violente qui les attendait. Qu'ils en fussent dignes, comme lui, pour ne pas ternir l'image qu'il cherchait à donner de son métier.

Des exemples ? Il en avait plein ses carnets. Un dénommé David, exécuté à Saint-Nazaire le 21 mars 1891 pour l'assassinat de deux femmes, fit preuve de courage à ses yeux : demandant pardon au pied de l'échafaud, il souhaita que son exécution servît d'exemple à la jeunesse ! Un ancien sous-lieutenant, exécuté place de la

Roquette le 9 avril 1891 pour l'assassinat de la baronne Dellard, dit à l'assistance, en arrivant au greffe, qu'il avait mérité son châtiment. S'adressant ensuite aux exécuteurs, il leur dit en s'inclinant respectueusement : « Bonjour messieurs, faites votre devoir », puis il marcha vers la guillotine la tête haute en disant adieu…

Ravachol, l'anarchiste redouté exécuté à Montbrison, alla quant à lui à l'échafaud « en faisant preuve d'un cynisme révoltant, écrit Deibler à l'attention du préfet, disant ne regretter aucun de ses crimes, insultant la magistrature ainsi que l'aumônier de la prison, criant et chantant à tue-tête des mots orduriers ». Puis il cita Caserio, l'assassin du président Carnot.

Anatole reprit alors ses carnets, les consulta pour en tirer d'autres exemples de condamnés qui l'auraient marqué par leur personnalité. Il se prit si bien à cet exercice de mémoire qu'il s'abandonna sans s'en rendre compte à des confidences qu'il s'était interdites jusqu'ici, qu'il barra ensuite en se rappelant qu'il destinait ses réflexions à ses autorités de tutelle ! Anatole Deibler n'envoya probablement jamais ce document qui resta lettre morte. Il conserva néanmoins ce brouillon dans ses papiers personnels, comme s'il avait espéré le reprendre un jour et peut-être le terminer.

Est-il possible, en dépit de ses efforts et de sa sincérité, d'expliquer vraiment ce qui se passait derrière le décor, de le faire ressentir, au-delà des « petites phrases » relevées au cours d'une carrière ? Le pouvait-il, seulement, en puisant dans un vocabulaire où les mots pour convaincre, tout à coup, n'avaient plus ni le même sens ni la même force, pour celui qui les vivait dans sa chair et pour ceux qui pouvaient les entendre ? Car le drame était d'une tout autre nature derrière les murs du quartier des condamnés à mort, et le resterait tant qu'il y aurait des gens pour décréter que le bien de leurs semblables passe par la mort programmée d'un homme, fût-il coupable du crime de l'avoir donnée lui-même.

Dans leurs cellules, isolés des autres prisonniers, ceux qu'on va froidement exécuter se meurent lentement d'angoisse, et plus le temps passe et plus ils réclament le droit de mourir. L'attente est trop longue, tellement insupportable que la mort est une délivrance qu'ils espèrent en même temps qu'ils la redoutent. Les journées n'en finissent pas de s'étirer, jusqu'à ce que la nuit tombe ; des jours sans fin qu'ils regrettent pourtant de voir finir le soir venu. Car la nuit relève d'un nouveau cauchemar, d'une peur sourde et vicieuse qui ne dit pas son nom, mais qui rôde en longeant les murs, plus cruelle et sournoise que la mort. Et le sommeil lui ressemble. Le condamné veut être là pour se défendre. Si le cérémonial de la guillotine est violent, le rituel de l'attente rappelle un temps que l'on croyait révolu où la barbarie l'emportait sur la justice et la civilisation. Lourdement entravé, pour éviter qu'au réveil, le jour venu de l'exécution, il n'ait envie de se défendre une dernière fois comme un homme, avec une chance de se révolter pour se donner l'illusion qu'il vit encore, qu'il ne va pas crever comme une bête, chevilles et poignets enchaînés, le condamné, qui maintenant, face au bourreau, ne veut plus mourir, est dépossédé de ses dernières illusions. Alors, presque toujours il se résigne. Quand la mort est ainsi programmée, il ne sert plus à rien de résister, sinon par un « mot de colère » ou « de bravoure » que retiendra rarement la petite histoire, et que le bourreau, peut-être un gardien, pourra rendre public un jour. Pour un baroud d'honneur posthume.

Depuis qu'il est entré dans sa cellule, le prisonnier n'est plus qu'un animal aux abois. Un fauve abattu sur lequel s'acharne encore la société, pour justifier ses droits et satisfaire sa propre violence refoulée. Chaque nuit, jusqu'à ce que le jour se lève, le condamné en sursis guette le moindre bruit, le plus petit signe pouvant annoncer la venue de l'exécuteur. Cette angoisse-là ne se traduit pas, elle se lit dans les chairs décomposées de celui que la folie consume entre le cri de terreur et la peur muette. Parce qu'à chaque instant la porte de la cellule peut s'ouvrir... Les gardiens sont peut-être déjà dans le couloir. Ils se sont déchaussés pour ne pas faire de bruit. Ils progressent à pas feutrés, leurs souliers à la main pour se jeter sur lui dans son demi-sommeil. Car la fatigue s'est emparée de sa conscience. Le jour va venir le libérer de sa torture... Derrière eux, le cortège officiel s'est arrêté, en tête duquel marchent le directeur de la prison et le représentant de la magistrature. Blême, l'aumônier serre un crucifix contre sa poitrine en priant Dieu pour se donner le peu de courage qu'il entend réserver au supplicié. Parmi ces hommes accablés qui refusent de montrer leur émotion, l'avocat du condamné à mort est là, témoin de ce vestige de la barbarie. Près d'un siècle après la fraîche nomination d'Anatole Deibler au titre d'exécuteur en chef, maître Émile Pollak écrira : « Pour ceux qui ont le triste privilège d'en être les spectateurs, ne serait-ce qu'une fois, s'y ajoute l'inoubliable meurtrissure de la sensibilité, l'incurable horreur qu'inspire une scène d'abattoir où un homme tient la place de la bête, livré à ses semblables d'après une mise en scène qui n'exorcise pas le crime rituel de la sauvagerie. En réalité, une longue agonie précède presque toujours la mise à mort. » Ils sont maintenant derrière la porte... Sur son maigre lit, le condamné s'est tassé contre le mur, recroquevillé sur son corps vide. Son sang se glace, il est au bord de l'évanouissement. Il n'est plus qu'un tremblement sordide. Une hébétude. De part et d'autre de la porte, on s'épie ; mais la chasse est truquée : le gibier n'a plus sa chance, le chasseur l'a déjà pris au piège. La mise à mort est dans la règle du jeu. L'abominable cortège attend que le prisonnier soit maîtrisé sur sa paillasse. Tapi dans l'ombre il se confond encore avec la nuit qu'une faible ampoule n'éclaire pas. En traître. À l'affut. Sadique. Parce que c'est lui qui tient le fusil. Les bourreaux sont sortis du rang. L'un d'eux tient une cordelette entre ses mains, l'autre une paire de ciseaux. Alors, d'un seul coup, tout se précipite. Celui qu'aucun détenu n'a le droit de regarder passer dans les couloirs, celui que tout prisonnier admire par tradition, respecte par une manière de superstition, n'est plus qu'un enfant sans défense, un homme qui ne sait plus ce qui l'a conduit en ce lieu, par quel criminel destin il se retrouve devant le bourreau. Il crie qu'il n'est pas l'assassin qu'on a condamné jadis, qu'il y a erreur sur la personne et sur la peine... Il crie, mais aucun son ne sort de sa gorge. Il est muet devant le froid ressentiment de ses semblables. On ne tue pas sans émotion mais les gens qui le conduisent à l'abattoir n'en montrent pas.

On lui signifie que son recours en grâce a été rejeté, on l'exhorte au courage, à la dignité, à toutes sortes de sentiments que l'on s'est efforcé de détruire en lui, pour que la société, par le geste du bourreau, soit exempte du moindre remords. Il faut pour cela que chacun tienne son rang dans le cortège funèbre. Tous les hommes présents ne ressentent peut-être pas la même haine, tous ne cherchent pas à assouvir une vengeance, et vainement ils tentent peut-être de se rassurer.

Le bourreau vient de signer la levée d'écrou. Le prisonnier lui appartient. Il n'a plus aucun recours.

Anatole Deibler, désormais successeur de son père, signera le registre de mort pendant quarante ans sans jamais le refermer sur l'envie de dire « non ». C'est du moins ce que disent ses carnets, sa correspondance et ses comptes rendus d'audiences, auxquelles il assistera presque toujours lorsqu'elles se dérouleront à Paris. Mais ce n'est pas son rôle de s'opposer aux décisions de Justice. « Ce n'est pas parce que vous obéissez aux lois que vous les acceptez », fera dire André Cayatte à l'aumônier de la prison de la Santé, dans *Nous sommes tous des assassins*, un film tourné en 1952.

Le 10 septembre 1899 à seize heures, au domicile familial de la rue de Billancourt, Rosalie Deibler donnait naissance à l'héritier mâle dont rêvait le vieux Louis, qui allait avoir quatre-vingts ans.

On prénomma l'enfant Roger Aristide Hector. Mais il était dit qu'Anatole serait le dernier Deibler de la dynastie. L'histoire était écrite et toute révolte était inutile et blasphématoire. Le 10 novembre, à la suite d'une erreur médicale, le jeune couple perdit son enfant. Anatole ne s'en remettrait pas, reportant sur son neveu, le petit André Obrecht né la même année que son fils, toute l'affection qu'il lui destinait. Quant à Rosalie, jamais elle ne voulut en parler. Sa douleur lui appartenait.

Cette année-là, le sort s'acharna sur la maison Deibler. Le 13 novembre en effet, un affreux scandale éclaboussa l'exécuteur, quelques mois à peine après sa nomination. Deux hommes, Geffrois et Samson, condamnés en même temps pour le meurtre d'un vieillard, laisseront dans la mémoire d'Anatole un tragique souvenir et des images qui le poursuivront longtemps. L'exécution se passait à Saint-Nazaire. Après les avoir exhortés au courage et à la résignation, le bourreau bascula le nommé Samson sous la lunette et le couteau tomba, tranchant net la tête qui roula dans le seau de son. Tout s'était parfaitement déroulé. Le corps du supplicié fut poussé dans le panier et l'on fit appeler son complice en lui disant que son camarade était mort courageusement.

– J'en ferai autant, lance le second meurtrier.

Deibler, qui aimait par-dessus tout que l'on « respecte son travail », allait à nouveau déclencher le couperet lorsque le condamné, contre toute attente, hurla comme une bête égorgée dès qu'on le poussa sous la lunette… Un cri terrifiant qui glaça le sang de tous ceux qui assistaient à la mise à mort, un râle proprement inhumain, qui les pétrifia d'horreur. « Geffrois, raconte Paul Dornain, a eu le temps de voir dans la caisse, à quelques centimètres à peine de ses yeux, la tête sanglante de son camarade et la plaie horrible de la nuque. » Deibler n'y fut pour rien : les aides avaient oublié de retirer de la cuve la tête de Samson pour la ranger à côté de son corps qui gisait dans le panier ! Les autorités blâmèrent Anatole, rendu responsable de ses assistants. Dans les carnets, on ne trouve aucune trace de cette entorse à la « bonne marche » de l'exécution.

Pis encore : ce 13 mai devait décidément porter malheur à ce « pauvre Deibler », note Paul Dornain, car la mère de Samson, qui avait assisté à la scène, s'était également rendue au cimetière afin de reconnaître le corps. « On avait alors refermé la première tombe. La mère identifia le corps qui restait, grâce aux vêtements, car Samson, dans un dernier geste de pudeur et de vanité, avait demandé l'autorisation de revêtir le costume qu'il portait au moment de son arrivée

Au tournant du XXe siècle, le dispositif de l'exécuteur, avec ses aides. Une reconstitution (passablement erronée) peut-être destinée à la presse et diffusée sur les Grands Boulevards.

à la prison. Puis, d'une voix brisée par la douleur, la femme éplorée réclama la tête de son fils, restée dans le panier. Un aide, saisissant cette tête par les cheveux, la présenta à bout de bras, toute dégoulinante de sang et demanda : "C'est bien celle-là ?" Cette ultime confrontation entre la mère et le fils, entre cette tête coupée et les assistants, fut terrible. La pauvre femme s'évanouit. »

La presse, qui adulait Deibler peu de temps auparavant, releva cet épisode en accusant le bourreau de négligence et ses assistants d'incompétence. Anatole Deibler aura rarement l'occasion de rejeter la faute sur ses aides, qu'il triera sur le volet pour ne garder auprès de lui que les hommes qui lui donnaient entière satisfaction et qui, pour certains d'entre eux, faisaient partie de sa famille. Ce sera le cas de Louis Rogis, naturalisé français en 1889 et qui entrera en fonctions comme adjoint de deuxième classe en 1909, de Jules-Henri Desfourneaux à partir de 1919 comme deuxième classe, puis en tant que première classe à partir de 1930. André Obrecht, enfin, le rejoindra en 1922.

Les années qui suivirent laissèrent Anatole Deibler dans l'expectative et le désarroi le plus complet. Les exécutions se firent de plus en plus rares, certaines années même la guillotine resta démontée. Le hangar de la Folie-Regnault étant trop éloigné du nouveau lieu prévu pour les exécutions parisiennes, on avait entreposé les deux exemplaires de la Veuve dans un local édifié dans l'enceinte même de la Santé. L'ancienne remise était occupée maintenant par un menuisier, qui s'était séparé de Maman Clarence, une concierge que tout le monde connaissait dans le quartier. Pour elle aussi, « la belle époque de la Roquette » était terminée. Les visites à la « machine à Deibler », qu'elle organisait en secret derrière le dos du bourreau, faisaient dorénavant partie de la légende de la Folie-Regnault.

Mais si Louis Deibler avait toujours fermé les yeux sur les passe-droits que Maman Clarence vendait au plus offrant pour arrondir ses fins de mois, il avait vainement interdit au fils de celle-ci de renseigner les journalistes sur les sorties de la guillotine, qu'ils étaient toujours prêts à monnayer chèrement. Car c'était souvent pour eux le seul moyen de connaître la date et le lieu d'une exécution lorsqu'elle se déroulait en province. Dès que les bois de justice étaient embarqués dans le fourgon du père Mémi, le poulbot le suivait jusqu'à la gare et s'informait auprès des cheminots sur la destination du convoi. Il ne lui restait plus alors qu'à vendre le renseignement dans les rédactions. C'est ainsi que les Deibler furent poursuivis aux quatre coins de la France par les reporters et les photographes.

Le fourgon servant au transport de la guillotine et de la malle destinée à recevoir le corps, photographiés dans les locaux de la rue de la Folie-Regnault, dans le XIe arrondissement de Paris, près de la prison de la Roquette.

Les locaux de la Folie-Regnault, moins fréquentés que les abords de la Roquette un jour d'exécution, n'en furent pas moins visités à de nombreuses reprises et par toutes sortes de personnes. Par des hommes d'État, des missions étrangères venus se rendre compte de l'efficacité de la machine, ou par des visiteurs privilégiés que l'exécuteur avait l'obligation de recevoir, bien qu'il détestât ce genre d'exhibition. Car il se trouve des gens que la recherche du grand frisson conduisit à « toucher » les bois de justice, à demander au bourreau de l'essayer sur les traditionnelles bottes de paille qui servaient à tester l'affûtage du couperet. Lorsque la demande était officielle, il était obligé d'obtempérer. Mais il arriva que Maman Clarence, en son absence, propose une visite à l'intérieur de la remise, pour des inconnus de passage, aussi curieux d'émotions fortes que reconnaissants d'avoir été secrètement accueillis. Une jeune Anglaise, un jour, voulut se coucher sur la bascule et passer la tête sous la lunette. Accrochés au-dessus de sa tête, quarante kilos de bois, de fonte et d'acier en suspension…

« La guillotine rend tout dérisoire. » Robert Badinter, L'Exécution, *1973.*

Il faut dire que la Veuve était impressionnante lorsqu'on l'avait dressée sur ses axes verticaux de quatre mètres cinquante, du haut desquels, à plus de vingt kilomètres à l'heure, la lame oblique dessinée par le docteur Louis tranchait une tête en deux centièmes de seconde ! Il existait deux guillotines : l'une, pesant cinq cent quatre-vingts kilos, ne servait qu'à Paris ; l'autre, plus légère et plus maniable, était transportée par voie de chemin de fer en province, et par deux fois elle passera les frontières.

Tel un jeu de construction, les aides du bourreau chargeaient dans le fourgon du père Mémi les éléments entreposés dans le hangar de la Folie-Regnault d'abord, puis de la Santé, pour les conduire sur le lieu de l'exécution. Chaque pièce était à sa place, comme sur un établi, marquée à la craie de sa silhouette encore innocente. La « notice » du docteur Louis, qui décrivait la guillotine par le menu pour en faciliter la construction et le montage, évoquait déjà la « machine à Deibler », à quelques détails près. De la Bastille à la Santé, elle était restée fidèle à la tradition républicaine. Elle était ainsi composée, depuis plus d'un siècle, « de deux montants parallèles, en bois de chêne, de la hauteur de dix pieds, joints en haut par une traverse, et montés solidement sur une robe avec des contrefiches de côté et par-derrière. Ces deux montants seront à un pied de distance et auront six pouces d'épaisseur. La face interne de ces montants aura une cannelure longitudinale, carrée, d'un pouce de profondeur, pour recevoir les oreillons d'un tranchoir. À la partie supérieure de chacun de ces montants, au-dessous de la traverse, et dans les épaisseurs, sera placée une poulie de cuivre. Le tranchoir, de bonne trempe, de la solidité des meilleurs couperets, fait par un habile taillandier, coupera par sa convexité. Cette lame tranchante aura huit pouces d'étendue traversable et six de hauteur. Le dos de cette lame coupante sera épais comme celui d'une hache. Sous ce dos seront, par le forgeron, pratiquées des ouvertures pour pouvoir, avec des cerceaux de fer, fixer sur ce dos un poids de trente livres et plus. Le tranchoir devant glisser de haut en bas dans les rainures des deux montants, son dos aura un pied de travers plus deux oreillons carrés, d'un pouce de saillie, pour entrer dans ces rainures. Une corde, assez forte, et d'une longueur suffisante, passera dans l'anneau et soutiendra le tranchoir, sous la traverse supérieure. Le billot de bois sur lequel doit être posé le col du patient aura huit pouces de haut et quatre pouces d'épaisseur... »

Depuis la Révolution, la machine dont se servait Anatole Deibler n'avait donc pas beaucoup changé. Son allure générale était la même, à l'exception de quelques perfectionnements notamment apportés par son père, dont la pose, de chaque côté du mouton, de roulettes destinées à l'accélération de la chute, et de ressorts disposés au bas des montants pour en amortir l'arrêt. Le bruit qui suit la libération du couperet dans les rainures de fer des montants verticaux, le son mat enfin, qui conclut le travail de la lame, rend « la mangeuse d'hommes » plus effrayante encore. Et le silence pesant qui règne après la chute du couteau, plus terrible que la mort elle-même.

Pour la monter, les aides du bourreau s'y prenaient une heure avant l'exécution, bien qu'il leur fallût moins de temps pour la dresser dans des conditions normales ; car tout s'emboîte, se visse ou se boulonne pour éviter le moindre bruit, le moindre indice qui puisse réveiller le condamné dans la cellule qu'il occupe, toujours à proximité du lieu de l'exécution. Ils commençaient par disposer sur le sol un croisillon d'appui en forme de T, puis ils dressaient les deux montants qu'ils étayaient par quatre jambes de force. À la Roquette, la structure reposait sur cinq dalles fichées dans le sol à demeure, à l'angle de la rue de la Croix-Faubin. Les deux montants, espacés de trente-sept centimètres, pèsent près de cent quarante kilos ; ils sont reliés par un linteau appelé « le chapeau », dans lequel prend place la pince qui retient le couteau surmonté par le mouton. En face des montants, les aides mettaient alors en place un bâti de bois sur lequel ils accrochaient la bascule, de la taille d'un homme. Une fois rabattue à la perpendiculaire du couteau, cette planche montée sur roulettes était poussée jusqu'aux montants, la tête du condamné reposant alors sur la partie inférieure de la lunette. La partie supérieure, qui est aussi en demi-lune, est fixée sur les montants verticaux, prête à s'abattre sur la nuque de celui qui était précipité sur la bascule.

Enfin, il ne faut pas omettre une troisième amélioration, plus fondamentale que les précédentes, et qui permettait à l'exécuteur d'accélérer le déclenchement du couperet. Celui-ci, vissé sur le mouton, est retenu par une flèche d'acier engagée dans une énorme pince, elle-même pressée par un système de ressorts. Il suffisait alors d'écarter ces ressorts au moyen d'une tringle pour que la pince s'ouvre aussitôt : la flèche, qui n'est plus maintenue, tombe alors avec le couperet. C'est ce qui explique l'usage des deux manettes utilisées par le bourreau qui constitue l'amélioration technique la plus notable qu'ait inventée le dernier Deibler. « L'une des deux manettes, un simple bouton, explique François Foucart, abat la partie mobile du carcan et ce casse-tête se rabat violemment sous l'effet des ressorts. Dans le meilleur des cas, le condamné est assommé. Frappé à la nuque, il s'imagine avoir été manqué par le couperet et tente de retirer sa tête, d'instinct. » L'effort ainsi fourni par le condamné est tel que la mort survient souvent en même temps que la chute du couteau. « Toute l'habileté du bourreau, insiste Foucart, consiste à manœuvrer simultanément le bouton qui, lâchant un ressort, abat la partie supérieure du casse-tête, puis la poignée qui déclenche la chute du couperet. Cette poignée de cuivre, usée, patinée, ressemble au bec-de-cane d'une honnête épicerie de campagne... Ces deux gestes, en une seconde ou deux, c'était toute l'habileté d'Anatole Deibler. Trop tôt, c'est peut-être la tête mal engagée ; trop tard, c'est prolonger le supplice. »

Quand il avait pris ses fonctions, Anatole Deibler s'était fait un point d'honneur de les exercer dans les règles et selon les instructions nettes et précises données au bourreau. Un texte, rédigé à son intention, exigeait de lui qu'il s'y conformât, auquel cas, disait déjà le document du secrétaire perpétuel de l'Académie de chirurgie de Paris sous la Révolution : « S'il y avait quelques erreurs dans ces détails, elles seraient faciles à vérifier. » L'appareil devait être « essayé » après avoir été monté, puis le premier soin de l'exécuteur en chef était d'enlever la vis mobile qui arrêtait le ressort de la lunette. Ensuite, il agissait de la façon suivante, édictée point par point par les fonctionnaires du ministère de la Justice :

« Il prendra en main la grosse corde munie d'un anneau en forme de huit. Cet anneau doit être passé au crochet fixe du couperet. En tirant sur la corde, il montera le couperet jusque sous le chapiteau. Il constatera que le couperet n'est plus maintenu que par la double pince à ressort. Il écartera les deux cordes, la grosse, la petite, et les fera passer dans les deux crochets d'acier disposés à cet effet le long du montant gauche. Il placera le grand panier parallèlement à la plate-forme et immédiatement au-dessous du plan incliné. Il s'assurera que le seau de zinc, en forme de baignoire, est derrière l'appareil. Il disposera autour du seau le paravent en bois qui est destiné à contenir les jets de sang et les éclaboussures. Il relèvera la lunette en la prenant de la main droite par la poignée de fer. La guillotine est ainsi apprêtée... »

CINQUIÈME PARTIE

Les chicanes de la République

Un an après le décès de son fils, Anatole Deibler exécutait l'infanticide Étienne Portes. Encore sous le choc du malheur qui venait de le frapper, il fut tenté de « comprendre » les partisans de la solution fatale. Au début du siècle, devant les interrogations de plus en plus pressantes de l'opinion sur l'exemplarité de la peine de mort, la classe politique se donnait le temps de la réflexion. Les exécutions s'espaçant au gré des grâces présidentielles, les crédits alloués au bourreau furent momentanément suspendus. Aussi, pendant quelques années, Deibler changea de métier, de nom, et son art de vivre même s'en trouva profondément modifié. Mais un drame affreux, qui bouleversa la France entière, rendit bientôt à l'exécuteur des Hautes Œuvres et son rôle et son outil : après avoir sommeillé dans sa remise, la guillotine reprit du service et la Grande Guerre elle-même n'arrêta pas le couteau de trancher. Anatole exécutait partout, en France, en Belgique, et même jusqu'en Allemagne. Aussi paradoxal que cela puisse paraître, la recrudescence de la criminalité, dans les années d'entre-deux-guerres, n'enrichit pas « Monsieur de Paris ». Car contrairement à ce que l'on a prétendu, Deibler n'était pas à la « commission », et plus il y avait d'exécutions, moins il économisait sur la somme annuelle qui lui était allouée. La course à l'augmentation de ses gages allait alors commencer.

Portrait d'Anatole Deibler réalisé en juillet 1900.

Le dixième « client » d'Anatole Deibler, exécuteur en chef depuis près de deux ans, se nommait Étienne Portes. Ce 19 octobre 1900, il n'était toutefois que le troisième condamné des jurys populaires à être effectivement guillotiné depuis le début de l'année : le 10 février, une double exécution eut lieu dans le Rhône, mais le procès s'était tenu en décembre 1899. De fait, dans la scrupuleuse comptabilité d'Anatole, 1900 fut une année où son « carnet de condamnations » recèle dix procès d'assises, dont neuf commutations. Étienne Portes n'eut pas la même chance. Condamné pour avoir tué sa mère à coups de hache, ainsi que son propre fils âgé de seize ans, il ne bénéficia pas de la clémence de la commission chargée de donner son avis au président de la République. Comme d'autres dossiers d'ailleurs, qu'en dernier recours l'avocat de la défense venait plaider à l'Élysée. Le président Loubet, pourtant partisan de l'abolition de la peine capitale, resta de marbre cette fois-là. Comme Deibler, parce que l'affaire était des plus sordides. Ce cultivateur de la région de Toulouse, nota Anatole, était connu pour « s'adonner à la débauche et à l'ivrognerie » ; il avait dissipé sa fortune et allait être exproprié. Irrité par les reproches que lui adressaient sa mère et son fils, « qui essayaient de le ramener à de meilleurs sentiments », il les frappa jusqu'à ce que mort s'ensuive, cachant les corps mutilés dans un coffre à grains. Portes avait fait des aveux complets sans manifester d'émotion ni le moindre regret. Cette attitude lui fut fatale devant ses juges et pour le cas de conscience que représentait son éventuelle grâce pour le président de la République.

Deibler, le 19 octobre 1900, après cent cinq décapitations, dont neuf en tant que successeur de son père, n'avait plus à se reporter au texte que le ministère avait édicté pour la « bonne exécution » de sa mission. Comme il était convenu par la loi, le « patient » devait se présenter pieds et poings liés devant la guillotine, le cou et la nuque absolument découverts. C'est donc ainsi que Portes sortit de la maison d'arrêt de Saint-Gaudens afin d'être conduit devant le bourreau. Empoigné par deux aides, il est aussitôt plaqué contre la planche… qui bascule sous le poids de son corps. Perdant pied, le condamné se trouve projeté sous la lunette. « À ce moment décisif, l'exécuteur en chef, placé à gauche de l'appareil, doit avoir la main gauche sur le ressort de la lunette et, de la main droite, tenir le grand levier du couperet. » Anatole Deibler est à son poste. Comme d'habitude il agit sans le moindre tremblement, chacune de ses mains répondant avec précision au geste requis par la notice officielle. Dans la presse locale du lendemain, qu'il ne lira pas, Anatole sera encore une fois plébiscité pour son adresse. On apprendra, émerveillé ou stupéfait, qu'il avait encore gagné quelques centièmes de seconde sur le temps qu'il s'octroyait pour donner la mort proprement. « Il doit presser en même temps des deux mains » stipule le « mode d'emploi » de la guillotine. Et c'est ce qu'il a fait. La lunette est tombée sur le cou du condamné pour lui maintenir la tête sous le couperet. « Une simple poussée sur le corps du décapité le fait rouler dans le panier. Le seau qui contient la tête est vidé dans le même panier, puis le couvercle est rabattu. »

Au lever du jour, la Justice avait soigneusement été donnée. Et dans les règles. Une fois de plus, tandis que les aides du bourreau nettoyaient le pavé de la place à grande eau, la société tout entière se lavait les mains du sang qu'elle venait de faire couler en toute légalité.

L'année 1901 comptera seize grâces présidentielles et trois exécutions... pour dix-sept pages de comptes rendus d'audience dans les carnets d'Anatole. Les procès qui ne conduisaient pas à la guillotine étaient toujours marqués d'une petite croix bleue. Celui du dénommé Alfred Dupont, quarante ans, condamné pour le viol et l'assassinat de sa fille de quinze ans, porte au crayon bleu, en travers de la page et d'un geste qui en dit long sur l'incompréhension du bourreau : « Arrêt cassé ! » Un mois et demi plus tôt, le 7 septembre exactement, les assises de la Loire avaient jugé deux assassins qui, de leur cellule, retraçaient maintenant l'histoire de leur crime.

Recueillies par Philippe Artières, ces surprenantes confessions, authentiques « biographies de criminels », font partie d'un recueil à l'origine établi par le professeur Alexandre Lacassagne. « Cette encyclopédie vivante du crime » est un témoignage rare dont Anatole Deibler n'a pas eu connaissance. Pourtant, l'homme qu'il décapita le 11 novembre 1901 s'était ouvert de son crime à Lacassagne, forfait perpétré avec la complicité de sa maîtresse, Louise Chardon, qui était aussi la nièce de la victime...

« Élevée par une mère courageuse et travailleuse, je fus en classe jusqu'à l'âge de douze ans, où je fis mon certificat d'études ; je fus mise ensuite en apprentissage chez une échantillonneuse », apprend-on par les confidences de celle qui avait pompeusement intitulé sa lettre à l'Administration : « Vie d'une femme galante. » Écrite sur deux petits cahiers d'écolier, note Philippe Artières, elle comporte trente-six pages manuscrites, surchargées de corrections et d'ajouts au bas de chaque page et dans les marges. L'écriture est mal maîtrisée, souvent illisible et ponctuée de nombreuses fautes d'orthographe. À tel point que « le manuscrit ne peut être lu qu'à haute voix pour être intelligible, précise-t-il. La ponctuation est défectueuse et la mise en page inexistante ».

Depuis son inauguration le 14 avril, l'Exposition universelle avait vu passer plusieurs dizaines de millions de visiteurs. Le long de la Seine, les pavillons des nations faisaient montre des plus grands fastes architecturaux. C'était la plus réussie des expositions parisiennes à ce jour et surtout la plus symbolique. Par son ostentation, elle était aussi la moins réaliste ou la plus naïve, car au-delà des ors de la porte monumentale, on avait encore peu de visibilité sur les réalités du XXe siècle. Elle illustrait la fin d'une époque et le seuil d'une ère « dont les savants et les philosophes prophétisaient la grandeur ».

– Les temps besogneux sont révolus, place à l'allégresse et à l'illusion !

Les discours se succédaient depuis plusieurs mois, on se pâmait devant la « lumière », grande magicienne de la fête. Les attractions étaient nombreuses et rivalisaient d'ingéniosité. Anatole Deibler et sa femme s'y sont certainement rendus comme presque tous les Parisiens. En voisins des rives illuminées de la Seine que dominait la tour Eiffel, vestige décrié mais glorieux de la précédente Exposition, ils se seront émerveillés plus d'une fois devant l'audace des ingénieurs et le génie des inventeurs. Si le cirque attirait Anatole Deibler sous les chapiteaux depuis toujours, le cinématographe ne laissait pas d'attirer le jeune couple qui se rendra de plus en plus souvent dans les salles obscures, pendant près de quarante ans, suivant avec intérêt l'évolution des techniques de l'image et du jeu des acteurs. Les exécutions, qui étaient de plus en plus espacées, laissaient du temps libre au bourreau, qu'il occupait à sa passion pour la mécanique et les innovations scientifiques. Cet été-là, précisément, les projections des films Lumière sur écran géant ont dû l'enthousiasmer.

Mais à l'ombre des Grands Boulevards et des feux d'artifice, au fond des quartiers sombres, de Montmartre à Belleville, une société au ventre creux profitait comme elle pouvait de la présence à Paris des visiteurs de l'Exposition. Les « Apaches », malfaiteurs de tout poil, que la police traquait tant bien que mal, hantaient maintenant les beaux quartiers de la capitale en quête d'expédients. Le 31 août, le journal *Le Matin* révélait l'ampleur de la menace. Anatole Deibler se demanda jusqu'où ils oseraient aller. Dans cette surenchère du crime, les brigands, qui détroussaient le bourgeois jusqu'à sa porte, le surin à la main, rivalisaient d'audace. « Casquette de travers, écrit le reporter Victor Moris, favoris, rouflaquettes ou pattes de lapin, foulard noué autour du cou », ils avaient l'invective facile et passaient à l'acte d'autant plus volontiers qu'ils commençaient à retenir l'attention et qu'on leur donnait de l'importance. Au même moment, les IIe Jeux olympiques modernes rivalisaient d'intérêt pour un public sevré de distractions et de plaisirs. En cyclisme, le Français Georges Taillandier remportait la médaille d'or de course de vitesse en deux minutes cinquante-deux secondes, devant son compatriote Fernand Sanz et l'Américain John Henry Lake. S'ils ne pratiquaient plus le vélo comme avant, Anatole et Rosalie continuaient de fréquenter les milieux du cyclisme de compétition. Cette victoire, qu'ils fêtèrent avec leur camarade Henri Friol, fut prétexte à reprendre les randonnées qu'ils faisaient ensemble naguère dans les environs de Saint-Cloud.

En ce début du mois de septembre, Louise Chardon faisait la connaissance d'un jeune tailleur nommé Jean Lejour, alors qu'elle venait de s'installer à Paris, 39, rue Durantin, en compagnie de son amant régulier. Quelques mois plus tard, Louise devenait la maîtresse de Lejour, dont elle était la voisine.

– Voulez-vous que je vous offre l'apéritif ? lui demanda le jeune homme à son retour du régiment.

Il l'avait aperçue par la fenêtre de son immeuble et l'avait trouvée tout de suite à son goût. Louise, qu'une vie de débauche avait rendue légère et fort peu sensible à la morale, accepta qu'il vînt partager avec elle sa bouteille d'absinthe. « Pendant un mois, écrira-t-elle en prison, j'eus des relations tous les jours. Il voulait que j'aille demeurer à l'hôtel ; je lui dis que non ; les choses en restèrent là, mais son père lui fit un jour des reproches, qu'il fallait qu'il travaille. Alors il se chercha de l'ouvrage. » Parti pour Versailles, il disparut ainsi quelque temps de la vie de Louise Chardon. Puis il reparut sans crier gare, en lui demandant si elle accepterait de le revoir. « N'ayant rien eu contre lui, dit-elle, je lui ai répondu que oui. À partir de ce jour-là, je devins entièrement sa maîtresse. » Et comme elle vivait avec un autre homme depuis plus d'un an, elle s'arrangea pour que celui-ci n'en sût rien. Jean Lejour, dont les mauvaises relations n'avaient rien à envier à celle des « Apaches », entraîna d'autant plus facilement sa maîtresse que cette dernière avait des penchants qu'elle ne refrénait pas en sa compagnie. « J'ai appris à connaître avec mon amant bien des choses, tous les bouges de Paris où toute la société la plus vile se réunissait. Là j'appris à connaître les gens de bas étage aux plus terribles criminels, buvant toute la journée, se donnant rendez-vous le soir pour faire des coups ; là je vis venir des femmes du monde élégantes, tout ce que Paris peut contenir d'élégantes venues à la recherche de ces hommes pour certaines commissions ; les rafles de la police parfois, le mouchard lui donnant les renseignements ; enfin, tout ce que Paris peut renfermer de plus bas ; mais parmi tous ces gens-là, presque tous sont des êtres intelligents et parfois très intelligents. »

La description est éloquente. Le milieu dans lequel évoluait Louise Chardon ne devait pas l'entraîner ailleurs que dans le crime, dont elle aurait bientôt l'initiative.

« Je ne pouvais rien refuser à mon amant, dira-t-elle au juge d'instruction. Je lui ai dit que j'allais m'arranger pour avoir de l'argent et me mettre avec lui comme il me l'avait demandé. »

Le 9 juillet, Louise fit part à Lejour de son intention de se rendre chez son oncle, qui n'avait jamais refusé de l'aider lorsqu'elle s'était trouvée dans le besoin.

– Il me donnera de l'argent, lui dit-elle, à condition que ma tante ne soit pas là.

Elle réfléchit, puis elle ajouta :

– À deux heures, tu monteras chez lui et tu lui demanderas si madame Joly est avec lui. S'il te répond que non, tu lui demanderas un rendez-vous.

En début de soirée, sachant que sa tante était absente, Louise se rendit chez son oncle. Ultime précaution, elle fit monter son amant quelques minutes avant de se présenter elle-même, afin de s'assurer, une dernière fois, qu'il était bien seul. Monsieur Joly, qui connaissait toute la vie de Louise et ses multiples dérives, l'avait toujours écoutée. C'est au cours de ses nombreuses visites qu'elle lui avait parlé de ses relations sexuelles avec son jeune cousin, comme avec bien d'autres hommes, souvent proches de sa famille, auxquels elle était allée quémander secours et protection. Pendant plusieurs années, elle entretint des rapports intimes avec plusieurs amants, se partageant sans vergogne et sans scrupules. Il faut dire aussi qu'elle n'était pas partie du bon pied dans sa vie sentimentale et que ses aventures ressemblaient plus à de la vengeance qu'à de l'amour. Les premiers mots de sa « confession » au professeur Lacassagne en disent long : « Je fus mise en apprentissage chez une échantillonneuse, lui confia-t-elle. Je fis alors la connaissance de son parrain qui venait lui rendre visite tous les jours. Cet homme, profitant de mon jeune âge, abusa de moi et je fus sa maîtresse. Cet homme était marié. Il entretenait une autre femme mariée à l'époque où il fit de moi sa maîtresse. Mais une fois, m'étant aperçue qu'il me trompait et l'ayant trouvé moi-même dans la chambre où avaient lieu nos rendez-vous, il me fit la promesse de ne plus continuer. Chose qui fut faite. J'avais alors treize ans, mais, recommandations faites de ne rien dire à personne, je gardai le silence de peur de faire de la peine à ma famille. Cette vie dura jusqu'à la mort de l'amant. »

L'heure approchait. Les deux complices n'étaient plus très loin de chez monsieur Joly, 4, rue Gérantet à Saint-Étienne. Louise et Jean franchirent la porte cochère et montèrent l'escalier lentement. Il faisait sombre sans doute, car Louise trébucha. Jean se retourna pour l'aider, mais elle lui fit signe de continuer tandis qu'elle s'arrêtait pour nouer le lacet de sa bottine. Un homme descendit alors l'escalier. Un pot à lait se balançait au bout de son bras. « J'ignore pourquoi je me suis arrêtée pour attacher ma bottine, confiera-t-elle au juge d'instruction. Je l'ignore, car je n'avais aucune mauvaise idée dans la tête. »

En arrivant en haut de l'escalier, Louise vit que son compagnon venait d'agresser son oncle et que ce dernier se trouvait inanimé sur le tapis de la salle à manger !

– Tout cela, l'espace d'une minute, dit-elle au cours de son procès. Alors, voyant mon amant perdu, la frayeur me gagna ; je n'étais plus une femme, mais une folle !

– Qu'avez-vous fait ensuite ?

– Je suis entrée dans la salle à manger. En voyant mon oncle, je ne savais plus s'il était mort ou vivant.

– Que vous a dit votre amant ?

– Il m'a dit : « Si j'avais su que ton oncle était un vieillard aussi fort, je ne me serais pas hasardé ; il m'a emporté la moitié du pouce. » Et puis il a ajouté : « Si je suis condamné, tu le seras aussi ! »

– Aviez-vous l'intention, en vous rendant chez votre oncle, M. Joly, de l'assassiner pour le voler ?

– Non. J'ai même dit à mon amant : « Ce serait lâche de ta part, car je ne t'ai pas demandé de tuer mon pauvre oncle ! » Mais il a répliqué : « Cela m'est bien égal : perdu pour perdu, nous le serons tous les deux. »

Jean Lejour avait essayé de monter un stratagème susceptible de l'innocenter, mais il avait tenté vainement d'en persuader sa complice :

– Il m'a dit : « Puisque tu ne veux pas faire croire que je l'ai tué par jalousie, parce que je t'avais trouvée couchée avec lui, eh bien ! tu sauveras ma tête autrement. »

– Que vous a-t-il demandé de dire aux enquêteurs ?

– « Tu diras, quand on t'interrogera, que c'est toi qui m'as fait monter chez ton oncle, et que tu m'as amené tout exprès de Paris pour le voler. »

– Ce sont bien, en effet, les aveux que vous avez signés.

– Pour lui, j'aurais donné ma vie. Jamais je n'aurais refusé quoi que ce soit à cet homme. Un seul de ses regards me faisait trembler. Je lui obéissais. Je ne pouvais pas faire autrement…

Anatole Deibler n'a pas rendu compte de cette vérité-là, de cette confession écrite en prison, à la suite de son procès d'assises au cours duquel, visiblement, elle n'avait pas tout dit. De fait, le bourreau écrit dans son carnet : « Louise Chardon a été l'instigatrice du crime et son amant, repris de justice, s'est chargé d'en être l'agent d'exécution. L'une avait fourni toutes les indications nécessaires sur le logement et les habitudes de vie de son oncle, l'autre s'était armé du couteau pour frapper monsieur Joly de vingt-sept coups. » Et le bourreau de conclure d'autorité que Louise, pendant ce temps, « prêtait assistance à son amant ».

Le président Loubet n'était pas favorable à la peine de mort. Aussi, lorsqu'il pouvait exercer son droit de grâce, il en faisait usage en son âme et conscience, et rares furent les criminels condamnés qu'il laissa conduire à la guillotine. Jean Lejour échappera néanmoins à sa clémence, tandis que sa compagne sauva sa tête. Anatole Deibler n'aimait pas l'idée qu'une femme fût décapitée. Il en avait vu, du temps de son père, monter à l'échafaud dans les invectives et les convulsions. Sa mémoire était encore pleine de cris. D'autres femmes avaient succombé, tantôt sur le billot, puis sous le couteau de la « famille », comme en 1887 à Romorantin, lorsqu'il fallut porter la femme Thomas, parricide de Selles-Saint-Denis. Anatole était alors en Algérie et cet épisode lui avait été rapporté par son père.

Les années qui suivront ne seront guère marquées par l'apparition de la « machine à Deibler ». Les rares fois où l'on verra le fourgon noir du bourreau quitter le quartier de la Roquette, ce sera à destination d'une gare parisienne : trois fois en 1901, à destination de Toulouse, Rouen et Montbrison, trois fois en 1903 pour les départements du Nord, de la Meuse et de l'Oise, mais cinq fois tout de même en 1905, avant-dernière année de la présidence d'Émile Loubet. Les années 1902 et 1904 portent la mention : « néant », écrite en lettres rouges dans les « carnets d'exécutions ». Pourtant, ce n'est pas parce qu'il n'y avait pas eu de décapitations qu'il n'y eut pas de procès, ni parce que les jurés d'assises ne condamnaient plus à la peine capitale, au contraire. En 1902, neuf condamnations furent votées par les jurys populaires, dont une seule sera exécutoire. Le procès qui aboutit à cette conclusion ayant eu lieu le 15 novembre, la guillotine ne sera dressée à Lille que le 9 janvier suivant, pour un assassin de vingt-quatre ans nommé Bouche.

Quinze condamnés sauveront leur tête en 1904.

La même année, la famille Deibler déménageait pour le 12, villa Dufresne, à quelques dizaines de mètres à peine de son ancien domicile de la rue de Billancourt, dans un passage abrité des regards qui convenait mieux à la discrétion d'Anatole. Le 6 septembre 1904, considérablement affaibli par la maladie, Louis Deibler laissait à son fils le soin de perpétuer la mémoire de la famille. À sa mort, sa bru était enceinte pour la seconde fois, et la naissance d'un nouvel héritier pour la fin du mois d'avril rendit moins triste l'agonie du vieux bourreau.

Comme il avait plus de temps libre en raison de la politique de grâces présidentielles inaugurée par l'Élysée, Anatole, qui n'avait cessé de s'intéresser à la mécanique, s'était pris de passion pour les voitures. À tel point qu'il fut l'un des premiers à passer son permis de conduire à Paris. Le tout premier Salon de l'automobile s'était tenu en 1901. Aussi, devant la forte augmentation de la circulation routière, l'immatriculation des véhicules roulant à plus de trente kilomètres à l'heure venait d'être rendue obligatoire. Ce nouveau moyen de transport, sans devenir populaire, commençait à faire des émules et les voitures roulaient de mieux en mieux et de plus en plus vite, à tel point qu'à la suite d'un grave accident survenu en plein centre de Marseille, le maire, par arrêté municipal, avait interdit qu'on dépassât les dix kilomètres à l'heure dans sa ville ! Dans le même registre, Georges Martin se plaît à raconter l'anecdote suivante : « Les Parisiens sont gens de tradition, dit-il un jour à Marcel Carrière, journaliste au magazine *Détective*. Dès que le printemps allume sous les fourrés de Saint-Cloud ses chandelles de jonquilles et ses bougies de muguet, ils s'en vont, paniers aux bras, à l'assaut de la nature. » C'était un dimanche de l'été 1905. Anatole inaugurait ce jour-là sa nouvelle Darracq, une voiture qui frisait les quarante à l'heure. Un véritable bolide. À l'aube, tous les voyageurs furent réunis devant la maison. Georges Martin, vêtu pour la circonstance, était du voyage…

– Tiens, c'est monsieur Anatole qui réveille tout le quartier !

Des volets venaient de s'ouvrir. Il était très tôt ce matin-là dans la rue de Billancourt. Le moteur, lancé à la manivelle, sursauta un

Au début des années 1900, Anatole Deibler, au volant de son automobile, partant en excursion dans les environs de Paris.

peu, toussa dans un nuage de fumée bleue, puis se mit à tourner de plus en plus vite. Rosalie était assise à l'arrière. Son ventre rond et ses formes généreuses de femme enceinte lui donnaient un air de jeune paysanne qui réjouissait son entourage. On était en avril et ce serait certainement l'une de ses dernières sorties en automobile. À ses côtés se tenait la mère du petit Georges, qui trônait quant à lui sur le siège avant, tout à côté d'Anatole.

– En route ! proclama Deibler comme s'il commandait le départ d'une armée en campagne.

Il portait une casquette neuve et son habit de velours. Des lunettes lui ceignaient le front. Il faisait beau, la journée s'annonçait sous les meilleurs auspices. Dans la malle arrière se trouvait un panier de pique-nique abondamment fourni. L'expédition de Saint-Cloud pouvait commencer.

Dans trois jours, Anatole Deibler serait à Nancy pour exécuter un homme dont il ne connaissait par le visage, mais dont il avait recensé les crimes perpétrés le 2 août 1904. Ce 9 avril, avant la randonnée dominicale, il s'était penché sur son carnet, à la recherche de ses notes : neuf autres procès avaient eu lieu depuis lors et sa mémoire lui faisait défaut. Le billet du ministère ne lui était pas encore parvenu, mais une indiscrétion lui avait fait connaître la date de la prochaine exécution. La dernière remontait au 3 décembre 1903, seize mois s'étaient écoulés sans qu'il fût sollicité. Cette fois, le président avait cédé devant la récidive de celui qui avait été jugé deux fois, et deux fois condamné à mort. « Il ne peut plus y échapper », se dit Anatole en refermant son carnet. Puis il alla soigneusement le ranger dans un tiroir de son secrétaire, qu'il fermait toujours à clé. Puis il sortit pour voir s'il pouvait charger le panier à bord de la Darracq.

– Nous serons dans la forêt de Saint-Cloud dans moins d'une demi-heure, annonce triomphalement Anatole en accélérant dans l'avenue de Versailles.

Quelques kilomètres de ligne droite les séparent de la Seine, puis il y aura une côte à franchir en direction du bois. Sur le siège avant, derrière le pare-brise levé, Georges Martin n'ose pas dire un mot. Il est subjugué par la vitesse, car la voiture accélère de plus en plus. Anatole, le regard fixé sur la chaussée, tient fermement le volant des deux mains. Aux carrefours, il lui dit :

– Appuie sur la corne, Georges !

Et le petit garçon ne se le fait pas dire deux fois.

Anatole Deibler triomphe :

– Voici le pont de Billancourt !

Et le premier virage de la côte est adroitement négocié sur les pavés mal joints, qui secouent les essieux en même temps que les passagers. Rosalie se tient le ventre en suppliant de la laisser descendre, mais Anatole compte déjà les virages qu'il lui reste à prendre. À gauche, à droite, à gauche deux fois… À cet instant même, le moteur hoquette sans que le conducteur puisse rétablir la puissance et poursuivre fièrement, comme il l'a prévu, les lacets qui conduisent au déjeuner sur l'herbe. La belle Darracq étouffe sans reprendre de la vitesse et cale au milieu de la route. Anatole reste quelques instants derrière son volant, le regard plein de haine pour cette mécanique dont il n'a pu dompter les caprices. Vexé, la voix cassée, il fait descendre son monde.

« Pendant une heure, penché sur le moteur, Anatole essaie de dépanner la machine. Rien à faire, conclut Georges Martin, et nous voilà tous à pousser le tacot. »

– Dire, peste-t-il, que j'en aurais eu besoin après-demain !

Cette petite phrase avait un sens précis, elle voulait dire que le bourreau comptait se rendre en province en voiture pour une exécution. Mais ni Rosalie ni madame Martin n'interrogèrent Anatole, pas même du regard. Parce que tout le monde savait, dans son entourage, que « Monsieur l'exécuteur en chef » détestait qu'on lui parle de son métier. Il savait que sa femme revendiquait publiquement le statut de son époux, qu'elle en était fière et qu'elle ne cachait pas ses idées sur la peine de mort et sur l'argent que rapportait cette fonction – qu'il était au demeurant le seul en France à exercer. Le seul responsable d'un condamné à la peine capitale après sa levée d'écrou. Ce pouvoir, dont Anatole ne se prévalut pas, donnait à Rosalie du prestige et de l'assurance.

Déçu par cette marque de voiture dont le bouchon de réservoir avait explosé à la première côte, par une automobile de prestige dont il avait longtemps rêvé, il décida de la revendre pour s'offrir, chez un artisan du boulevard Brune, un modèle original de trente CV qu'il sera le seul à posséder... Ce sera sa revanche, une autre façon de se prouver qu'il fait partie de l'élite sociale du pays.

Le lendemain, il recevait l'ordre de se présenter au ministère. La machine judiciaire était en route et le « dernier maillon de la chaîne judiciaire » qu'il était aux yeux de tous allait assumer d'un geste les décisions que d'autres ont prises avant lui, sans qu'il pût intervenir, ni même donner son sentiment. Il rentra chez lui vers le milieu de l'après-midi pour s'enfermer dans son bureau. Une heure plus tard, il en ressortit pour se changer. Son chien, qui l'attendait toujours devant la porte, jappa sur son passage. D'une main caressante, il l'entraîna dans la cuisine.

– Rip ! lança-t-il au chien qui s'était mis à renifler le garde-manger.

Attentif au moindre geste de son maître, l'animal s'était assis devant la table où Deibler étalait ses provisions du matin, choisies avec soin sur les étals du marché voisin. Car il aimait s'adonner à la cuisine et mijoter lui-même les plats qu'il était fier de faire goûter à ses amis. Ce jour-là, sachant qu'il n'aurait pas le temps de préparer le pot-au-feu que son boucher lui avait recommandé, il avait acheté trois bottes d'asperges blanches qu'il se mit à éplucher soigneusement sur un journal ouvert. Assis devant la toile cirée, il avait les yeux dans le vide.

Le chien manifesta sa déception devant le menu du soir qui s'annonçait végétarien.

Le condamné à mort, dans sa cellule, ne sait pas encore que sa grâce a été refusée par l'Élysée. Pour la première fois depuis des mois. Il l'apprendra une demi-heure avant de mourir et ce sera toujours assez tôt.

Combien d'autres, en cet instant précis, spéculaient sur les états d'âme de la classe politique en se moquant du réquisitoire des procureurs et de l'avis des jurés ? Henri Languille, âgé de quarante et un ans, qui devait passer en jugement le 18 avril pour l'assassinat d'un habitant du Loiret, ne s'inquiétait guère de l'issue de son procès. Les juges demanderaient la peine maximale, mais il était plus que probable qu'il sauverait sa tête. En réaction, les jurys condamnaient pour l'exemple, multipliaient les peines capitales afin de manifester leur hostilité au droit régalien dont usait le président de la République. Il ne s'agissait pas, pour les magistrats et les citoyens, de prendre le parti de la peine de mort contre celui de l'abolition de manière absolue et définitive, mais de s'élever contre le fait du prince qui, de façon systématique cette fois, cassait la décision des tribunaux. Quand Anatole relevait quinze condamnations en moyenne annuelle entre 1903 et 1905, ce nombre allait doubler en 1906 pour atteindre quarante et un verdicts de mort en 1907. Quarante-huit, un an plus tard. Et toujours pas de guillotine à l'ombre des prisons de France au petit matin…

Il restait à promener Rip le long des berges de la Seine. Parfois, après sa sortie quotidienne, Anatole poussait jusqu'à la rue de la Convention, dans le XVe arrondissement. Là, en compagnie de son ami Desfourneaux, il allait prendre un verre à la terrasse d'un café en évoquant la situation politique et ses conséquences financières. Car 1906 devait être l'année de tous les dangers. Faute de condamnés, on ourdissait aux Chambres un « complot » contre les bourreaux… et Rosalie Deibler allait accoucher d'un jour à l'autre !

– Sais-tu ce que Jaurès a dit devant les députés ? lui demanda Desfourneaux que cette inaction rendait nerveux. Sais-tu ce qu'il a osé dire ?

Anatole resta muet. Non, il ne savait pas encore ce qui venait de se tramer contre eux.

– « Puisque nous ne pouvons empêcher les condamnations à mort, eh bien ! supprimons le bourreau ! »

Rip jappa sans obtenir de son maître la plus petite attention. Il tourna sur lui-même, donna la patte. En vain. Las, le petit chien se roula en boule au pied de la table et s'endormit.

Le 4 mai 1905, Léon Obrecht et Ernest Deschamps signaient le registre de baptême de Marcelle Georgette, fille d'Anatole et de Rosalie Deibler. Par bonheur, depuis l'exécution du dénommé Jeannin, à la mi-avril, Anatole ne fut plus sollicité pour officier au pied de l'échafaud. Il avait pris ce jour-là le train de Nancy à la gare de l'Est et s'en était revenu le lendemain.

La naissance de sa fille lui avait mis du baume au cœur. Certes, elle ne perpétuait pas la dynastie ; jamais elle ne ferait oublier le premier-né d'un père blessé que le destin lui avait brutalement repris, mais elle venait à point nommé dans un couple qui vivait désormais replié sur lui-même et discret jusqu'au mystère. L'amour qui avait jadis uni Anatole et Rosalie, les passions communes qu'ils avaient quelque temps partagées ne les soudaient plus maintenant que par une tendresse qui réduisait leur vie à des rituels de bonheur. Quelques amis partageaient encore leurs dimanches et leurs vacances au bord de la mer, et c'était toujours les mêmes, souvent issus du cercle professionnel d'Anatole. Lorsque Rosalie se rendait au théâtre ou à l'opéra, ce n'était jamais avec son mari. Dans les premières années de leur mariage, les Deibler avaient fréquenté Henri Friol et sa femme Angèle. Friol avait été champion du monde cycliste, recordman de vitesse sur trois cents mètres. Mais les années passant, ils se voyaient de moins en moins. L'imprimeur Delrieu, sa femme et leur fille que l'on voyait beaucoup à leurs côtés, au début des années 1900, sur les plages de La Baule en maillot et bonnet de bain, avaient progressivement disparu des albums de photographies.

La main d'Anatole Deibler ne décapitait plus, car la France, dès le début de la présidence d'Armand Fallières, avait décidé de surseoir à toute exécution. Cela ne signifiait pas pour autant que le bourreau et ses aides fussent dispensés de la surveillance et de l'entretien du matériel judiciaire, qui devait être prêt à l'emploi dès que l'ordre leur en serait notifié. Au même titre, Anatole continuait de suivre les procès d'assises et d'en tenir le journal.

Le 5 juillet 1906, la Commission du budget supprima purement et simplement les gages alloués à l'exécuteur et tous les frais inhérents à sa charge. Sans honoraires et sans abonnement, le bourreau n'avait plus qu'à changer de métier ! Passe encore pour les aides qui exerçaient tous une seconde activité, mais pour Anatole Deibler la question se posa très vite : comment allait-il pouvoir subvenir à ses besoins s'il était désormais sans ressources ? Quatre textes réclamant l'abolition de la peine capitale avaient été écartés jusqu'ici, pourtant activement soutenus par Aristide Briand et Georges Clemenceau. Mais la proposition de Jean Jaurès de s'attaquer aux questions financières contourna le problème, beaucoup trop controversé pour dégager une majorité, nette et définitive. Une ruée de journalistes se rendit aussitôt dans le quartier du Point-du-Jour afin de recueillir les impressions du premier intéressé. Mais Anatole, prévenu de la meute qui allait assaillir sa maison, mit un écriteau sur la porte : « Personne ne sera reçu. »

Certains reporters firent le pied de grue pendant quelques heures, puis se fatiguèrent et finirent par écrire n'importe quoi, histoire d'alimenter la chronique. Derrière les grilles de sa villa, Deibler nourrissait ses poules et ses canaris, suivait longuement du regard les tortues qu'il avait rapportées d'Algérie, tandis qu'avec son chien, espiègle et joueur, il passait des heures dans son jardin.

La presse parla des « gages » du bourreau et des « contrats » qu'il passait avec l'État. Ces mots, tout à fait appropriés, lui déplaisaient beaucoup parce qu'ils rappelaient volontairement, à dessein de nuire aux partisans du maintien de la guillotine, un vocabulaire évocateur de romans policiers, où les « tueurs à gages » passaient comme lui des « contrats d'exécutions » pour le compte d'autrui ! On ne se priva pas de souligner le parallèle et, comme à son habitude, Anatole Deibler ne prit pas la peine de relever des propos qu'il estimait diffamatoires. Lui seul, quelquefois, s'autorisait un jeu de mots, une ironie quelconque sur le « métier », à charge pour l'auditoire d'en rire décemment et de ne pas en rajouter…

Faute de consensus, le 13 novembre 1906, la Chambre, en votant le budget réservé aux Arrêts criminels, rétablit indirectement le rôle du bourreau. Mais le président Fallières ne désarma pas. Durant deux ans, Deibler continua de vaquer aux occupations de sa vie de famille en gérant au plus près les dépenses du ménage. Marcelle, objet de toute la sollicitude maternelle, grandit sous le regard attendri de son père, dont les yeux bleus s'adoucissaient au fil des mois. S'il n'espérait plus de fils, il reportait son affection d'homme et son intérêt pour les jeux de garçons sur le petit Georges Martin, qui passait le plus clair de son temps chez les Deibler, à l'instar du fils Obrecht.

Le baptême du second fils Martin, en 1907, occupa le bourreau pendant plusieurs jours parce qu'il avait exigé que ce fût lui, et personne d'autre, qui s'occupât de la cérémonie ! « Il a tout organisé, dira Georges Martin quarante ans plus tard. C'est lui qui a rédigé la liste des invités, qui a commandé les fleurs, qui a préparé la cuisine et qui a amené la musique, un phonographe grand comme un garde-manger, agrémenté d'un pavillon en cuivre aux allures de nénuphar. » Anatole, décidément, faisait bien les choses, toujours avec précision et minutie quoi qu'il entreprenne. L'organisation du baptême de Robert Martin fut un modèle du genre. Et l'on devait se souvenir longtemps, rue de Billancourt, du bourreau descendant le fameux phonographe sur le trottoir afin d'en faire profiter le quartier ! Mais dès que les agents se furent montrés au coin de la rue, on vit notre homme remballer son matériel comme un vendeur à la sauvette et regagner la maison par crainte d'être reconnu.

Pendant que la petite bourgeoisie des villes se forgeait un art de vivre, la classe ouvrière et paysanne prenait difficilement son mal en patience. On avait voté la loi sur les retraites ouvrières et la loi d'assistance obligatoire aux vieillards, aux infirmes et aux incurables, mais en dépit de l'humanisation de la société française, la criminalité ne diminuait guère, et la population qui assistait impuissante aux débats politiques sur l'insécurité ne comprenait pas très bien la philosophie qui présidait à l'abolition de la peine de mort qu'elle estimait faire légitimement partie de l'arsenal coercitif d'un État moderne.

Au début du siècle, dans la lignée du célèbre Lacassagne, on s'était mis à théoriser sur le crime et les criminels. L'Italien Lombroso, contradicteur notoire du criminologiste lyonnais, ne faisait pas dans la nuance. Comme devaient l'écrire quelques années plus tard Chaulot et Susini, « l'humanité n'est pas une médaille, avec son avers et son revers parfaitement tranchés. Elle ressemble davantage à une sphère éclairée d'un seul côté, représentant aux limites de la lumière et de l'ombre une zone floue, où le bien n'est plus tout à fait le bien, et le mal pas tout à fait encore le mal ». Lombroso ne s'attachait pas à ses subtilités : pour lui, tout criminel se différenciait physiquement de « l'homme normal ». D'après lui, le regard averti d'une femme, par exemple, un tant soit peu attentive, pouvait déceler le germe du crime dans le visage ou les mains, le crâne et les oreilles de celui qui allait attenter à sa vertu, sa vie ou ses biens… « Animées du même souci de bien distinguer le criminel de l'honnête homme, ajoutent les auteurs du rapport sur *Le Crime en France*, d'autres théories ont tenté d'unir étroitement la criminalité et la dégénérescence mentale. » À l'époque d'Anatole Deibler, on commençait à voir dans le crime une forme de folie, lucide ou inconsciente. L'image qu'on allait bientôt se faire du criminel se compliquait un peu, mais on n'en était pas encore arrivé à la conclusion que sa conduite était « la synthèse des facteurs biologiques et sociaux qui convergent dans l'unité de la vie, de son comportement et de son acte », pour reprendre la définition de Chaulot et Susini. Désormais, c'était là le principal, le criminel n'était plus une abstraction. On ne séparait plus les études du milieu de celles de l'individu.

Mais il y avait encore loin de la théorie à la pratique et lorsqu'ils se présentaient à l'orée d'une ferme isolée, les frères Pollet ne laissaient pas à leurs victimes le temps de se faire une idée précise de leurs intentions ! Les « chauffeurs du Nord », comme les chemineaux et les routiers des siècles précédents, terrorisaient les campagnes depuis 1905 et rien ne laissait présager qu'on les arrêterait dans

LE CRIME DE VIEILLE-BRIOUDE

Deux reproductions extraites du supplément littéraire illustré du Petit Parisien, *daté du 24 novembre 1907.*

leur course aux crimes. Ceux que la presse appelait aussi les « bandits de Hazebrouck » en commettraient cent dix-huit avant d'être mis hors d'état de nuire. L'affaire n'arriva pas tout de suite aux oreilles du bourreau. À Paris, Anatole Deibler avait entamé une nouvelle carrière, faute de mieux, car il y avait trois ans déjà que la guillotine ne quittait plus sa remise. Rétablis, les gages alloués par la Justice avaient été réduits au minimum et cela ne faisait pas l'affaire de Rosalie, dont les sorties parisiennes grevaient le budget familial. Anatole, qui ne prisait guère les soirées mondaines, laissait goûter ce plaisir à sa femme et à quelques-unes de ses amies que le prestige du palais Garnier rendait un peu mondaines. Et le monde lui faisait peur.

Toute la semaine, le bourreau plaçait du vin de Champagne dans les restaurants et les hôtels sous le nom de François Rogis. Sans conviction, juste pour nourrir sa famille, il arpentait les rues de Paris, sa valise à la main. Les fêtes de fin d'année approchaient et la grand-messe de l'automobile et de l'aéronautique allait ouvrir ses portes. Anatole n'aurait manqué l'événement pour rien au monde. En effet, le 24 décembre 1908, sous les voûtes du Grand Palais, le Salon de l'automobile accueillait les « fous volants » : l'ancien coureur automobile Henri Farman venait de parcourir le premier kilomètre en circuit fermé sur un appareil Voisin. Puis il s'était attaqué avec succès aux vingt-sept kilomètres qui relient Reims à Bouy ! Le journal *L'Auto* avait organisé une consultation pour trouver un nom à ces machines que Deibler aimait presque autant que les voitures : l'« aéroplane » l'emporta devant le « vol-au-vent »... Le président Fallières inaugura la manifestation aux côtés de Georges Clemenceau. Anatole, qui ne se trouvait pas très loin du cortège officiel, entendit quelques manifestants crier leur mécontentement à ceux qui réclamaient l'abolition de la peine de mort et qui s'interposaient entre le peuple et le bourreau. Car les Français considéraient que les condamnés à mort de la République leur appartenaient de droit.

Le 8 décembre 1908, une terrible affaire criminelle avait fait descendre le pays dans la rue. Devant les grilles de l'Élysée, une foule considérable était venue protester contre Fallières, qui venait à ses yeux de gracier un criminel de trop. Dans ses souvenirs, Paul Dornain rapporte : « Il y eut des émeutes, des manifestations, et l'on put voir cette chose singulière : le président de la République violemment conspué et le bourreau longuement acclamé. »

– À bas Fallières ! Vive Deibler !...

En voyant passer le président, Anatole quitta le Salon par crainte d'un débordement si quelqu'un venait à le reconnaître et

Dix-Neuvième année. — N° 981 | Huit pages : CINQ centimes | Dimanche 24 Novembre 1907

Le Petit Parisien

TOUS LES JOURS
Le Petit Parisien
(Six pages)
5 centimes

CHAQUE SEMAINE
LE SUPPLÉMENT LITTÉRAIRE
5 centimes

SUPPLÉMENT LITTÉRAIRE ILLUSTRÉ

DIRECTION : 18, rue d'Enghien (10e), PARIS

ABONNEMENTS

PARIS ET DÉPARTEMENTS :

UNION POSTALE :

LE CHATIMENT

Contrairement à ce que l'on pensait, la plupart des assassins avaient assisté à une exécution capitale avant de perpétrer leur crime.

Deibler et sa guillotine.
Allusion au vote
des parlementaires sur la
peine de mort.
Dessin paru dans Le Matin
du 9 décembre 1908.

crier de nouveau : « Vive Deibler ! »... Il s'en alla discrètement tout en repensant à « l'affaire Soleilland », cet homme odieux qui avait violé une petite fille avant de l'étrangler. Sa condamnation à mort, commuée en travaux forcés à perpétuité au bagne de Cayenne, avait conduit les Chambres à maintenir la peine de mort.

Il fut tenté de rechercher dans ses carnets ce qu'il avait écrit à propos de Soleilland, mais il y renonça. Il avait promis à Georges Martin de l'emmener au cirque en cette veille de Noël et pour rien au monde il ne voulait faillir à sa promesse, un rêve d'enfant qu'il cherchait à perpétuer. Il avait découvert le cirque tardivement. Ses animaux, ses funambules et ses clowns, ses belles trapézistes aux formes généreuses et dévêtues l'emportaient dans un univers de couleurs et de joie qui ressemblait à s'y méprendre à ses regrets patiemment oubliés. Mais le plaisir était plus fort que la nostalgie, trop fort pour y résister.

Dans le salon de la villa Dufresne, Anatole Deibler attendait que le jeune Martin vînt le rejoindre pour l'emmener au spectacle. Il était quatorze heures. Dans la maisonnée régnait un air de fête et des parfums de dinde aux marrons. Par la fenêtre, il regardait les arbres secs étendre leurs branches au milieu de l'allée. Il était heureux de s'être installé dans cette maison qui sentait la quiétude et le confort. Devant la fenêtre, les rideaux formaient un voile opaque sur lequel des personnages brodés par sa mère semblaient s'animer au gré d'un courant d'air. Anatole somnolait en pensant à la résolution que le Parlement venait de prendre, indirectement, à son endroit.

– As-tu remarqué, Rosalie…, dit-il au moment où le petit Georges entrait pour l'embrasser. As-tu remarqué les personnages qui courent sur le rideau ?

Sa femme, qui pénétrait à ce moment-là dans le salon, s'étonna de cette réflexion qui n'était pas dans les habitudes d'Anatole. N'osant pas le questionner davantage, elle attendit qu'il réponde à sa propre question.

– Regarde, on dirait que le barreau de la fenêtre les décapite. Il faudra changer ça, pour que de l'extérieur on ne puisse pas reconnaître la maison de Deibler !…

Il étouffa un rire qu'elle ne remarqua pas.

Stupéfaite, Rosalie n'osa pas relever ce qu'elle hésitait à prendre pour une plaisanterie. Comme si le rire des autres le rappelait à la réalité, Anatole n'aimait pas que l'on commente son humour lorsqu'il avait trait à son métier. Car dans la parenthèse de ses années de vacance, le bourreau désormais sans victime pouvait mesurer tout ce qui le séparait des « autres gens », de la vie normale qu'il aurait vécue s'il avait su, le moment venu, affronter son père et le destin ligués contre les rêves de sa jeunesse. S'il était devenu marin, Anatole Deibler eût été chercheur de trésors, aventurier des îles fortunées ou contrebandier ! Un grand criminel peut-être… mais pas un représentant de commerce. Fût-ce en vins de Champagne pour ceux que la fête rend paillards et gaulois comme il ne saurait jamais l'être, parce que Rosalie n'aimait pas ça. Il ne serait jamais un assassin que le peuple admire et que la presse donne en pâture… Jusqu'à ce jour, il a coupé cent seize têtes.

Anatole se retourna vers sa femme. Alors il se leva lourdement.

– On y va ? demanda-t-il à l'enfant qu'il avait pris par la main.

Instinctivement, Rosalie s'approcha de la fenêtre pour les regarder s'éloigner dans l'allée. Il faisait un froid sec, un de ces froids d'hiver comme on n'en connaissait plus depuis quelques années. Puis elle rajusta les fronces du rideau, dont les personnages brodés, par transparence, avaient les têtes coupées par le barreau de bois de la vitre. C'est alors qu'elle se souvint d'une série de clichés mal cadrés qu'Anatole avait pris au cours d'une quelconque cérémonie, comme il aimait le faire chaque fois qu'il s'achetait un nouvel appareil : on y voyait des gens poser fièrement devant le perron d'une villa, dont certains avaient la tête coupée par le cadre de la photographie… une photographie (acte manqué) Deibler !

Sur la grand-place pavée, le chapiteau du cirque se dressait telle une invitation qu'Anatole et son neveu n'auraient manquée sous aucun prétexte. Depuis quelques années, comme si la vie avait enfin repris ses droits, il avait assisté à presque toutes les représentations, dès qu'un nouveau spectacle était annoncé. En cette veille de Noël, la foule était plus dense que d'habitude, les enfants s'impatientaient, les parents les calmaient en leur promettant le tigre et le clown blanc, la lune et les étoiles d'une nuit pas comme les autres.

La file d'attente était interminable, mais les lumières de la piste, derrière les lourdes toiles du chapiteau, nourrissaient les rêves en agrandissant les yeux des enfants. Lorsqu'un gardien de la paix l'aperçut au milieu de la foule.

– Monsieur Deibler, si vous ne voulez pas attendre…, lui dit-il discrètement.

Cet homme, qui avait assisté à la dernière exécution, place de la Roquette, avait reconnu la barbe en pointe et les moustaches gominées du bourreau. Mais il fut mal reçu par celui qui n'acceptait pas qu'on lui rappelle, dans sa vie privée, qu'il n'était pas un homme comme les autres mais l'exécuteur en chef des Hautes Œuvres. L'équarrisseur. Le fils de l'écorcheur. Un homme, surtout, qui ne pouvait pas se déplacer sans autorisation, sans donner son adresse au premier bureau des Affaires criminelles et des Grâces à sa moindre envie de quitter Paris, sans y déposer son itinéraire et faire contresigner sa moindre envie d'indépendance.

– Vous, foutez-moi la paix ! lui répondit Anatole en serrant l'enfant contre lui.

« Au spectacle, se souvient Georges Martin, il redevenait lui-même, le Parisien moyen qui rit aux farces des clowns, s'émeut aux hurlements des fauves et tremble pour l'acrobate suspendu à un fil.

Ses poches étaient remplies de caramels mous dont il me régalait à chaque numéro. »

Les jours qui suivirent Noël, la presse annonça que les « bandits de Hazebrouck » n'avaient aucune chance de sauver leur tête. Théophile Deroo, Canut Vromant et les deux frères Pollet étaient bons pour la guillotine ! Après le scandale de « l'affaire Soleilland », le président de la République ne pouvait se permettre d'offenser le peuple et la magistrature une fois de plus, au risque de susciter leur colère et de provoquer de violents débordements. On recommençait à parler du bourreau et de ses aides et comme à chaque nouvelle exécution publique, il se trouvait des gens de toutes conditions pour proposer leur candidature au poste d'exécuteur. Depuis la cabale qui avait présidé à la nomination d'Anatole Deibler au poste de son père à partir de 1897, les candidatures avaient afflué au ministère de la Justice, parfois même à l'Élysée. L'exemple de cet homme de trente-cinq ans, qui avait écrit au président de la République, est éloquent : « J'avais déjà proposé de remplacer Monsieur Deibler, dit-il, et je serais content cette fois d'avoir la place. Sachez aussi que j'ai un fils, et qu'à mon décès il pourrait prendre ma place. » D'autres, plus pragmatiques, s'adressaient au préfet de police en arguant de leurs qualités professionnelles : « J'ai l'honneur, écrit un certain Vincent Guéru, de solliciter de votre bonté et de votre bienveillance l'emploi d'exécuteur des Hautes Œuvres. Donc je me mets à votre disposition pour cette haute fonction, si vous me trouvez digne de remplir ce poste d'honneur. J'ai trente-cinq ans, comptant quatre années de service militaire sans punitions graves, et suis garçon boucher de mon métier sans avoir peur du sang. » Un certain Arthur Welsch estimait quant à lui, qu'étant coiffeur de son état le travail lui « irait assez bien »... Un autre encore, se sentant « tout à fait apte à remplir ces fonctions », n'hésitait pas à payer généreusement sa reconnaissance au directeur des Affaires criminelles et des Grâces. « Discret, intelligent », il saurait se faire estimer et « remercier son bienfaiteur » ! Chaque année, au vu des archives, amenait son lot de postulants, qui n'étaient pas, comme on pourrait le penser, des indigents que le besoin de travailler « à n'importe quel prix » eût conduit à donner la mort à leurs semblables. La curiosité malsaine, l'attrait morbide du sang versé ou l'instinct de violence refoulé seraient, tout au long des années de guillotine, une puissante motivation pour les candidats à la succession ou en remplacement du bourreau et de ses aides. En 1901, c'est un citoyen hollandais qui sollicita le poste convoité. Sa lettre, écrite dans sa langue, fut traduite par les services du ministère de la Justice. En 1906, avant même que le décès d'Alphonse Berger, assistant d'Anatole, fût annoncé, une foule anonyme se bouscula au portillon du Premier bureau, parmi laquelle on trouvait un retraité des services de police. En 1908, une étrange candidature parvint au ministère : « En lisant cette lettre, dit l'intéressé, vous allez peut-être vous dire que c'est de la folie ; mais je suis sûr d'avance d'obtenir votre indulgence », concluait le signataire de la missive, qui cherchait à s'enquérir avant tout des qualités requises par l'Administration pour devenir exécuteur...

Anatole savait trop bien qu'il suffisait pour commencer d'un peu d'abnégation, de beaucoup de mauvaise fortune et puis... pour le reste de sa vie, des remords à ne plus savoir comment les oublier. Sinon dans l'accomplissement servile et minutieux de sa mission. Pour lui, désormais, la persuasion tenait lieu de conviction. « Alors, se dit-il, comment des hommes que rien ne pousse à faire ce métier peuvent-ils en arriver à tant de bassesses pour le convoiter ? »

Dès les premiers jours du mois de janvier 1909, les journaux du Pas-de-Calais certifiaient que les « quatre » de Béthune seraient les premiers à sentir le « souffle frais de la lame » sur leur cou, et l'on se demandait si l'exécuteur en chef, dont on n'avait plus reparlé depuis longtemps, serait à la hauteur de cette « boucherie grandiose » – un record dans les annales de la Justice depuis 1870. On parla de la « revanche du couperet ». On croyait entendre grincer les gonds rouillés de la remise où reposait la guillotine démontée, les essieux du fourgon se remettre en route au rythme de la rosse blanche qui conduisait la Veuve à la gare du Nord. *Le Petit Journal*, qui avait demandé au jeune fils de la concierge d'en avertir la rédaction, expédia un reporter sur les lieux de l'exécution. *Le Matin* fit de même pour vingt francs de pourboire. Il n'y avait pas de doute possible : Fallières avait cédé devant Deibler !

Le 10 janvier, le bourreau rouvrit le petit carnet gris des « exécutions » dont il ne restait que quelques pages à noircir. L'histoire des frères Pollet y tiendrait à peine.

L'ordre de mission lui était parvenu la veille, et les bois de justice étaient en route pour le Pas-de-Calais, sous la responsabilité de Léopold Desfourneaux et de Louis Rogis. Ils étaient de la famille et bénéficiaient de la confiance du « patron ». Anatole devait prendre un autre train, plus tard dans la journée de dimanche. Aussi, lorsqu'il s'enferma dans son bureau pour y résumer les grandes lignes de l'affaire, il lui fallut quelques minutes pour se « retrouver ». Il sortit son crayon rouge et commença par écrire : « 118-22, 119-23, 120-24, 121-25. »

– Déjà, dit-il à mi-voix. Et bientôt vingt-quatre ans de service depuis mes premiers pas en Algérie.

« 1. Le 18 janvier 1905, Abel et Auguste Pollet attaquent dans son lit le fermier Deron, à Calonne-sur-la-Lys ; le fermier est grièvement blessé.

« 2. Le 17 août 1905, Abel Pollet assassine à Locon les époux Langlemetz ; il emporte une bague et une paire de boucles d'oreilles en or.

« 3. Le 19 novembre 1905, tentative d'assassinat à Neuf-Berquin, par Abel Pollet, sur la personne des époux Pruvost. Montant du vol : cinq cents francs.

« 4. Le 29 novembre 1905, Abel Pollet tente d'assassiner, à Dadizeele (Belgique), le sieur Groote. Montant du vol : trois cent trois francs.

« 5. Le 28 décembre 1905, tentative d'assassinat à Pollinchove (Belgique), par Abel Pollet et Théophile Deroo, sur la dame Verlynd.

« 6. Le 2 janvier 1906... »

Dans le train qui le conduisait à Béthune avec deux de ses aides, Anatole Deibler vagabondait au gré de ses souvenirs. Les paysages défilaient derrière les vitres comme autant d'images furtivement sorties de sa mémoire.

– Le 2 janvier 1906...

Il se souvenait très bien. La veille avait été jour de match. Eugène Rogis et Alphonse Deville, qui l'accompagnaient dans sa mission, l'interrogèrent du regard sans que le « patron » se retourne vers eux. Les yeux dans le vague, il déroula le fil de sa pensée à haute voix :

– Il y avait trois mille spectateurs, ce jour-là au Parc des Princes pour assister à la rencontre du Quinze de France contre les All Blacks. Les Néo-Zélandais nous ont donné une véritable leçon de rugby !

Et comme ni l'un ni l'autre ne lui répondait :

– Vous ne vous rappelez vraiment pas ? leur dit-il en espérant une réponse. 38 à 88 ! On devrait pourtant s'en souvenir. Pour un premier match international officiel, on pouvait mieux faire !

Quand Anatole donnait un avis péremptoire, on ne s'avisait pas de le contrarier.

– Ce 2 janvier, reprit Deibler, la bande à Pollet assassinait donc une pauvre femme à Cronbeke, avant de s'attaquer à un fermier, pour la misérable somme de deux cent cinquante francs. Six fois, au cours de la même année, ils s'en sont pris à des paysans de la région.

On en était revenu aux réalités du métier.

– Je crois qu'il est impossible de faire le décompte des crimes que ces quatre brigands ont perpétrés pendant tout ce temps-là, dit gravement Rogis en se calant sur sa banquette.

Anatole, qui passait son temps à faire des statistiques, se laissa prendre au jeu.

– En résumé, dit-il, on releva à la charge d'Abel Pollet trois assassinats et dix tentatives d'assassinat suivies de vols ; contre son frère Auguste, un assassinat et une tentative suivie de vol. Un assassinat au compte de Canut Vromant, deux pour Théophile Deroo, ainsi que sept tentatives suivies de vol ! De plus, on trouve cent dix-huit vols au crédit de chacun des quatre bandits… Mais on évalue à un chiffre bien plus considérable encore le nombre des crimes et des vols commis par cette bande, que la Justice n'a pas pu recenser.

Le train arrivait en gare de Béthune. Sur le quai, une foule considérable s'était déplacée pour accueillir les bourreaux. Il arrivait des gens de partout, venus de Belgique et de France, parfois après plusieurs journées de route, pour voir tomber les têtes de ceux qui avaient terrorisé les campagnes en torturant leurs victimes et fait couler de la sorte, sous la plume des reporters, plus d'encre encore que de sang. De la cohue vociférante s'éleva une chanson, bientôt reprise en chœur, dans laquelle on stigmatisait la magistrature et les hommes politiques. Anatole, qui détestait les mouvements de foule, fit sortir ses assistants pendant qu'il s'échappait par la porte d'un wagon de queue.

Sorti de la gare, il se dirigea vers l'hôtel où il avait réservé une chambre au nom de François Boyer, pour préserver son anonymat. C'est alors qu'il crut entendre prononcer son nom : « À quelles fins Paris destine monsieur Deibler avec ses bois, puisqu'on refuse la guillotine aux gars du Nord aux abois ? » disait un couplet récité par des garçons de ferme échauffés par l'alcool. Dans la salle du restaurant, qui louait quelques chambres aux voyageurs de commerce, on entonnait la même rengaine : « Tous les gens de chez nous estiment que c'est Deibler qu'il leur faut… »

Sans se retourner, Anatole gravit l'escalier qui conduisait à sa chambre. Tout à l'heure, il se rendrait à la maison d'arrêt pour y contrôler que la guillotine était bien arrivée. Rogis et Desfourneaux devaient déjà y être.

Aristide Briand, qui était alors garde des Sceaux, avait ordonné que l'exécution se déroulât à la porte de la prison, car il craignait une manifestation populaire. Mais l'éloignement du centre ville n'avait pas retenu la foule qu'on estimerait le lendemain à près de cent mille personnes. La petite ville du Nord s'était remplie de monde avant même que la « machine » fût montée. La foule « n'était pas tendre, écrirait Auguste Babin dans *L'Illustration* du 16 janvier, et sans doute peu accessible à la pitié, sanguinaire en ses propos d'une banalité sordide, comme c'est le cas de toutes les collectivités en ces occurrences ». Il pleuvait sur Béthune, et Béthune sous la pluie d'hiver n'était pas gaie. Plusieurs fois, le melon d'Anatole s'envola sous les rafales de vent ; il avait le dos voûté par le froid. C'est alors qu'on ouvrit le battant de bois de la grande porte de la prison.

Loin de là, des gens qui ne voyaient même pas les bras de justice dressés dans le ciel noir apprenaient, par les cris de la foule et par la rumeur qui se répandait comme une traînée de poudre sur le pavé, que Deroo venait « d'y passer », que Vromant, déjà ligoté par les aides, serait le suivant…

Sous la guillotine, tandis qu'on s'interrogeait encore à l'autre bout de la place, les deux corps décapités des frères Pollet venaient rouler à leur tour dans le panier d'osier. Le couvercle refermé, on les avait embarqués dans le fourgon à destination du cimetière. Ce n'est que bien plus tard, lorsque le jour serait levé, que la ville serait rendue à ses habitudes quotidiennes. À Béthune, on parlerait longtemps de cette quadruple exécution. Le *Café Maillard*, qui se trouvait non loin de la prison, exposa la chope de bière dans laquelle avait bu Deibler avant de quitter Béthune. Et pour faire plus « vrai », on ferait volontiers remarquer, à ceux qui viendraient « en pèlerinage », que l'anse était maculée de sang… « On fêtait la guillotine retrouvée », pour reprendre l'expression de Jacques Delarue. On en faisait commerce, on l'exploitait sans vergogne jusqu'à la nausée.

De retour à Paris, les bourreaux furent une nouvelle fois surpris de voir que plusieurs centaines de personnes les attendaient à la gare. Le 23 janvier, Deibler fit la une d'un magazine qui avait jusque-là célébré le talent de Rodin et consacré la popularité de Jaurès et de Clemenceau. « L'homme du jour », c'était lui ! La période était faste et l'on ne parlait plus d'abolir la peine de mort. Les députés de la Chambre en avaient décidé, le peuple avait entériné son choix par sa présence au pied de l'échafaud. Les condamnés eux-mêmes semblaient acquis à la « cause de Deibler » : le 22 septembre de la même année, l'un des trois décapités de la Drôme ne s'est-il pas écrié, au moment d'être jeté sur la bascule : « Vive Deibler et mort aux vaches ! » Au-delà de la forfanterie, les derniers mots des grands criminels ont toujours imposé le respect du bourreau.

« Cela, dira plus tard le jeune Obrecht, futur exécuteur en chef, je l'ai vu. Non pas que j'ai pu me glisser dans la foule pressée de Valence… mais il s'était passé une chose extraordinaire. Il faisait suffisamment jour pour que des photographes saisissent l'événement : l'arrivée du condamné dans le pré carré gardé par un cordon de soldats présentant les armes. Mon oncle debout, calme, face à la guillotine, dans sa redingote de bonne coupe, chapeau melon sur la tête… Il avait abandonné le haut-de-forme sans reflets qui le distinguait de ses aides. En perspective, l'homme blême, chemise largement échancrée, ligoté, maintenu, entraîné vers la mort. Cliché suivant, le condamné sur la bascule, flou du couperet à l'instant de la chute, figé pour l'éternité, avant d'atteindre les vertèbres. Et puis le panier d'osier béant où l'on recueille maintenant les restes… Et mon oncle, mon oncle, clairement reconnaissable… en milliers d'exemplaires… dans tous les bureaux de tabac… Car ses photos avaient été tirées en cartes postales ! On pouvait écrire son bonjour à la tante Philomène, son meilleur souvenir au grand-père Victor, ou envoyer un frisson d'amour à une chère tête blonde, en se payant la tête à Deibler, qui lui-même tranchait celles dont la société ne voulait plus ! Les nuits de mon enfance ont été hantées par cette scène, confiera André Obrecht. Elle s'animait, sautait à mon visage, et je voyais mon oncle penché sur un objet sanglant qu'il saisissait, et ma vue se brouillait… Cauchemar vague, atroce, où n'apparaissait de lui que la coiffe inclinée de son chapeau melon, dérisoire symbole du bourgeois tranquille des dimanches ensoleillés du Point-du-Jour. Impossible de me souvenir de son expression. Mais ses mains, seulement ses mains, parfaitement propres. Ce qui me reste de ce rêve n'est pas tant l'horreur du supplice que la sensation d'avoir pour oncle un monstre, parce qu'à l'heure dite et sur ordre il donnait la mort. »

En 1909, Anatole Deibler procéda à treize exécutions, dont sept entre le 1er janvier et le 10 février. Puis, pendant six mois, on ne le convoqua plus au ministère. Il avait alors repris ses habitudes de vie simple, ses excursions en automobile et, pour mieux gérer les économies qui lui venaient de son père, il décida d'investir dans la pierre. C'est ainsi qu'il fit construire deux petits immeubles de rapport non loin de son domicile. Le premier, 54, rue de la Convention, comprenait six appartements et deux boutiques en rez-de-chaussée, qui sera longtemps l'adresse de la famille Desfourneaux ; l'autre, situé au 133 *bis* de l'avenue de Versailles, lui plaira tellement qu'il s'y installera jusqu'à sa démolition, en 1929, pour regagner ensuite la rue de Billancourt, déjà rebaptisée rue Claude-Terrasse.

Le 30 mai 1909, à peine avait-il emménagé que Deibler, passablement chicanier, portait plainte pour malfaçon. Dès que la presse eut connaissance de l'affaire, elle se dépêcha de la rendre publique. « Monsieur de Paris est en difficulté avec son serrurier, monsieur Marnault, qui lui réclame neuf cents francs de fourniture, racontaient ironiquement les journaux. Deibler ayant refusé de payer la note, l'intraitable serrurier avait mis opposition au ministère des Finances sur le traitement du bourreau. Ce dernier avait demandé en référé que la facture soit diminuée de trois cents francs, et réclamé la levée de la saisie-arrêt. Le tribunal avait donné raison à monsieur Deibler, à charge pour lui de déposer les six cents francs non contestés à la Caisse des Dépôts et Consignations. »

Fort de ce succès, Anatole Deibler s'y prit de nouveau très mal en matière de discrétion lors de l'achèvement de l'immeuble qu'il avait fait construire rue de la Convention. Un second procès contre l'entreprise Moreau le remit aussitôt sur la sellette. Une nouvelle fois, il contesta la facture de l'entrepreneur, pour quelques milliers de francs. Or, malgré l'habileté de son avocat, maître Juquin, le bourreau fut condamné, par un arrêt du 22 mars 1910, à payer les neuf mille six cent trente-quatre francs et cinquante centimes qu'il devait à son créancier. Les chicanes de la vie quotidienne lui donnaient peut-être l'illusion d'être « un homme comme tout le monde » et d'être soumis aux mêmes contraintes que les autres, aux mêmes avantages aussi, puisqu'il n'aura de cesse, jusqu'à la fin de sa vie, de réclamer du ministère de la Justice le statut de fonctionnaire qu'il n'obtiendra jamais, afin de bénéficier du régime des retraites de l'État.

« Comme tout le monde », on le vit pêcher au bois de Boulogne et participer à des championnats de billard, le samedi après-midi. Le dimanche et pendant ses vacances, qu'il prenait régulièrement à La Baule, il organisait des excursions.

Au début du mois de septembre 1909, il lut un article dans *Le Matin* qui proposait un « circuit pittoresque en Bretagne ». Le tourisme automobile était en plein essor. Penché sur une carte, Anatole passa plusieurs jours à peaufiner son itinéraire : Quimper, Locronan, Douarnenez, la pointe du Raz ? Quelle route emprunter, quel circuit prendre pour tout voir et pour ne pas trop fatiguer la voiture ? Il découpa l'article et se mit à l'étudier de plus près...

– Il importe de consacrer au moins une demi-journée à la ville de Quimper, dit-il à haute voix sans vraiment demander l'avis de Rosalie, qui le regardait avec inquiétude et suspicion chaque fois qu'il projetait un voyage en auto.

Il lut encore : « Par la vieille rue Kérion, qui possède quelques spécimens de maisons des XVe et XVIe siècles, dont les étages, en porte-à-faux, sont caparaçonnés d'ardoises, on arrive à la splendide cathédrale Saint-Corentin, commencée au XIIIe siècle et terminée à la fin du XVe, ce qui permet de distinguer, dans son architecture, les diverses époques du style breton qui s'affirme, peu à peu, dans toute sa pureté. »

Sur une grande feuille quadrillée, il inscrivit à la plume : « Paris à Quimper 651 kilomètres. » La mi-parcours se situait à quelques kilomètres d'Ancenis. Il nota donc en regard : « On accède en tournant à gauche, rue des Alliés, à droite ensuite, rue Barême, à gauche encore par la rue Saint-Fiacre avant de ressortir sur la droite en empruntant la rue des Morices. » C'était à ses yeux le meilleur moyen de rejoindre la nationale 23, en direction de Nantes. L'itinéraire de Paris à Quimper-Douarnenez avait la précision des « carnets gris », la minutie de son existence réglée jusqu'à l'obsession. Il en avait besoin pour cadrer sa vie sans émotion apparente, mesurer le temps comme les distances, à la minute, au kilomètre près, pour s'assurer que rien ne viendrait bouleverser cette belle ordonnance. Pour lui interdire toute velléité d'aventure. Définitivement. Sans risque d'appel. Pour que le quotidien prenne le contre-pied de ses rêves.

« 167e kilomètre : La Ferté-Bernard.

« 178e kilomètre : Sceaux-sur-Huisne.

« 184e kilomètre : Duneau (sur la droite).

« 186e kilomètre : Connéré.

« 196e kilomètre : Saint-Mars-la-Brière.

« Attention : passage à niveau.

« 202e kilomètre : Gare d'Yvré-L'Évêque.

« 210e kilomètre : Le Mans. Côte de 6 %. En arrivant, prendre à gauche rue des Mariettes, tourner à gauche, suivre jusqu'à l'avenue Jean-Jaurès, au bout du carrefour prendre à droite, direction La Flèche.

« 217e kilomètre : Arnage. »

...

De tels parcours, Anatole en a dressé plusieurs afin de se rendre, en évitant les surprises – tant que faire se pouvait – de Paris à Carcassonne (761 kilomètres), de Nice à la porte d'Orléans (956 kilomètres), de Paris à Strasbourg et de Bordeaux à Biarritz, de Pau à Hendaye ou de la porte de Saint-Cloud à La Rochelle, avec toujours, au crayon de couleur, les indications des préfectures, des sous-préfectures et des cantons, mais aussi les côtes et les descentes, l'état de la chaussée, plus quelques informations touristiques ou variantes plus ou moins intéressantes du parcours.

Le 24 septembre, alors qu'il venait de passer deux jours à Valence pour l'exécution des « chauffeurs de la Drôme », Anatole rentra villa Dufresne harassé de fatigue. Sur son bureau trônait le brouillon d'une lettre qu'il avait adressée le 6 août au chef du Premier bureau des Affaires criminelles. Comme Rosalie lui demandait une explication :

– C'est une vieille histoire aujourd'hui réglée, lui dit-il en la rassurant sur une menace de blâme dont il avait été question à son sujet le mois précédent.

Paris à Quimper 651 Kil à Douarnenez 675 Kil

3 Kil 500 ... Sèvres (rue droite, encombrée par voitures et trams)
12 ... Versailles (sortie par grille de l'orangerie)
43 ... • Rambouillet (contourner parc, (route nationale 10)
56 ... Epernon (Descente sur Maintenon 6%)
65 ... • Maintenon
70 ... Chartainvilliers (belles descentes avant Chartres)
83 ... Chartres (sur la place des Epars, prendre à droite rue Grand-Faubourg)
84 ... Lucé (passage à niveau)
103 ... • Courville (entrée par fg St-Jérôme, prendre à droite rue de l'Ecu, à gauche rue Carnot, à droite rue de l'Arsenal, à gauche rue gare, route G.C.1)
107 ... Landelles
110 ... Pontgouin (route de plaine, légèrement ondulée)
123 ... • La Loupe
131 ... Grande Forêt (passage à niveau, dos d'âne)
137 ... La Fourche (descente sur Margon 10%, pendant 1 kilomètre (attention)
144 ... Margon
146 ... • Nogent-le-Rotrou en sortant côte de 1 Kil. 9%)
153 ... Les Fricandières (Descentes 8 et 9% (tournants brusques)
162 ... Avezé (sur droite)
167 ... • La Ferté-Bernard
178 ... Sceaux s/Huisne
184 ... Duneau (sur droite)
186 ... Connerré
196 ... St Mars-la-Brière
202 ... Gare d'Yvré-l'Évêque (attention passage niveau)
210 ... Le Mans (côte 6% en arrivant, prendre à gauche rue des Mariettes, tourner rue à gauche, suivre jusqu'à avenue Jean Jaurès, au bout du carrefour prendre à droite direction La Flèche (route nationale 23)
217 ... Arnage
224 ... Guécélard
231 ... Foulletourte
234 ... Château-Sénéchal (route de plaine jusqu'à Foulletourte, ensuite quelques ondulations)
245 ... Clermont-Créans
248 ... La Fourrerie
250 ... • La Flèche (entrée par rue La Tour d'Auvergne, sortie par rues Grand-Rue, place Henri IV, rue Carnot, rue St Jacques, route d'Angers (route nationale 23)
257 ... Bazouges s/le Loir (on traverse la rivière Le Loir)
264 ... • Durtal
269 ... Lésigné (sur la droite)
272 ... Bourg-Neuf (route plate)
277 ... Gare de Seiches
286 ... Pellouailles
296 ... Angers (entrée par rue Pasteur, devant palais justice, Bd Bessonneau, boulevard de Saumur, tourner à droite. sortie Bd Roi-René, Bd château, pont, Bd Dumesnil, place Monprofit, et à gauche rue St Jacques (route nationale 23)
303 ... St Jean-des-Limères
313 ... • St Georges s/Loire
318 ... St Germain des Prés
320 ... Champtocé (quelques côtes et descentes sans importance) route de plaine
334 ... • Varades
340 ... Anetz
346 ... • Ancenis (on entre en prenant à gauche rue des Alliés, à droite rue Barème, rue du collège, à gauche rue St Fiacre, on sort sur droite rue des Moriers, et nationale 23)
352 ... Blanche-Landes
355 ... Oudon
357 ... Le Plessis
361 ... La Maladrie
364 ... La Robinière
372 ... Le Chemin Nantais (route tourmentée de continuelles petites côtes et descentes, courtes mais incessantes)
374 ... La Belle-Etoile
380 ... La Garde
385 ... Nantes (à l'entrée pour ne pas traverser ville, prendre à droite Bd extérieur des Belges, Orieux, Le Lasseur, et à droite rue de Vannes. Si on va en ville, prendre après château, Bd Strasbourg, rue de Rennes au bout à gauche Bd Le Lasseur et Vannes)

Sautron (route nationale 165)
continuer Le Temple de Bretagne
sur droite La Moère (à gauche Savenay)

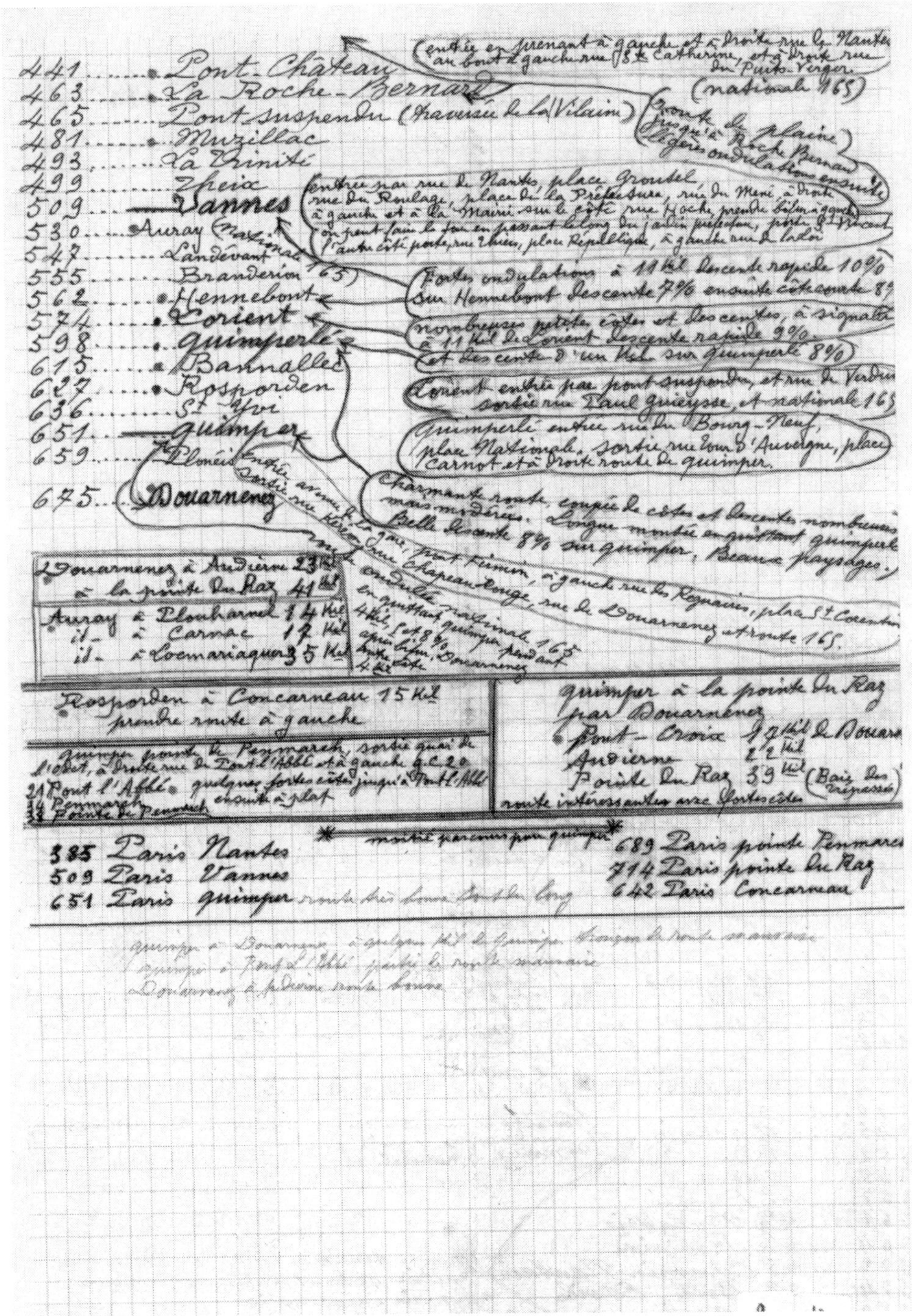

441 Pont-Château
463 La Roche-Bernard
465 Pont suspendu (traversée de la Vilaine)
481 Muzillac
493 La Trinité
499 Theix
509 Vannes
530 Auray (nationale 165)
547 Landévant
555 Brandérion
562 Hennebont
574 Lorient
598 Quimperlé
615 Bannalec
627 Rosporden
636 St-Yvi
651 Quimper
659 Ploméis
675 Douarnenez

Entrée en prenant à gauche et à droite rue de Nantes au bout à gauche rue Ste Catherine, et à droite rue du Puits-Verger. (nationale 165)

Route de plaine jusqu'à Roche Bernard légères ondulations ensuite

Entrée par rue de Nantes, place Grondel, rue du Roulage, place de la Préfecture, rue du Mené, à droite à gauche et à la Mairie sur le côté rue Hoche prendre à gauche on peut faire le tour en passant le long du jardin préfecture, porte St Vincent l'autre côté porte, rue Thiers, place République, à gauche rue de Lorient

Fortes ondulations à 11 Kil. Descente rapide 10% sur Hennebont Descente 7% ensuite côte 8%

nombreuses petites côtes et descentes, à signaler à 11 Kil de Lorient descente rapide 9% et descente d'un Kil. sur Quimperlé 8%

Lorient entrée par pont suspendu, et rue de Verdun sortie rue Paul Guieysse, et nationale 165

Quimperlé entrée rue du Bourg-Neuf, place Nationale, sortie rue Tour d'Auvergne, place Carnot et à droite route de Quimper.

Charmante route, coupée de côtes et descentes nombreuses mais modérées. Longue montée en quittant Quimperlé Belle descente 8% sur Quimper. Beaux paysages.

Entrée avenue de la gare, pont Firmin, à gauche rue des Reguaires, place St Corentin sortie rue Kéréon, rue Chapeau rouge, rue de Douarnenez et route 165.

ondulé en quittant nationale 165 4 Kil. 5 et 8% en quittant Quimper pendant quelques kil. Douarnenez forte côte 4 Kil.

Douarnenez à Audierne 23 Kil.
à la pointe du Raz 41 Kil.

Auray à Plouharnel 14 Kil.
id. à Carnac 17 Kil.
id. à Locmariaquer 35 Kil.

Rosporden à Concarneau 15 Kil.
prendre route à gauche

Quimper pointe de Penmarch, sortie quai de l'Odet, à droite rue de Pont l'Abbé et à gauche G.C. 20
21 Pont l'Abbé quelques fortes côtes jusqu'à Pont l'Abbé ensuite à plat
33 Penmarch
38 Pointe de Penmarch

Quimper à la pointe du Raz par Douarnenez
Pont-Croix 17 Kil. de Douarnenez
Audierne 22 Kil.
Pointe du Raz 39 Kil. (Baie des Trépassés)
route intéressante avec fortes côtes

moitié parcours pour Quimper

385 Paris Nantes
509 Paris Vannes
651 Paris Quimper route très bonne tout du long

689 Paris pointe Penmarch
714 Paris pointe du Raz
642 Paris Concarneau

Quimper à Douarnenez à quelques Kil. de Quimper trouver la route assez bonne
Quimper à Pont l'Abbé partie de route mauvaise
Douarnenez à Audierne route bonne

Itinéraire établi par Anatole Deibler, en prévision d'un voyage en famille de Paris à Douarnenez.

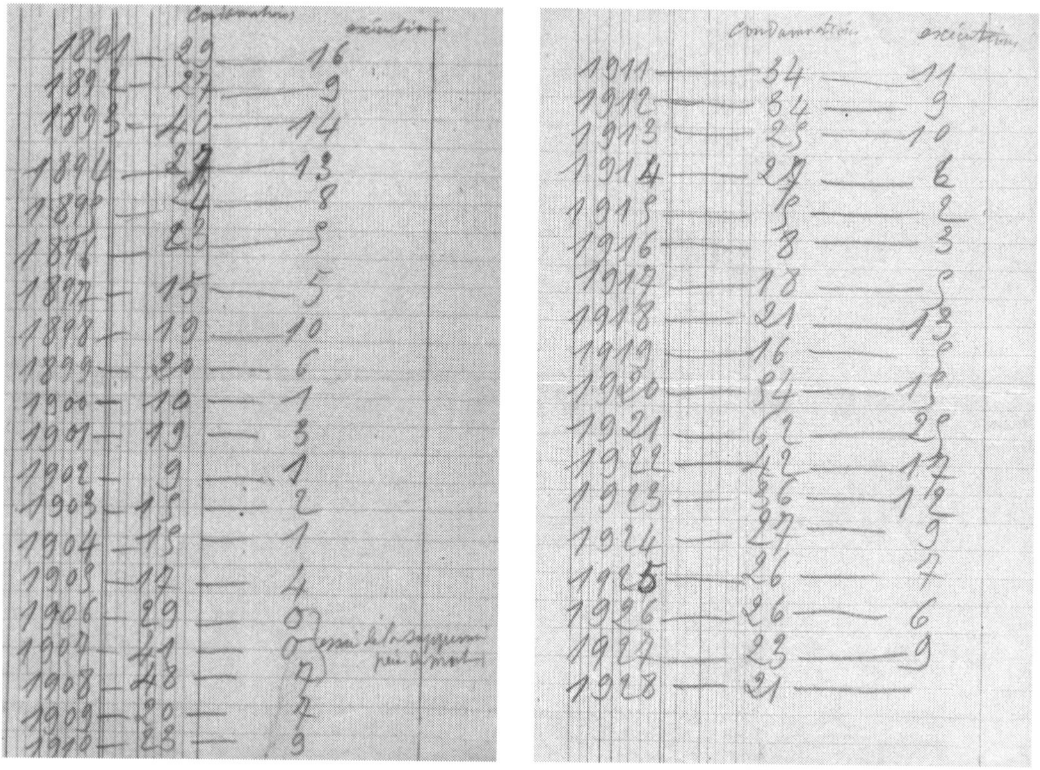

	condamnation	exécution
1891	29	16
1892	27	9
1893	40	14
1894	27	13
1895	24	8
1896	23	5
1897	15	5
1898	19	10
1899	20	6
1900	10	1
1901	19	3
1902	9	1
1903	15	2
1904	15	1
1905	17	4
1906	29	0
1907	41	0
1908	48	7
1909	20	7
1910	23	9
1911	34	11
1912	34	9
1913	25	10
1914	27	6
1915	15	2
1916	8	3
1917	18	5
1918	21	13
1919	16	5
1920	34	15
1921	61	25
1922	42	17
1923	36	12
1924	27	9
1925	26	7
1926	26	6
1927	23	9
1928	21	

Statistiques établies par Anatole Deibler, sur la période 1891-1928, relatives au nombre de condamnations à la peine capitale (deuxième colonne) et aux exécutions effectuées chaque année par ses soins (troisième colonne).

Le 3 août, en effet, le ministère avait cherché à joindre Anatole Deibler, afin qu'il procédât, deux jours plus tard, à l'exécution de Duchemin, vingt-huit ans, garçon charcutier, condamné pour avoir tué sa mère de sang-froid pour la voler. C'était la première sortie de la guillotine à Paris depuis dix ans ! Un événement que la presse, une fois encore, n'allait pas manquer de rapporter dans ses moindres détails. Mais, le lundi 2 août, Rosalie, qui était en vacances à La Baule, avait appelé son mari pour lui dire que la petite Marcelle était souffrante. « Ayant appris que mon enfant était malade, dans un mouvement irréfléchi, je suis parti précipitamment sans avoir même pensé à demander une permission ! » avait-il expliqué pour se justifier devant sa hiérarchie, au lendemain de l'exécution parisienne qu'il avait certes assurée selon les termes de son contrat… mais avec vingt-quatre heures de retard sur la date initialement prévue par l'Administration.

– Je leur ai dit d'autre part, comme tu peux le constater, ajouta-t-il à l'attention de sa femme, qu'ayant été prévenu tardivement, il m'aurait été presque impossible de faire toutes les démarches nécessaires à l'exécution qui devait avoir lieu le lendemain matin.

Sceptique, Rosalie craignait que son mari ne perdît le crédit de confiance qu'il avait patiemment construit depuis des années, et que ce fût l'occasion, pour ses ennemis, de chercher à lui succéder en nuisant à sa réputation. « Financièrement, pensa-t-elle, ce serait une catastrophe. »

– Le 11 août, reprit-il en recherchant le courrier qu'il avait reçu du Premier bureau, on m'a demandé de m'expliquer au sujet de cette absence… dont je ne t'ai pas parlé pour éviter de t'alarmer.

Il fouilla plusieurs dossiers.

– Le voici ! dit-il enfin d'un air triomphant.

Rosalie lui prit la lettre des mains et lut à haute voix :

– « Je suis chargé par monsieur le directeur des Affaires criminelles et des Grâces de vous adresser en son nom des observations au sujet de l'absence irrégulière que vous avez faite le 3 courant. Vous voudrez bien désormais vous conformer strictement à l'article 2 de votre arrêté de nomination et ne plus quitter Paris sans une autorisation écrite. »

C'était clair. Il n'y avait pas de commentaires à faire à ce sujet. Anatole Deibler avait failli au règlement pour la première fois.

– Quelle suite la direction des Affaires criminelles a-t-elle donnée à cet… incident ? insista-t-elle en trébuchant sur les mots.

– Aucune, répond sèchement Anatole. Aucune suite ne sera donnée à ce qui n'a pas été considéré comme une faute grave de ma part. Le chef du Premier bureau a plaidé en ma faveur, n'ayant aucune raison de suspecter ma bonne foi. Tu en conviendras toi-même. Il estime simplement que j'aurais dû, avant de quitter Paris, prévenir la direction criminelle par un coup de téléphone, afin de laisser ma nouvelle adresse.

C'était à la direction du Premier bureau qu'il appartenait en effet d'apprécier la faute et de dire si « Monsieur de Paris » méritait une sanction, ou s'il suffisait de lui adresser des observations. Sur la foi de son chef, qui n'avait pas hésité à se porter garant pour son bourreau, on estima qu'une simple observation ferait l'affaire et qu'on n'en parlerait plus, pour autant que son dossier gardât la trace de cette « négligence » : près d'un siècle plus tard, les Archives nationales nous en ont livré le secret.

Le 11 décembre de la même année, pour la première fois, l'Hôtel Drouot vendait aux enchères un exemplaire de la guillotine. Henri

Lavedan, cité par Laroche, se serait exclamé : « Combien se vendra-t-elle ? Mille, deux, trois mille francs ? Et qui l'achètera ? Un musée ? La famille Deibler ? Un macabre collectionneur ? Un Yankee sadique ? Un peintre ? Une jolie femme ? Un forain pour l'exhiber dans les foires ? L'instant décisif avait sonné… Rumeurs… Houle… Plusieurs personnes entouraient et flattaient l'instrument réveillé, qui allongeait démesurément son cou de girafe hideuse tout à la joie qu'il fut question de lui… Elle fut adjugée à un paisible marchand de timbres-poste. On fut déçu de la brièveté de son adjudication. On avait espéré une bataille plus chaude entre les concurrents qu'on eût cru plus nombreux… »

Adjugée ! 921 francs !

Anatole Deibler avait reçu l'ordre de s'en séparer, car il en fallait une neuve. On devait estimer, aux Affaires criminelles, que le quart de siècle qui s'annonçait offrirait au bourreau plus d'affaires à conclure sous le couteau de la guillotine que de grâces présidentielles.

SIXIÈME PARTIE

Les fantômes du carré des condamnés

S'il n'y eut pas d'erreur judiciaire officiellement reconnue, si la Justice n'a pas été mise en cause au cours des années Deibler, Anatole fut tout de même confronté, à deux reprises au moins, à de graves interrogations sur la véritable culpabilité des condamnés. Liabœuf, qui défraya la chronique en 1910 et, la même année, l'affaire Durant qui mobilisa les syndicats, jetèrent le doute sur l'intégrité de la magistrature. Plus il avançait en âge et plus il donnait l'impression de vaciller dans ses certitudes. Les fantômes du carré des condamnés à mort commençaient à l'envahir. Alors, dans un baroud d'honneur au profit de sa bonne conscience, il fit le siège du ministère afin de réclamer des augmentations dont il n'avait pas financièrement besoin, mais qui devaient servir sa position sociale. Avant la Grande Guerre, la bande à Bonnot lui servit d'alibi dans ses démarches. Après 1918 et l'expédition qui le conduisit en Belgique sous les bombes allemandes, Landru, Gorguloff et Violette Nozière, parmi tant d'autres, les ombres viendraient appuyer ses revendications obsessionnelles. Pourtant, à tour de rôle et chacun à sa manière, ces grands criminels contribueront à conforter les certitudes de Deibler et les doutes d'Anatole, dont les rêves anciens ressurgiront à l'approche de sa propre mort.

La mort, par définition, fascine les hommes qui n'ont de cesse de la repousser. Aussi, l'instrument qui la donne jouit d'une attirance qu'on dit morbide et qui n'est peut-être que l'étalon de mesure indispensable à la vie. C'est ainsi que le « spectacle de la guillotine », on le sait, ne retenait pas le bras du criminel, bien au contraire : par la publicité que l'on donnait au condamné à la peine capitale, sa mort violente et légale en faisait un objet de curiosité que l'opinion regardait avec une certaine admiration – honteuse peut-être, mais parfaitement légitimée – que le supplicié relevait souvent comme un dernier défi. « Les condamnés à mort n'ignorent pas l'étrange aura dont ils jouissent, écrit Ivan-Claude Laroche dans son livre *Prestige du crime*, et quand ils ne sont pas des lâches, ils ressentent une très grande fierté que tant d'individus se dérangent pour les admirer dans leurs derniers instants. » Plusieurs d'entre eux, sachant qu'ils n'échapperaient pas à la peine, cherchèrent la petite phrase qui les rendrait célèbres à jamais. Anatole Deibler en a retenu quelques-unes, qu'il a jetées négligemment dans ses carnets, comme un codicille à ses comptes rendus. Souvent malgré lui, car il n'approuvait guère ce manque de pudeur et cette forfanterie dont les journaux se régalaient. Mais l'honnêteté de sa plume exigeait de lui qu'il se plie à la vérité, par une petite phrase au crayon qu'on l'imagine ajouter le jour même de l'exécution, au bas de la page, en lettres serrées pour en minimiser l'importance. « Cela m'obligera à avoir de la tenue quand je monterai sur la guillotine », a dit un jour un condamné que l'on venait quérir dans sa cellule en pleine nuit. Si cette ultime marque de courage et de fierté à la limite de la provocation permit à certains d'entre eux de supporter l'horreur de l'instant, elle ennoblissait le drame et suscitait aussi, contrairement à tous les préjugés, une attirance trouble pour la Veuve qui s'est retournée contre la société qui la brandissait comme une menace. La lame était à double tranchant... Un condamné devenu célèbre salua le public à l'instant « d'y passer » ; un autre, au pied de l'échafaud, voyant qu'une petite femme se haussait sur la pointe des pieds, lui cria : « Un peu plus à droite, madame, vous verrez mieux ! »

Certaines voix, cependant, s'élevèrent pour expliquer les dangers des exécutions publiques car il était impossible de garantir la santé morale de la population et de prévoir l'impact d'un tel spectacle. Le professeur Lacassagne, par exemple, demandait que l'on interdise « comme contraire aux bonnes mœurs le récit des crimes, le compte rendu des débats judiciaires et des exécutions capitales, les photographies des accusés et des victimes » et, bien sûr, les abus de la presse, que Deibler fuyait pour d'autres raisons, mais son silence en restreignait un peu l'étalage obscène.

Le meilleur moyen de faire des adeptes pour une cause n'est-il pas de faire des victimes ? Les martyrs deviennent presque toujours des héros. Les Romains, par les jeux du cirque, ont apporté leur pierre au christianisme naissant. Une étude publiée en 1894 montrait que, sur cent soixante-dix-sept condamnés à mort, soixante-quinze avaient été les spectateurs d'une exécution capitale avant de commettre leur crime. Et la France n'avait pas le triste privilège de cette situation.

Au cours du XIXe siècle, tous les pays d'Europe avaient fait le même constat, sans que le législateur en prît conscience. En Angleterre, un aumônier de Bristol avait tenu la même statistique : sur cent soixante-sept condamnés à mort, cent soixante et un avaient assisté à une exécution. Et le rédacteur du numéro spécial du *Crapouillot*, consacré aux « crimes et perversions instinctives », de déclarer : « Il faut bien reconnaître que la mise en scène de ces spectacles a la plus fâcheuse influence sur l'éveil des vocations criminelles. » Puis il ajoutait ce commentaire : « Ce désir d'être exécuté n'est un paradoxe que pour ceux qui ignorent la psychologie inconsciente. Voici trois faits où le meurtrier fut poussé au crime par le seul désir de finir sur l'échafaud : Alfred Pierre enviait le sort de son père guillotiné pour avoir assassiné sa femme et son enfant ; il essaya de tuer son caporal pour se faire condamner. Un soldat fut arrêté à Ivry, comme il tentait d'assassiner son colonel. Interrogé, il dit qu'il avait assisté à Vincennes à l'exécution d'un camarade : "J'en éprouvais une émotion vive et à partir de ce moment j'eus l'idée de me faire fusiller pour mourir comme ce camarade." De même, quand le dénommé Wise, mousse de son état, précipita son compagnon d'équipage par-dessus bord, il n'avait pas d'animosité contre lui. Son acte, conclut le docteur Allendy, fut motivé par son désir d'être pendu. En fait, l'exécution capitale, publiquement réalisée, opère, pour l'affectivité inconsciente des spectateurs, une sorte de projection, de dramatisation extérieure pour ce qui se passe en réalité dans l'âme de chacun : une lutte à la suite de laquelle les tendances asociales doivent être réduites par les tendances sociales. » Certes, ajoute le criminologiste, après un tel spectacle, un certain nombre de gens se trouvent soulagés. Le phénomène de catharsis a joué son rôle, comme dans le théâtre grec. Les « honnêtes gens » ressortaient renforcés de cette expérience, dans leurs convictions personnelles ou dans leur soutien aux structures sociales qu'ils défendaient. Pour les autres, à qui de toute évidence étaient destinées les exécutions publiques, il n'en allait pas de même. « Ceux-là ne peuvent pas s'identifier au bourreau qui punit, explique encore le docteur Allendy ; leur sentiment d'indignité ne peut que les identifier au misérable qui est puni, et ils reviennent du spectacle avec une sorte de suggestion du sort qui les attend. » Il s'agit bien sûr de mécanismes inconscients, générés par le besoin d'exorciser un mal intérieur, un fantasme né généralement dans un lointain passé. Les criminels cherchent alors, pour eux-mêmes, des raisons plausibles aux impulsions qui les guettent et qui seules pourront les satisfaire. L'amant d'une femme outragée dans son adolescence trouvera dans le viol d'une jeune fille l'apaisement qu'il cherchait en vain. Les crimes notoires dont parlent les journaux libèrent chez les sujets fragiles tout scrupule susceptible de retenir leur geste. Les « exploits » de Jack l'Éventreur ont fait sortir du bois des hommes qui ne demandaient qu'un exemple pour le suivre.

Quant au bourreau, on peut légitimement se demander si l'acte meurtrier qui libérait sa main, lorsqu'il déclenchait la chute du couperet, procédait du même instinct. En toute impunité cette fois. Les efforts qu'Anatole Deibler a développés durant toute sa vie pour se justifier ne répondent-ils pas au même processus ? Pourquoi y aurait-il eu, depuis toujours, autant de postulants à la succession des bourreaux, si ce n'était pour se libérer d'une pulsion maladive, à bon marché ?

Deibler y songeait-il encore en 1910, quand il trancha la tête de Jean-Jacques Liabœuf ? La 134e de sa carrière. Se souvenait-il de l'exécution de Lantz et de ce qu'il avait ressenti ce matin-là, pour la première fois, mais sans en mesurer toute la portée ? Et du regard du père Damoiseau, dont la fille avait insisté pour le voir succomber sous sa main ? D'une certaine façon, n'étaient-ils pas en train, l'un et l'autre, le bourreau et l'assassin, de se disputer un privilège qu'on ne partage pas ? Et Peugnez, qui fut sa première tête « parisienne », eut-il conscience de voler la vedette au nouvel exécuteur en chef en jetant cette phrase « historique » à l'assistance médusée : « Couvrez-moi bien les épaules, messieurs, car je ne tiens pas à prendre une fluxion de poitrine » ? C'est Anatole Deibler qui mourra de cette affection pulmonaire...

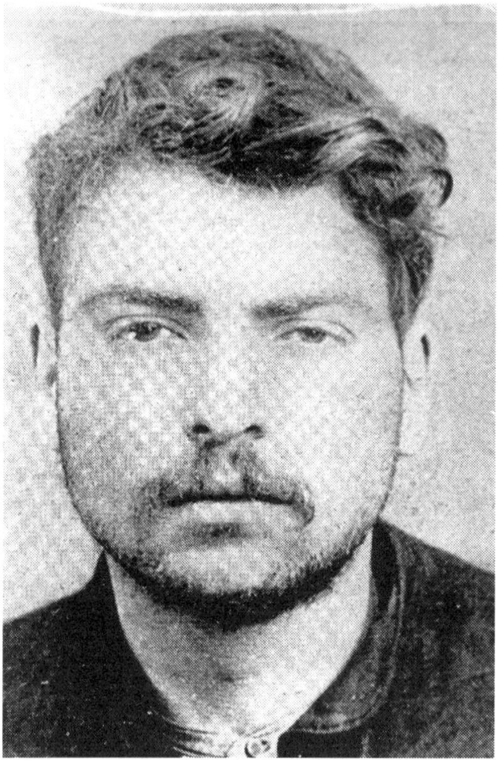

Jean-Jacques Liabœuf, dont le procès eut lieu les 4 et 5 mai 1910, était le 134e condamné répertorié par Anatole Deibler. Son exécution, boulevard Arago, à Paris, donna lieu à une émeute et à une polémique autour du bien-fondé de la peine de mort.

Jean-Jacques Liabœuf, lui, n'a pas eu « le mot de la fin ». Il s'est contenté de mourir en silence et de laisser ses amis tenter d'établir la vérité. « Le nommé Liabœuf, ouvrier cordonnier demeurant dans un hôtel, 152, rue Saint-Michel à Paris, condamné à mort par la cour d'assises de la Seine le 4 mai 1910 pour avoir, le 8 janvier, rue Aubry-le-Boucher, tué d'un coup de revolver l'agent de police Deray, frappé d'un coup de tranchet à la gorge l'agent Fournès, et tiré deux autres balles sur les agents Vaudouin et Doulot. » À cet énoncé des faits, le petit cordonnier ne pouvait pas échapper à son sort. Mais Anatole Deibler avait-il toutes les cartes en main pour se faire une idée personnelle sur la question de sa culpabilité ?

Tout jeune encore, Liabœuf avait connu la maison de correction, puis la promiscuité des bataillons d'Afrique. De retour à Paris, il était devenu cordonnier. Or, c'est précisément à cette époque que ses ennuis commencèrent : pour la police, ses fréquentations douteuses, une liaison passagère avec une prostituée suffirent à le faire tomber pour proxénétisme en juillet 1909. Sorti de Fresnes en octobre et bien qu'interdit de séjour à Paris pour cinq ans, il regagna la capitale afin de se venger… « pour satisfaire sa haine, non contre les agents qui l'avaient arrêté, précise Deibler dans les premières pages de son deuxième carnet, mais contre tous les agents quels qu'ils fussent ». Les policiers, avertis du retour du cordonnier, le pourchassèrent dans Paris. Un soir, il fut repéré dans un bar du IIIe arrondissement. Se sentant traqué, il s'était paré de bracelets de cuir hérissés de clous pour mieux échapper à ses poursuivants. Lorsqu'il ressortit du bar, plusieurs policiers se mirent à le suivre dans la rue. Devant le piège qui lui était tendu, Liabœuf se mit à courir. Les agents Fournès et Deray lui emboîtèrent aussitôt le pas dans l'intention manifeste de l'arrêter. C'est alors qu'il se retourna, blessant l'un et l'autre à coups de tranchet. En essayant de l'empoigner, les deux agents s'étaient déchirés les mains sur ses poignets cloutés. Liabœuf, profitant de son avantage, s'était remis à courir : un immeuble, une porte cochère... un corridor sans issue.

Déjà, la police était revenue sur ses pas. Maintenant, sept agents lui faisaient face. À coups de tranchet, puis de revolver, il chercha vainement à se dégager, blessant mortellement l'agent Deray qui mourra quelques heures plus tard à l'Hôtel-Dieu. Dans son rapport, le directeur de la Police municipale notera, en date du 21 juillet : « Liabœuf est neutralisé par le gardien de la paix Février, qui lui porte un coup de hache. Celui-ci est depuis lors en butte aux représailles des malfaiteurs qui s'intitulent “les vengeurs de Liabœuf” et il a été deux fois légèrement blessé au cours de bagarres provoquées par ces malfaiteurs. »

Dans les pages de *La Guerre sociale*, dès le lendemain, on pouvait lire sous la signature de Gustave Hervé : « Liabœuf est le vengeur des erreurs judiciaires contre les cosaques de la République. » Pour ses propos « attentatoires », le polémiste passera lui aussi en cour d'assises et ne se privera pas, une fois encore, de provoquer la police et la magistrature : « Quand j'apprends, dit-il, qu'un marin, un mineur, est mort, cela me fait plus d'effet que lorsque j'apprends qu'un agent des mœurs comme Deray a eu un accident de travail ! » L'outrage était consommé. Il sera lavé par une amende de 1 000 francs et quatre ans d'emprisonnement à l'encontre du journaliste.

Au cours du procès de Jean-Jacques Liabœuf, les 4 et 5 mai 1910, tous les employeurs du cordonnier certifieront qu'il était un ouvrier régulier, doux et travailleur, et qu'ils ne pouvaient pas croire qu'il fût souteneur comme on l'en accusait. Car tout le drame du petit cordonnier avait été déclenché par ce jugement sans preuve et son emprisonnement arbitraire. Pour les journalistes de *La Guerre sociale*, qui ont enquêté sur Liabœuf, il s'agissait « d'un ouvrier fourvoyé dans un milieu dangereux, victime d'une erreur judiciaire ».

Puis il était passé dans le camp des assassins ; certes il était aux abois, mais il avait tué. Or, à cette époque, on expédiait souvent les enquêtes de police et l'instruction ne s'attardait guère sur la présomption d'innocence. Au tribunal enfin, les juges avaient la main lourde et les jurés la vengeance facile. On faisait payer au prix fort les « extravagances » de ceux qui sortaient du rang, la société du début du XXe siècle ne s'embarrassait pas des brebis égarées. Les paroles d'Évangile et la cause publique ne faisaient plus bon ménage depuis que l'État s'était séparé de l'Église, le 9 décembre 1905. La société donnait rarement une deuxième chance.

Au cours de l'exécution, boulevard Arago, la police ne put contenir la foule hostile qui criait vengeance. Liabœuf avait ses partisans, anarchistes et syndicalistes, qui essayaient de le délivrer de l'échafaud. Il est difficile de penser que Deibler n'a pas eu d'état d'âme ce jour-là, mais rien dans ses papiers ni dans les archives officielles ne laisse entrevoir la moindre faille dans sa cuirasse. Les émeutes à l'occasion d'une décapitation étaient extrêmement rares. Anatole Deibler vécut là sa première confrontation. Quelques mois à peine après que la presse l'eut porté aux nues, l'opinion doutait maintenant du service qu'il rendait à la société. Après le triomphe, l'anathème.

La fin de l'année fut chargée, mais il n'était pas dit qu'il trancherait deux fois le cou d'un « innocent ». Jules Durant, qui avait été jugé le 25 novembre 1910 par la cour d'assises de Rouen, avait été déclaré coupable d'assassinat en même temps que trois autres de ses compagnons d'infortune. Mais il fut le seul à connaître le verdict fatal, car on avait prononcé contre lui les circonstances aggravantes de préméditation. L'homme, qui travaillait sur le port du Havre, avait été reconnu coupable d'avoir fait voter la mort d'un père de famille, hostile à la grève observée par le syndicat des charbonniers. Attentif aux arguments de l'avocat de la défense, le président Fallières n'avait pas hésité longtemps : le 1er janvier 1911, Jules Durant voit sa peine commuée en sept ans de travaux forcés. Il mourrait toutefois dans un asile d'aliénés quelques années plus tard.

La rue, qui colporte si bien les états d'âme de l'opinion, demanda la réhabilitation de Jules Durant. « Voilà ce que la justice bourgeoise a fait d'un innocent », proclamait le comité de soutien. L'affaire fit du bruit, secoua quelques certitudes et bouleversa de solides amitiés politiques. Mais une fois de plus, elle épargna « Monsieur de Paris », que l'on aurait aimé voir démissionner, se révolter peut-être ou simplement prendre fermement position devant un cas de conscience, un doute, une incertitude. Mais Anatole Deibler était « exécuteur » des Hautes Œuvres, il n'était ni philosophe ni législateur. Et son rôle était d'exécuter. S'il ne l'avait pas fait, s'il avait trahi la confiance qu'on avait mise en lui, le bourreau, qui exerçait son métier dans un État de droit, se serait déconsidéré. À ses yeux comme à ceux du gouvernement qu'il servait. Et c'est l'histoire d'un autre homme qu'il aurait fallu raconter. Celle d'André Obrecht, par exemple, qui prendra la succession de Henri Desfourneaux à la Libération, après avoir démissionné pour protester contre les premières exécutions politiques à partir de 1940.

Mais nous étions à peine entrés dans le XXe siècle et la ronde infernale des exécutions rendait à chaque fois la Justice un peu plus arrogante. Deibler tranchait des têtes et la France continuait d'applaudir à chaque représentation, quand une grande partie de l'Europe avait relégué la guillotine et le bourreau derrière les vitrines du musée de la Police.

Le 23 septembre, Anatole se rendit à Remiremont dans les Vosges ; le lendemain, il exécutait à Saint-Dié. Cinq jours plus tard, un jeune homme originaire du Cantal mourait guillotiné dans l'Aveyron.

À peine de retour à Paris, Deibler apprenait par le Quatrième bureau des Affaires criminelles que le ministère de la Justice avait enfin pris la décision d'envoyer la guillotine à la Santé : les partisans de Liabœuf ayant menacé d'incendier le vieux dépôt de la Roquette, on avait décidé d'accélérer le déménagement de la Veuve. Les tensions sociales étaient importantes et l'insécurité gagnait du terrain dans les grandes villes de France, et notamment à Paris. Les conditions de travail, jugées précaires par les syndicats, les « erreurs judiciaires » qui avaient divisé le pays conduisaient à l'affrontement. Sur le plan politique, l'éclatement du Bloc des gauches, désorienté par la polémique entre Jaurès et Clemenceau, donnait le pouvoir aux modérés. Le 12 octobre 1910, les employés de la Compagnie des chemins de fer du Nord cessaient le travail, puis en l'espace d'une semaine tout le réseau ferré français se trouva paralysé. Le 14 novembre, alors que le président du Conseil, Aristide Briand, provoquait de nouveaux troubles au terme d'une violente intervention contre les grévistes, le garde des Sceaux notifiait à son bourreau qu'il devait prendre en charge l'entreposage des deux guillotines sorties de la remise de la Folie-Regnault, en attendant que le nouveau dépôt de la Santé, qu'on attendait depuis des années, fût achevé pour les recevoir.

La préoccupation d'Anatole Deibler n'était pas cette obligation d'entretenir et de surveiller « sa » machine, ou de lui trouver un abri provisoire, mais l'attente, sans cesse remise aux calendes grecques, d'une augmentation substantielle de son « abonnement ». La constance de ses interventions – secrètement soutenues par sa femme – commençait néanmoins à porter ses fruits. Désormais, le budget que l'Administration allouait au bourreau pour s'occuper des « appareils de justice » se montait à huit mille francs payables par douzième à compter du 1er janvier 1911, pour une période de six ans. Tout abonnement était strictement personnel et ne pouvait être cédé en tout ou en partie sous peine de nullité. Le décès de l'exécuteur, son remplacement, sa révocation ou la suppression de son emploi entraînaient sa résiliation sans indemnité.

– Il ne faudrait pas que Rosalie prenne connaissance de cet article, murmura-t-il entre ses dents.

Lorsqu'il reçut confirmation de cette décision ministérielle, le 27 mars suivant, Anatole se donna la peine d'en relire les principaux passages afin de ne pas être pris, une seconde fois, en flagrant délit de transgresser le règlement. Il feuilleta le document de quatre pages dactylographiées, puis il se leva pour se servir une tasse de café. La cafetière encore chaude était restée sur le fourneau. Il s'assit à son bureau pour prendre connaissance du texte signé par le directeur des Affaires criminelles et des Grâces : « Vu la soumission en date du 14 novembre 1910, par laquelle le sieur Deibler s'est engagé à entretenir et à conserver les bois et instruments de justice, à les transporter, poser, déplacer, à fournir les chevaux et voitures nécessaires à leur transport et à celui des condamnés tant au lieu du supplice qu'au lieu de l'inhumation, et enfin à faire toutes les fournitures nécessaires aux exécutions capitales pour une période de six ans commençant le 1er janvier 1911 et finissant le 31 décembre 1916, moyennant la somme annuelle de huit mille francs. Vu la correspondance échangée avec les administrations compétentes en vue du remisage, à l'avenir, des bois et appareils de justice à la maison d'arrêt de la Santé. Vu, à cet égard, la clause particulière de la soumission ainsi conçue : En ce qui touche les frais de logement des bois de justice, monsieur Deibler les prendra à sa charge jusqu'à ce qu'un local soit mis à sa disposition par l'administration compétente, et il supportera ensuite les dépenses qui auraient un caractère plutôt locatif que foncier (entretien et aménagement intérieur). Le tout pendant le même temps et sans augmentation de prix. Vu l'article 113 du décret du 18 juin 1811. Vu le règlement du 31 juillet 1832 et le décret du 25 novembre 1870. Vu enfin l'article 75 de la loi de finances du 15 mai 1818, arrête… »

Jusque-là, rien ne différait de ce qui lui était normalement imputé, à l'exception de la clause concernant l'entreposage provisoire des guillotines. Il espérait trouver une solution rapide et peu onéreuse. Il allait s'y mettre tout de suite. Ce qui l'ennuyait, en dépit de l'assurance d'être reconduit dans ses frais pendant six ans, c'est qu'il n'y aurait plus d'augmentation possible de l'abonnement d'ici là !

– Et si par malheur un expert mettait en doute la fiabilité de la machine, il faudrait que j'en fasse construire une nouvelle à ma charge…

Il en connaissait parfaitement le prix, puisqu'un exemplaire de la « petite » guillotine, celle dont on se servait pour les déplacements en province, venait d'être commandé par la Chine. Il était prévu qu'elle serait livrée le 7 juillet, après qu'une délégation fut spécialement venue de Pékin quelques mois plus tôt pour en admirer le principe et les améliorations effectuées par Anatole Deibler. Il avait dû, sur ordre de l'Administration française, effectuer une démonstration sur un mannequin de son, après en avoir vanté les prouesses. Dans ces cas-là, le bourreau s'exprimait en technicien, oubliant l'horreur et le sang pour ne parler que du mécanisme et de l'ingéniosité de « l'outil ».

Tout en réfléchissant, il sortit quelques morceaux de papiers qu'il avait rangés dans une chemise en carton : des aide-mémoire, des statistiques et des listes de prix d'accessoires relevés depuis qu'il était en fonctions, pour évaluer ce que lui coûterait pareille mésaventure. Puis il tomba sur le 4e paragraphe de l'article 2, stipulant que « les échafauds et le matériel devront, aussi tôt que possible, être déposés dans le local mis à Paris à la disposition du sieur Deibler par l'administration compétente. Provisoirement, les magasins dans lesquels ces échafauds et le matériel continuent à être déposés devront être bien établis, fermés de tous côtés, à l'abri de l'humidité, et assez spacieux pour que les échafauds puissent être visités et montés lorsque l'administration jugera à propos de l'ordonner. Le soumissionnaire ne pourra aucunement s'opposer à ces visites ; il devra, en conséquence, les faciliter et se conformer à ce qui pourra lui être prescrit dans l'intérêt de la conservation des objets confiés à sa garde ».

Il demeura quelques instants perplexe, puis il se ressaisit :

– Il n'y a pas de raison pour que cela se produise maintenant, dit-il à haute voix lorsque sa femme entra dans le bureau sans frapper.

– Que dis-tu ? lança-t-elle, oubliant qu'il détestait qu'elle y pénétrât avant d'y être invitée, sans même frapper.

Il pensa qu'elle l'avait fait exprès.

– Rien, répondit-il simplement entre ses dents.

L'année suivante, il se rappellera ses craintes, lorsqu'il devra faire construire, à ses frais, un fourgon neuf pour le transport du matériel et du cadavre du condamné. Il décidera néanmoins d'en augmenter le volume intérieur et d'y faire ajouter un placard, dans lequel on pourrait déposer ses vêtements de rechange et ceux de ses aides.

– La ligne générale sera la même, ordonnera-t-il au carrossier, mais il sera vert liséré de filets d'or.

Il lui sera facturé deux mille quatre cents francs.

Ses gages, en 1912, étaient de six mille francs par an. Le premier adjoint gagnait trois mille cinq cents francs, les adjoints de deuxième classe recevaient pour leur part trois mille francs chacun.

Anatole Deibler était un homme précis, qui ne laissait rien au hasard. En particulier lorsqu'il partait exécuter en province. Horaires de chemin de fer, réservations d'hôtel sous un nom d'emprunt, location d'un cheval et d'un cocher pour emmener le fourgon de la gare à la prison, puis au cimetière. Lettre de voiture, enfin et surtout, pour l'acheminement du véhicule la veille du jour prévu par le ministère pour l'exécution. Depuis 1899, rien n'était venu perturber cette mécanique parfaitement huilée. Le 1er février 1912, un pli de la direction des Affaires criminelles avait averti le bourreau de deux exécutions imminentes : la première à Carpentras le 2 février, la seconde à Marseille le lendemain matin, qui était un samedi. Comme à chaque fois, dès qu'il avait regagné son domicile après une telle convocation, Anatole « entrait en exécution ». Une parenthèse l'emportait, pour quelques heures ou quelques jours, dans un monde clos qu'il conservait secret, un univers dans lequel il avait ses repères et qu'il ne fallait pas déranger pour un empire. Durant cette période, Anatole endossait le costume noir de la mort et Deibler entrait en scène. Ce 1er février, à deux heures de l'après-midi, le rite conçu par le bourreau fut mis en place.

Mais à la gare de Carpentras, lorsque ses assistants vinrent prendre possession du fourgon et des instruments de justice qui se trouvaient à l'intérieur, les employés de la compagnie des chemins de fer leur firent comprendre, en dépit des menaces qu'ils s'étaient mis à proférer, qu'ils n'avaient réceptionné aucun fourgon provenant de Paris et qu'aucun convoi spécial affrété par le ministère de la Justice ne leur avait été annoncé…

Dès qu'il fut informé de la situation, Deibler demanda s'il pouvait téléphoner.

À Paris, on lui assura que le wagon était parti de la gare de Lyon à l'heure prévue, comme Louis Rogis l'avait déjà certifié, lettre de voiture à l'appui. L'exécution du garçon de ferme de Vaison-la-Romaine, condamné pour le meurtre de son patron, était maintenant remise en question. Deibler se souvint du blâme qu'il avait reçu peu de temps auparavant, et des perles de sueur apparaissaient sur son front dégarni. D'une main tremblante, il s'épongea discrètement.

– C'est complètement insensé, répéta-t-il sans trouver de réponse à l'énigme qui était en train de lui torturer l'esprit. C'est absurde, parfaitement absurde.

Il eut plusieurs contacts avec le directeur du Premier bureau, puis directement avec le ministère. Entre-temps, à la gare Saint-Charles de Marseille, on se demandait pourquoi le fourgon de « Monsieur de Paris » leur avait été expédié avec vingt-quatre heures d'avance.

Deibler en fut immédiatement avisé.

– Il est impossible, maintenant, dit Anatole Deibler à ses adjoints, totalement impensable de faire revenir le fourgon jusqu'à Carpentras avant demain matin.

Il appuyait chacun de ses mots comme s'il quémandait une confirmation de leur part, une caution qui lui donnerait raison devant l'extravagance de la situation.

Le ministère fut immédiatement averti et Deibler prit acte de la décision d'ajourner l'exécution de Carpentras. Au vu de l'heure, il décida qu'on ne se rendrait à Marseille que le lendemain, et chacun s'en tint au choix du « patron », qui ne souffrait pas d'être contrarié quand tout allait de travers, quand rien ne se déroulait comme il l'avait prévu, minuté dans sa tête. Lorsqu'il était « en exécution », le bourreau, se sentant plus fragile que jamais, avait besoin de se rassurer.

Le lendemain, dans le train de Marseille, il leur raconta l'histoire de celui qui venait de bénéficier d'un sursis que le destin, selon lui, n'avait pas pris le temps de choisir.

– Si je ne me suis jamais permis de discuter les décisions des jurés d'assises, leur confia-t-il au départ de Carpentras, il m'est arrivé de penser qu'une grâce ou la révision d'un procès pouvait avoir un sens qui m'échappait. Souvent aussi, j'ai eu la faiblesse de croire que mon geste était une réparation morale, et que « l'instrument » que j'étais soulageait la douleur de bien des gens. C'est pourquoi je ne comprends pas que le condamné de Carpentras puisse nous regarder partir en toute impunité…

– On nous rappellera bientôt, peut-être au retour de Marseille, lui dit Léopold Desfourneaux pour apaiser l'amertume de son ami.

– Comment s'appelle notre homme ? demanda « Gros Louis ».

Chacun le regarda pour lui signifier de baisser la voix, mais il fallut, comme à l'habitude, le rappeler à l'ordre plusieurs fois. Comme la veille au soir, quand il s'était montré particulièrement indiscret sur ses activités, au terme d'un repas trop arrosé dans un restaurant de la ville.

Mais Anatole avait pour son beau-frère une tendresse qui le rendait plus tolérant qu'il n'était en général. Aussi, sans lui reprocher publiquement son comportement de la veille, il leur expliqua le crime de Vaison-la-Romaine :

– Le dénommé Orange a été condamné au mois de mai de l'année dernière pour avoir tué son patron, le sieur Artillon. La femme Artillon, âgée de dix-huit ans, voulait se débarrasser de son mari pour hériter de lui, et pour installer son amant à sa place.

– Le dénommé… Orange, souligna Desfourneaux à l'attention de Louis Rogis qui tendait l'oreille en grimaçant.

Sans y prêter attention, Anatole poursuivit. On aurait dit tout à coup qu'il y mettait de l'intérêt, presque de la passion. Comme s'il avait été présent sur les lieux du drame :

– Une nuit, la femme Artillon fit entrer son amant dans la chambre où reposait son mari. Orange s'introduisit sans bruit jusqu'auprès du lit de sa victime, et d'un grand coup de hache sur la tête du malheureux lui fracassa le crâne ; puis il se saisit d'un couteau pour en larder le corps.

Le « patron » s'arrêta quelques instants pour ménager le suspense :

– Et figurez-vous que les deux complices firent bombance auprès du cadavre de la victime !

Ils restèrent sans voix devant l'horreur du spectacle qu'Anatole leur faisait vivre comme s'ils y étaient.

– Puis, pour égarer les soupçons, ils simulèrent un vol et mirent tout à sac dans la maison. Orange, avant de se retirer, bâillonna sa victime qu'on retrouva le lendemain matin. La jeune maîtresse du meurtrier fut condamnée à quinze ans de travaux forcés.

Ils approuvaient tous la sentence et spéculaient sur une décision rapide du ministère de la Justice.

– Dans deux jours tout sera fini pour lui, conclut Desfourneaux, sentencieux.

Le dénommé Joseph Rosa fut guillotiné à Marseille le lendemain comme prévu.

Mais on ne rappellerait jamais les bourreaux dans le Vaucluse. Le garçon de ferme de Vaison serait gracié.

Au début, vers 1911, ils n'étaient qu'une bande de malfaiteurs sans envergure. Ils venaient des milieux les plus divers, mais la plupart étaient issus du petit peuple des villes, épiciers, menuisiers, typographes. Ils avaient la tête pleine de violence et d'idées fausses sur l'anarchie, même s'ils ne s'adonnaient plus, comme leurs pères, à des attentats purement politiques. Désormais, les cambriolages et les assassinats perpétrés par les amis de « Raymond la Science » étaient avant tout crapuleux, même s'ils cautionnaient leurs méfaits par des sentences révolutionnaires. La « société pourrissante » qu'ils dénonçaient en dévalisant les banques et les coffres-forts des usines n'était qu'un prétexte aux vols crapuleux qu'ils perpétraient. L'anarchisme avait vécu, il n'en restait plus que la lie. Dès lors qu'ils ne tuaient plus pour des idées, l'opinion publique et la presse ne leur accordaient plus de circonstances atténuantes. La Justice, elle, n'avait jamais fait le détail.

Le théoricien de cette nouvelle génération de « bandits » s'appelait Callemin, dit « Raymond la Science » ; il avait lu Proudhon, Le Dantec et Stirner et profitait de la naïveté de ses camarades pour les pousser au crime en les impressionnant par ses discours. Ils s'appelaient Garnier, Monier, Deboë, Soudy et Dieudonné ; Valet, Carrouy et Jules Bonnot. L'étrange destinée de ce dernier l'a conduit à devenir célèbre alors qu'il n'était qu'un modeste mécanicien, réparateur à Lyon dans une petite entreprise où il était associé. Mais il avait la passion des automobiles. C'est lui qu'on mettait au volant chaque fois qu'il y avait une équipée des « anarchistes en auto », un « casse » d'envergure que la police était impuissante à combattre, faute de moyens.

Les faits remontaient au mois de décembre 1911. Ce jour-là, la bande avait décidé de s'attaquer à la Société générale de Chantilly. Les journaux parlèrent de « hold-up à l'américaine », car la voiture était devenue le centre d'intérêt de l'affaire, la pièce maîtresse du jeu entre les gendarmes et les voleurs. Au volant, toujours, il y avait Jules Bonnot. Anatole Deibler partagea avec le jeune Lyonnais la même passion pour la mécanique et la vitesse, mais il se gardera bien, durant cette période, de manifester le moindre sentiment à cet égard. Le nom de Bonnot n'apparaît jamais dans la rédaction de ses carnets. Il faut dire aussi qu'il ne sera jamais son « client », contrairement aux principaux membres de la bande, qui seront jugés par la cour d'assises de la Seine le 27 février 1913.

Avant cela, leur épopée fut marquée par de nombreux meurtres, essentiellement occasionnés par les vols de voitures et les cambriolages. De toutes les entreprises qu'ils montèrent, l'attaque de la Société générale, rue Ordener à Paris, restera l'une des plus spectaculaires, sans doute aussi parce qu'elle fut la première du genre en

France. Comme d'habitude, Bonnot s'était chargé de voler une voiture à Boulogne afin que le 21 décembre, lorsque le garçon de recettes descendrait du tramway, tout fût organisé pour que l'agression, puis surtout leur fuite se déroulassent en un temps record. Lorsque l'encaisseur, en effet, descendit du tram à l'heure prévue, Garnier lui tira un coup de revolver en pleine poitrine. Raymond la Science, qui l'accompagnait, lui arracha la sacoche à laquelle il se cramponnait encore et les deux bandits sautèrent dans l'automobile qui surgit au même instant, conduite par Jules Bonnot. Pour couvrir leur fuite, Garnier tira par la portière en direction des témoins. La bande, ce jour-là, empocha vingt mille francs en pièces d'or et billets de banque, quelque cinq mille francs en pièces de monnaie et surtout, plus de trois cent mille francs de titres. La Société générale offrit une prime de douze mille cinq cents francs à toute personne qui permettrait à la police de retrouver leur trace. La voiture du hold-up fut découverte à Dieppe, mais aucun indice ne permit de savoir ce que sont devenus ses occupants. Deux jours plus tard, la bande donnait elle-même de ses nouvelles en attaquant une armurerie parisienne. Le 3 janvier 1912, ils tuaient un rentier et sa bonne, le 10, ils pillaient une seconde armurerie sur le boulevard Haussmann…

« Nuit du 15 au 16 février : vol de l'automobile de monsieur Malbec, à Béziers.

« Nuit du 26 au 27 février : vol de l'automobile de monsieur Buisson, à Saint-Mandé.

« Soirée du 27 février : meurtre de l'agent Garnier, place du Havre.

« Nuit 28 au 29 février : tentative d'assassinat et de vol chez monsieur Tintant, notaire à Pontoise.

« Matinée du 25 mars : sur la route de Montgeron, à Lieusaint, en pleine forêt de Sénart, vol d'une automobile et assassinat du chauffeur Mathildé.

« Même matinée du 25 mars : avec l'auto volée, [Jules Bonnot] se rend à toute vitesse à Chantilly… »

On reconnaît les comptes rendus d'audience d'Anatole.

La Société générale était à nouveau visée. Pénétrant dans la succursale de Chantilly, Raymond la Science, Monier, Carrouy et Soudy firent feu sur les guichets. On relèverait trois victimes, dont un jeune homme de dix-sept ans tué d'une balle en plein cœur. Les quatre hommes emportèrent près de cinquante mille francs, puis ils ressortirent de l'agence en tenant tout le monde en respect. Jules Bonnot, qui attendait un peu plus loin, lança la De Dion Bouton sur

Photographie anthropométrique de Jules Bonnot.

le trottoir, dans laquelle sautèrent ses complices en tirant de tous côtés pour couvrir leur fuite. En quatre minutes et demie, les « bandits en auto » étaient entrés dans la légende. « Les chansonniers se moquent de la police et la France tremble » : les journaux entretenaient le suspense, malgré les arrestations successives de Soudy et de Carrouy, quelques jours plus tard. Puis ce fut au tour de Raymond la Science et du redoutable Monier. La bande avait été décimée. Il restait à mettre la main sur le « petit mécanicien ». Un premier coup de filet meurtrier pour la police permit à Bonnot de s'échapper, mais après quatre jours d'enquête, celui qui était devenu « l'ennemi public n° 1 » fut repéré dans un baraquement de Choisy-le-Roi. Le dimanche 28 avril, il faudra quatre cents soldats et policiers, trois cartouches de cheddite et plus de mille cartouches tirées contre la retraite du forcené pour en venir à bout. Partout alentour, la foule était venue se grouper derrière les barrages érigés par le préfet Lépine, qui dirigeait personnellement l'assaut. Auprès du cadavre de Bonnot, on trouva quelques feuilles de papier sur lesquelles il avait écrit : « Je suis un homme célèbre, la renommée crie mon nom aux quatre coins du globe... J'ai le droit de vivre, et puisque notre société imbécile prétend me l'interdire, eh bien ! Tant pis pour elle !... Tant pis pour vous !... Tant pis pour tous ! »

Deibler, comme tous les Français, fut tenu en haleine par la presse. Ce jour-là, tandis qu'il se promenait en famille sur les Grands Boulevards, il fut choqué d'entendre les cochers lui proposer le voyage de Choisy, sur les lieux de la fusillade où Jules Bonnot venait de tomber. La nouvelle se répandit comme une traînée de poudre et l'on dénombra sur les lieux, à la fin de la journée, plusieurs milliers de curieux avides de sensations fortes. « Combien seront-ils sur le boulevard Arago ? » se demanda Deibler en emmenant sa femme et sa fille loin de cette foule qu'il méprisait, et qui pouvait à chaque instant le prendre à partie si par hasard quelqu'un le reconnaissait.

« Ce matin, écrivaient déjà les journaux du soir, il a fallu les secours de la Garde républicaine pour venir à bout de Jules Bonnot. Devant cette exceptionnelle résistance, le chef de la Sûreté s'est résolu à dynamiter la maison de Choisy où il avait trouvé asile. Atteint de plusieurs balles, Bonnot meurt durant son transfert à l'hôpital. Dans les décombres, les agents découvrent, outre les outils du parfait criminel, le testament de l'anarchiste, véritable apologie de l'illégalité. La mort de Jules Bonnot marque la fin de la bande du même nom, dont plusieurs membres ont été récemment arrêtés. »

Le 3 février 1913, les associés de Bonnot : Soudy, Monier, Callemin dit « Raymond la Science », passaient en jugement. L'audience dura vingt-quatre jours, au terme de laquelle aucun des trois criminels ne réussit à sauver sa tête. Anatole Deibler, quelle que fût l'impression qu'il retira de ce procès et des condamnations qui s'ensuivirent, demeura sans réaction. Certes, comme tout le monde, il avait vécu les tensions, la crainte et l'effroi causés par la célèbre bande ; comme tout un chacun, il avait « admiré » l'audace et le courage de ceux qui défient la morale et l'autorité, mais il avait été, de la même manière, horrifié par la cruauté instinctive de ces hommes qui ne tenaient aucun compte de la vie d'autrui. Aussi, le 21 avril 1913, lorsqu'il accomplit par trois fois le geste de tuer au nom de la République, il dut lutter contre le sentiment de satisfaction qui l'envahissait. Derrière le bourreau se cachait un citoyen comme les autres ; mais si on lui avait donné le droit de venger la société, on lui refusait celui de se réjouir publiquement en son nom. Son honneur était à ce prix et jamais encore il n'avait dérogé à ce principe, qui était son ultime protection contre la folie qui le guettait à la première défaillance. Son fragile équilibre psychique résidait dans cette unique loi : dès ses premiers pas dans le métier, Anatole Deibler s'était protégé contre les autres et contre lui-même. Bon an, mal an, depuis presque trente ans, il avait vécu sur le fil du rasoir, sous la menace de voir s'écrouler le délicat, l'instable édifice patiemment construit pour ne pas verser dans l'*a priori* et le parti pris.

En France, les beaux jours approchaient, et la seconde guerre des Balkans n'empêchait pas les estivants privilégiés de gagner les plages de l'Atlantique et de la Méditerranée. L'Europe surchauffée s'enfiévrait, l'Allemagne mobilisait plus de huit cent mille hommes, et revendiquait la possibilité d'en mettre cinq millions sur le pied de guerre à la première alerte. Les aciéries Krupp et Thyssen travaillaient à plein rendement pour l'artillerie lourde. La Kriegsmarine impériale accélérait la construction des cuirassés et des sous-marins que l'Angleterre, notamment, ne cessait de défier dans une course effrénée aux armements.

Pourtant, rien ne semblait pouvoir ébranler Anatole Deibler. L'été venu, il décida d'entreprendre son expédition rituelle sur les rivages de la Manche et de l'Atlantique. Mais surtout, ce qui lui tenait à cœur en ce mois de juin 1914 ressemblait à un caprice d'enfant : depuis quelques mois, dans le plus grand secret, il s'était procuré la première carte routière de la France éditée par l'ingénieur André Michelin, qui avait été cartographe au ministère de l'Intérieur avant de se lancer dans la fabrication de pneumatiques. Maintenant que les beaux jours approchaient, Anatole était impatient de reprendre la route, son congé signé par les Affaires criminelles en poche. Les quarante-sept feuilles de la nouvelle carte routière au 1/200 000e se présentaient comme un accordéon que l'on dépliait ingénieusement et sur lequel figurait nombre de renseignements jamais encore portés à la connaissance des automobilistes. Comme sur les itinéraires d'Anatole au crayon de couleur, on y trouvait le kilométrage, les sites touristiques, les localités et les monuments, et de judicieux conseils de prudence pour les chauffeurs, notamment lors des inévitables crevaisons qui émaillaient les randonnées. Le principal ennemi, c'étaient les clous que les chevaux perdaient régulièrement sur la chaussée. Mais la panoplie du parfait automobiliste comportait également le « Guide rouge », dont la treizième édition, en 1913, avait été tirée à quatre-vingt-dix mille exemplaires. Dans sa préface, on expliquait le succès de cet ouvrage par « le désir de donner tous les renseignements qui peuvent être utiles à un chauffeur voyageant en France pour approvisionner son automobile, pour la réparer, pour lui permettre de se loger et de se nourrir, de correspondre par poste, télégraphe ou téléphone ».

– En route pour Les Sables-d'Olonne ! lança Deibler à sa petite famille. La route est longue, il faut partir.

Dans la voiture, le jeune Georges Martin avait conservé les faveurs d'Anatole. Il cornait toujours afin de prévenir un danger, scrutait la route et conservait sur ses genoux la précieuse carte Michelin, fierté de l'expédition.

Quelques jours plus tard, tout le monde se retrouvait sur la plage en maillot. Anatole portait un petit chapeau de toile blanche pour se protéger du soleil. Le mois de juin devait être doux et tranquille. Des nuages annonciateurs d'orages violents s'accumulaient pourtant à l'horizon. Le 15, Paris fut pris dans une tempête sans précédent qui provoqua de nombreux dégâts. Bien que ses vacances ne fussent pas terminées, Anatole sentait qu'il régnait une étrange atmosphère en ce milieu d'été. Les nouvelles du monde, que chacun voulait ignorer, s'imposaient partout, dramatiques, irréversibles. À Paris, les Chambres venaient de voter la levée d'un emprunt de huit cents millions de francs destiné à l'armement.

Anatole Deibler en vacances (à gauche), en famille et avec des amis, sur la côte atlantique.

– Vous m'avez volé ma place, monsieur ! Sachez que ça ne se passera pas comme ça !

Anatole, qui venait de regagner la petite cabine de plage qu'il avait louée pour la journée, fut subitement agressé par un individu qui le prit à partie. Patient, courtois comme à son habitude, Anatole finit par s'emporter quand il comprit qu'il n'obtiendrait rien de cet enragé, qui visiblement n'avait pas l'intention de céder un pouce de terrain, en dépit des explications fournies par Deibler.

– Il suffit, maintenant ! lui répliqua « Monsieur de Paris » sur un ton menaçant.

Rosalie tenta d'intervenir, Desfourneaux s'en mêla.

L'autre, de plus en plus excité, vociférait en faisant de grands gestes. Marcelle, qui venait d'avoir neuf ans, reçut le pommeau de sa canne sur la tête. Son père, que cette maladresse rendit furieux, commença par injurier le bonhomme et finit par en venir aux mains. Rassemblement, hurlements de Rosalie Deibler qui se mit à donner des coups d'ombrelle à tort et à travers. Une heure plus tard, tout le monde se retrouvait au commissariat. Après d'interminables palabres, Anatole refusa de donner son nom : il désirait terminer ses vacances tranquillement. Le commissaire, n'ayant aucune raison de croire un plaignant plutôt que l'autre, donna tort au bourreau…

– Fort bien, dit-il en se résignant à formuler de vagues excuses à son agresseur.

Puis il retrouva sa famille et ses amis, qui mirent longtemps à oser lui demander comment l'affaire s'était conclue. L'humeur d'Anatole Deibler se reflétait dans le bleu devenu gris de son regard. Durant tout le reste de la journée, il eut un étrange ressentiment, une envie de vengeance qui ne lui ressemblait pas et qu'il tentait de chasser de son cœur. Pour la première fois, pour un fait divers somme toute banal, il refrénait un sentiment de malaise qui s'approchait de la haine. Pour la première fois, il eut peur de se reconnaître tel qu'en lui-même. D'accepter que le vernis se mît à craquer.

– Je tiens à mon anonymat, dit-il en fanfaronnant.

Pour se justifier vaguement.

« De retour à Paris, dira Georges Martin, il fit une chose dont je ne l'aurais pas cru capable : une démarche auprès du ministère de la Justice, pour faire déplacer le commissaire des Sables-d'Olonne. Ce qui fut fait. C'est la seule fois, je crois, qu'il se soit servi de sa fonction à des fins personnelles. »

Le 11 juillet, soit treize jours après l'attentat de Sarajevo, Anatole Deibler était en déplacement à Nevers. C'était un samedi, Philippe Robert Fabre, âgé de dix-neuf ans, payait de sa vie la dette que la société avait demandé à l'exécuteur d'encaisser en son nom. Le bourreau le fit une fois encore sans discuter, sans ouvrir son âme. Presque en fermant les yeux.

Le 17, il accomplit son devoir à Tours aux fins de punir Maurice Doucet, vingt-quatre ans.

– Cet homme était dévoyé, dit Anatole à sa femme en quittant son domicile.

Là encore, c'était la première fois qu'il se confiait à elle. Cette année-là, visiblement, portait en elle un germe malfaisant. Il rentra fort las de cette exécution, et se retira chez lui pendant dix jours sans adresser la parole à personne. Puis, le mardi 28, lorsqu'il sortit de son bureau pour dîner, sa fille lui prit la main jusqu'à la salle à manger. Depuis peu, elle avait conscience des comportements de son père, de ses enfermements qu'elle respectait instinctivement. Elle avait senti quelque chose qu'elle ne comprenait pas encore, mais qu'elle cautionnait déjà par ses silences.

Soixante-dix ans plus tard, lorsque le journaliste Jean Ker lui demandera si son père la tenait au courant de ses activités, elle répondra : « Non. Mais je savais qu'il y avait beaucoup d'exécutions parce qu'il se déplaçait. Et puis, il y avait assez de comptes rendus dans les journaux, qui ne s'en privaient pas ! Il n'y avait qu'à lire un journal pour être au courant. C'était public... Mon père en voulait à la presse de fouiller et de remuer trop de publicité autour de chaque exécution. » Plus loin, elle ajoutera : « Moi, ça ne m'a pas gênée. En revanche, la vie était impossible pour mon père. Plusieurs fois, on l'a sollicité pour qu'il raconte ses souvenirs. Il a toujours dit non. Moi-même, je pense qu'il est préférable qu'on oublie. »

Le 1er août 1914, l'ordre de mobilisation générale était tombé. La voiture d'Anatole Deibler fut réquisitionnée par l'armée. Il ne faudra que vingt jours aux armées allemandes pour que le plan Moltke, prévu de longue date, s'accomplisse. Le 23 août, la Belgique neutre était à genoux. Le même jour, le Japon déclarait la guerre à l'Allemagne. Le monde venait de s'embraser.

Les années suivantes, la Justice française poursuivit sa tâche, inexorablement, continuant de scier les branches pourries de la société. La guerre n'apporta que peu de changements aux missions du bourreau, qui se remit à sillonner le pays, de la Touraine à la Corse, du Rhône à la Charente et de la Loire à la Moselle, en se rapprochant quelquefois du front d'où lui parvenaient les échos de la bataille. Pendant cinq ans, il comptera vingt exécutions capitales dont près de la moitié pour la seule année 1918. Cette année-là, précisément, tandis que son épouse et lui s'occupaient d'un hôpital

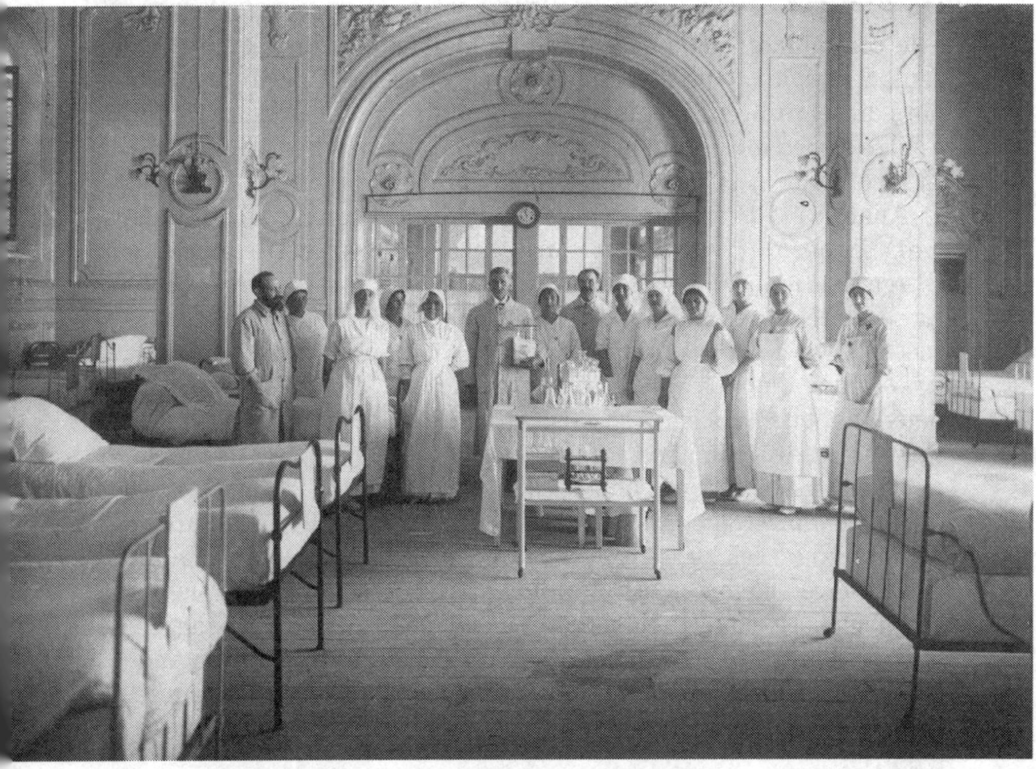

La Baule, dès 1914. Personnel hospitalier d'un centre de convalescence ouvert par Anatole et Rosalie Deibler.

de convalescence à La Baule, une lettre du ministère avait retenu toute son attention : la Belgique, où par tradition la peine de mort n'était plus appliquée depuis 1863, requérait exceptionnellement le service de la France et de sa guillotine…

Le 8 mars 1918, le garde des Sceaux écrivait au chef d'état-major de l'armée française : « Le gouvernement belge, ayant à assurer à Furnes l'exécution d'un individu condamné à mort par la justice civile, nous demande l'assistance de notre exécuteur des Hautes Œuvres et de ses aides, et par suite leur envoi à Furnes avec les bois de justice, le plus tôt possible. Monsieur le ministre de la Guerre sera à même de provoquer d'urgence auprès des autorités militaires françaises et britanniques de la zone des armées les mesures nécessaires pour que le transport rapide du personnel et du matériel de justice ait lieu sans difficultés. »

Le ministère de la Justice et la direction des Affaires criminelles n'étaient pas hostiles à cette entraide judiciaire, mais ils n'avaient pas le pouvoir d'en décider sans l'accord du bourreau. Ils s'emploieraient à le convaincre, mais c'est Anatole Deibler qui devait en décider seul. Son contrat ne stipulait pas, en effet, qu'il devait s'exécuter hors du territoire français. Or, s'il prenait une telle décision, c'était à titre personnel qu'il agissait, certes avec la bénédiction de la France, mais sous sa propre responsabilité.

Anatole était tenté de se mettre à la disposition du roi des Belges, mais il hésitait sur les risques encourus par cette expédition. L'organisation que nécessitait un tel voyage serait-elle respectée ? La sécurité de ses aides et des bois de justice pourra-t-elle être assurée ? Au vu de la situation militaire, il en doutait quelque peu.

– Il faut que j'en réfère à mes assistants, dit-il à Rosalie. Je ne peux pas leur imposer une mission pour laquelle ils ne savent pas s'ils seront dédommagés.

Une dizaine de jours plus tard…

Le 21 mars, six mille six cents pièces d'artillerie allemandes bombardaient les lignes alliées, afin d'ouvrir une brèche à l'infanterie. En face, les forces britanniques résistaient tant bien que mal à l'offensive. Deux cent soixante-deux divisions étaient engagées de part et d'autre des tranchées, sur un front qui allait d'Ostende à Nancy ! La marine et l'aviation ne sacrifieraient pas à l'énormité de l'engagement. La guerre donnait tout ce qu'elle avait de fureur et d'horreur.

Le même jour, l'état-major de l'armée française confirmait le départ du bourreau pour le front. « En accord avec le ministre de la Guerre, écrit-il au garde des Sceaux, l'exécuteur et ses aides partiront samedi matin par le train de 9 h 10. Je lui ai remis des réquisitions de transport jusqu'à la frontière, mais il sera nécessaire que le gouvernement belge donne des instructions utiles pour assurer le transport sur son propre territoire. »

C'était sans compter avec les obus allemands qui explosaient presque en permanence entre Furnes et Dunkerque. La petite cité de Flandre occidentale, qui comptait quelques milliers d'habitants à peine, était la seconde ville de Belgique à ne pas être occupée par les Allemands. Ancien quartier général de l'armée royale pendant les deux premières années de guerre, Furnes avait une histoire empreinte de vicissitudes militaires depuis sa fondation par les Normands. Sous les obus, elle faisait le dos rond et s'en remettait à sa bonne étoile. Or, c'était là, non loin de la frontière française, qu'Anatole Deibler avait accepté de se rendre au mépris des bombardements, dans une région de l'Europe ravagée qui n'arrivait plus à dénombrer ses morts, pour trancher le cou d'un homme dans les règles de l'art et selon le rite qui convenait à la lettre de la loi…

Tout semblait être réglé, lorsque le 21 mars au soir, un message télégraphique émanant du groupe de l'avant de l'état-major tombait au ministère de la Guerre. La Justice, immédiatement avertie, informa Deibler d'un contretemps qui le mit dans une colère noire. Desfourneaux, Rogis et Deschamps étaient au domicile parisien du bourreau quand il entra furieux dans le salon, brandissant le courrier qu'on venait de lui faire parvenir :

– Contrairement aux indications données, leur lit-il avec gravité, l'état-major de l'armée nous fait dire que le transport des bois de justice ne pourra se faire qu'après-demain samedi, à 23 h 40…

Deibler observa la réaction de ses amis par-dessus la lettre qu'il tenait à hauteur de ses yeux.

– … pour arriver à Furnes le 25, si tout va bien, à une heure du matin !

Mais aucun d'eux ne fit le plus petit commentaire. Ils savaient qu'Anatole avait compris les raisons de ce report et que, de toute évidence, elles dépassaient la volonté des autorités militaires. Leur sécurité était en jeu. De surcroît, ils connaissaient le « patron » et ses coups de colère vite apaisés.

– Il est impossible d'être plus précis, nous dit-on, les événements n'étant pas prévisibles dans la zone des combats. Un compartiment de deuxième classe nous sera retenu au départ de Paris.

– Quand pourrons-nous charger le fourgon ? demanda Louis Rogis.

– Dès demain matin, à la gare du Nord. Les réquisitions sont dans l'enveloppe. Contrairement à nos déplacements en province, les bois de justice voyageront sur le même convoi que nous.

Deschamps, qui s'inquiétait de pénétrer dans la zone des combats, demanda des nouvelles du front.

– Il paraît que Pétain doit envoyer des renforts au général Haig, afin de retenir une offensive de Ludendorff sur Amiens.

D'un geste las, Deibler désigna les journaux qui traînaient sur un guéridon.

– Mais qui croire, ajouta-t-il, quand les deux camps revendiquent une victoire imminente ?

Le lendemain, la guillotine fut chargée dans le fourgon bâché, solidement arrimé sur le wagon du convoi pour Dunkerque. Il resta toute la journée sur une voie de garage et ne fut accroché au train que quelques minutes avant le départ. La nuit était épaisse et froide. Une pluie givrante paralysait Paris. C'était la veille des Rameaux. Rogis et Desfourneaux, qui s'étaient occupés du chargement, avaient décidé de voyager dans le fourgon, aux côtés de la précieuse machine.

Installation du fourgon de transport de la guillotine sur un convoi ferroviaire.

Au jour dit, Deibler et Deschamps s'apprêtèrent à passer une nuit difficile. Inconfortable et pleine de cauchemars dans un wagon surchargé. Plusieurs fois, le convoi s'immobilisa sur la voie, sans raison apparente. Des coups de sifflets résonnaient dans le lointain, puis le train s'ébranlait de nouveau. Longtemps, il roula lentement, comme s'il cherchait son chemin dans la brume. Puis il entra en gare de Dunkerque.

Deibler et Deschamps furent les premiers à descendre du train, une petite valise en cuir à la main pour tout bagage. En queue du convoi, des cheminots détachaient les voitures de marchandises. L'un d'eux, réquisitionné par le ministère de la Justice, portait une marque distinctive que Deschamps reconnut aussitôt.

– Mettez-vous à l'abri, patron, lui dit-il. Je rejoins Léopold et Louis pour les aider à décharger.

– Dites à Desfourneaux de me retrouver au bureau du chef de gare.

Deschamps lui fit signe qu'il avait compris l'ordre et qu'il allait passer le message. Pendant un instant, il pensa à Léopold Desfourneaux, que Deibler, par affection, essayait de distraire du drame qu'il avait vécu six ans plus tôt sur le boulevard Arago. C'était au mois de janvier 1912, mais il n'avait pas oublié. Sur l'instant, il avait à peine compris ce qui venait de se passer. Il n'avait pas eu le bon réflexe, tout simplement... Mais plus les années passaient, et plus il ressassait la tragique exécution de l'assassin Renard, meurtrier de l'agent Pelletier. Rogis tenait sa place, avec les autres assistants, Desfourneaux était déjà « photographe » : c'est lui qui devait tirer sur la tête du condamné lorsque tombait le couteau. Or, c'est précisément à ce moment-là que le drame s'était produit : « L'aide qui est à la lunette, celui qu'on appelle le "photographe", doit toujours avoir un canif ouvert dans sa poche, expliquait un jour Louis Rogis. Ce matin-là, je m'aperçus dans la seconde qui suivit l'exécution que la tête du supplicié demeurait fixée au corps, qui lui, se détachait et roulait dans le panier. Mais la tête demeurait suspendue dans le vide par ce malheureux lambeau de peau fixé entre la lunette et le couperet. Je n'hésitai pas. Je saisis mon canif et libérai la tête. Plus tard, au cours du transport au cimetière, je rouvris la boîte aux dépouilles et je repris mon canif qui s'y trouvait. Personne n'avait rien vu de mon geste au moment de l'exécution. Seul le patron pouvait m'apercevoir. Il me fut toujours reconnaissant de mon sang-froid. » C'est Paul Dornain qui rapporta l'affaire en 1934.

Léopold Desfourneaux rejoignit Deibler tandis que ses camarades surveillaient le transfert du fourgon sur un convoi militaire à destination de la Belgique. On leur demanda plusieurs fois s'ils étaient venus pour le condamné à mort qui croupissait à la maison d'arrêt de Dunkerque. Deibler nia l'information parue dans le journal local, probablement colportée par un témoin.

Soudain, un tir d'artillerie s'abattit non loin de la ville. Des obus explosèrent sur la gare de triage, causant de nombreux dégâts. Les cheminots couraient aux abris, laissant Rogis et Deschamps sous les bombes, au pied de la guillotine démontée qu'ils continuaient de surveiller par la force de l'habitude. Puis le calme revint. Deibler et Desfourneaux avaient suivi le chef de gare en songeant à leurs amis. Desfourneaux, les yeux fermés sur un visage crispé, semblait prier. Anatole, sans dire un mot, lui mit la main sur l'épaule. Puis le silence s'installa, plus angoissant que le fracas des explosions. Le reste de la nuit serait calme. « Monsieur de Paris » pouvait poursuivre son œuvre sous les décombres fumants.

Le fourgon avait des impacts d'éclats, mais la guillotine était debout. Le convoi pour la Belgique allait bientôt s'ébranler. La frontière passée, on se rapprochait des combats. Le 25 mars au petit matin, avec un peu de retard sur l'horaire prévu, le train du bourreau stoppa en gare d'Adinkerque sous une nouvelle pluie d'obus. Le convoi fut secoué de part en part, de la locomotive à la voiture de queue. Les voyageurs furent évacués pendant une accalmie. Regroupés dans un abri, au milieu de familles hébétées par le bruit, la peur et la fatigue, Deibler et ses aides ne se faisaient plus d'illusion sur le respect du programme qu'ils s'étaient imposé : une fois « la Veuve » dressée sur la grand-place de Furnes, ils avaient prévu qu'en moins d'une heure ils auraient repris le chemin de la gare et le premier train pour la France. S'il y en avait. Anatole fut terriblement contrarié par cette incertitude.

Les tirs de mortier succédèrent aux bombes incendiaires. Deibler, toutes les cinq minutes, sortait sa montre de son gilet, vérifiant qu'elle n'était pas arrêtée, tournait le remontoir d'un geste mécanique et la rempochait sans avoir retenu l'heure qu'il était. Aucun de ces gestes familiers ne servait plus à rien, sinon à le rassurer.

– Nous n'en sortirons jamais vivants, murmura Desfourneaux.

– Quelle idée ont-ils eue, je vous demande, de nous envoyer sur un champ de bataille ! répliqua Louis Rogis.

Deibler ne les écouta pas. Aussi, « Gros Louis » crut pouvoir enchérir :

– Il suffisait d'attendre qu'un obus tombe sur la prison, dit-il en se forçant à rire.

Mais sa plaisanterie n'eut aucun écho.

Le mardi 26 mars à l'aube, l'exécuteur français, en dépit des retards accumulés, se présenta aux autorités de Furnes.

– Nous ne pouvons opérer en plein air, dit alors Deibler en désignant la grand-place qui s'étendait sous les fenêtres de la mairie. C'est trop dangereux. Pensez-vous qu'on puisse élever la guillotine à l'intérieur de la prison ?

Pressé d'en finir, le maire décida qu'il en serait ainsi, que la tête du condamné tombera dans la cour de la maison d'arrêt dont les portes resteront ouvertes, pour répondre à la tradition de l'exécution publique. Mais il ne vint aucun « spectateur » et Deibler œuvra pour la première fois dans les circonstances qu'il aurait souhaité connaître en France. Sans publicité, sans reporter ni photographe pour s'en repaître. Dans la dignité qui relevait de sa morale.

Lorsqu'on vint le réveiller, Émile Ferfaille croit à une plaisanterie. Un quart d'heure plus tard, sans avoir compris sans doute ce qui lui arrive, il meurt en criant « Vive la Belgique ! ». Car si c'est un assassin, c'est aussi un soldat, qui, par forfanterie peut-être à l'énoncé du verdict, a demandé le peloton d'exécution.

Dans le carnet d'Anatole on trouve simplement : « Le nommé Ferfaille, Émile, sous-officier belge, condamné par la cour militaire le 29 janvier 1918 pour assassinat… Mobile du crime : le vol. » Cinq lignes pour toute oraison funèbre.

Deux heures plus tard, la guillotine était démontée, et le cheval réquisitionné par l'armée conduisait le fourgon du bourreau jusqu'à la gare où par chance un train partait pour Adinkerque.

– Si tout va bien, dit Anatole, nous serons à la maison ce soir.

Si la France avait prêté main-forte aux Belges, elle n'en sortit pas grandie par le service rendu. Certes, la Belgique avait son bourreau, mais depuis 1863 la royauté s'était toujours défendu de donner la mort et d'en faire un exemple. Pour elle, on ne combattait pas le mal par le mal. Certes, le Code pénal conservait cet article archaïque, et les tribunaux prononçaient parfois la sentence en sachant qu'elle ne serait pas exécutoire. Et le bourreau n'avait jamais été révoqué. Aussi, lorsqu'un jury, pour la forme, votait la mort d'un homme, il incombait à l'exécuteur d'afficher les arrêts que les rois cassaient les uns après les autres. Or, si le bourreau belge n'était pas mort en 1918, il était enfermé dans la zone d'occupation allemande ; il ne pouvait donc se présenter le 26 mars à la prison de Furnes. C'est ainsi qu'il manqua la seule occasion d'exercer son métier. On fit appel à l'Allemagne, mais l'occupant ne put déplacer l'exécuteur en titre du Reich dans les délais requis, les moyens de communication n'étant pas garantis dans la région des combats. Et la population n'aurait sans doute pas compris qu'on démarchât l'ennemi pour tuer l'un des siens, fût-il un assassin. C'est pourquoi le ministre belge de la Justice, Carton de Wiart, insista auprès de son homologue français pour que le « travail » fût exécuté par un pays frère.

Jusqu'au matin de son exécution, le lancier belge, qui avait égorgé la jeune femme qui se refusait à lui, était persuadé de sauver sa tête. Mais le roi, cette fois-ci, pris dans la tourmente de la guerre et de l'occupation de son pays, écouta les arguments de son ministre qui lui réclamait un exemple : « Par son geste, ne craignez-vous pas qu'il éclabousse l'armée tout entière, déjà foudroyée par la défaite ? » Albert Ier lui donna carte blanche à condition qu'il ne soit pas fusillé, car il réservait le peloton d'exécution pour les traîtres et les déserteurs.

Deibler et ses aides retourneront une fois encore à l'étranger pour exécuter leur mission. Ce sera dans la Sarre occupée, en 1923. Comme en Belgique, ils seront dédommagés par la Commission de gouvernement de la Sarre. « Rien ne s'oppose à ce que monsieur Deibler soit laissé libre de mettre ses services à disposition de la

Commission, écrira le ministre de la Justice à son confrère des Affaires étrangères, à condition qu'il agisse à titre personnel pour le compte du gouvernement de la Sarre, et non comme étant au service du gouvernement français. »

Au sortir de la Grande Guerre, Anatole Deibler avait cinquante-cinq ans. Le conflit ne l'avait pas enrichi, ses tempes avaient blanchi et son front s'était considérablement dégarni. Rosalie avait repris ses habitudes parisiennes : elle fréquentait de nouveau l'opéra, voyait des amies, poussait Anatole à forcer la porte de son ministère de tutelle pour quémander les augmentations qui auraient fait de « Monsieur de Paris », dans le quartier d'Auteuil, un bourgeois reconnu.

Comme un heureux concours de circonstances, au mois de mai 1920, le procureur général près la cour d'appel de Paris pria l'exécuteur en chef de le renseigner « le plus rapidement possible » sur ses appointements et ceux de ses assistants. Il lui demandait en outre depuis quand leurs gages n'avaient pas été indexés, s'il touchait enfin une indemnité de résidence. Dans ses papiers, on trouve au moins trois brouillons par lesquels il attire l'attention de l'Administration sur « l'injustice » de sa situation. Sa réaction ne se fit pas attendre, bien qu'il hésitât sur les termes qu'il allait utiliser, le ton, ferme ou conciliant, qui présiderait à sa réponse. « L'exécuteur en chef et ses adjoints, finit-il par écrire, prennent la respectueuse liberté de solliciter votre haute bienveillance pour intervenir en leur faveur auprès de monsieur le Garde des Sceaux, ministre de la Justice. Notre requête est basée sur la situation difficile qui nous est faite, souligne-t-il d'emblée, tant par le préjugé que par la transformation de l'existence due à l'enchérissement de la vie. Nos appointements, si minimes pour l'époque actuelle, datent d'un décret du 25 novembre 1870 qui n'a jamais été révisé. Il y a lieu d'apprécier que les dérangements successifs qui sont les conséquences de notre fonction nous empêchent de trouver en dehors des exécutions capitales un emploi quelconque, même de faible durée. Dans ce cas, il nous est impossible de subvenir à nos besoins et à nos charges de famille. » Il oublie de mentionner que ses aides avaient tous une profession qu'ils exerçaient en dehors de leurs activités liées à la Justice.

Comment ne pas imaginer, dans le séjour de la maison Deibler, Louis Rogis et les deux Desfourneaux, Ernest Deschamps et, dans un coin de la pièce, aux côtés de Marcelle devenue grande, Rosalie tendant l'oreille aux palabres des hommes qui cherchaient à

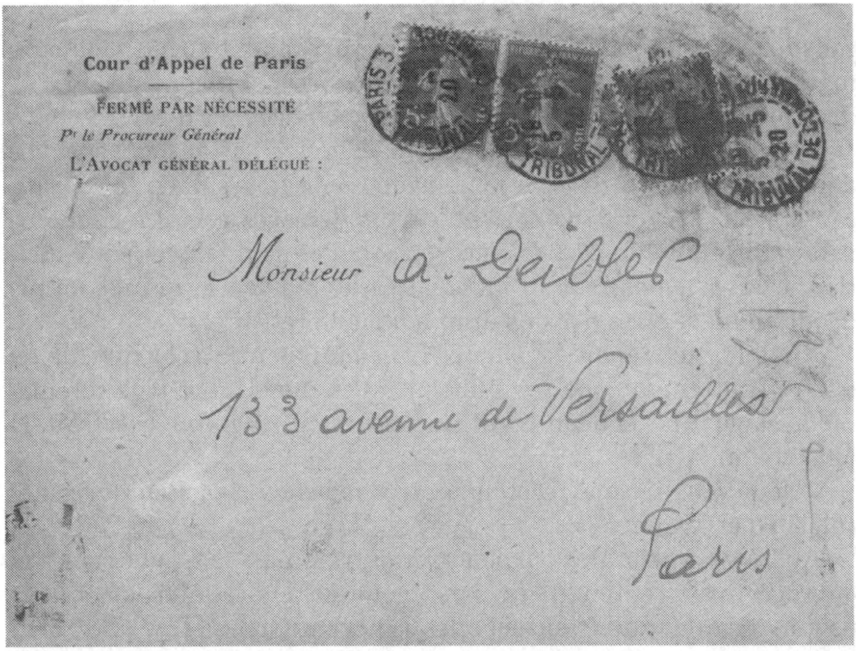

Cour d'Appel de Paris

FERMÉ PAR NÉCESSITÉ

P^r le Procureur Général

L'Avocat général délégué :

Monsieur A. Deibler

133 avenue de Versailles

Paris

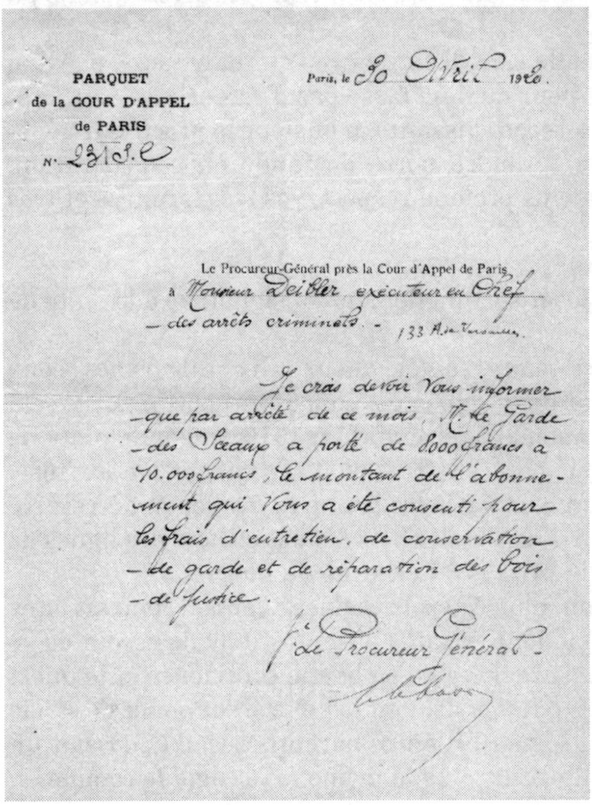

PARQUET
de la COUR D'APPEL
de PARIS

N° 2313 C

Paris, le 30 Avril 1920.

Le Procureur-Général près la Cour d'Appel de Paris

à Monsieur Deibler exécuteur en Chef des arrêts criminels. – 133 A. de Versailles

Je crois devoir vous informer que par arrêté de ce mois, M. le Garde des Sceaux a porté de 8000 francs à 10.000 francs, le montant de l'abonnement qui vous a été consenti pour les frais d'entretien, de conservation, de garde et de réparation des bois de justice.

Le Procureur Général.

Lettre du procureur général de la cour d'appel de Paris, du 30 avril 1920, à propos de l'augmentation des honoraires d'Anatole Deibler, « portés de 8 000 à 10 000 F ».

convaincre, par leurs arguments souvent mal tournés, toujours maladroits. Biffant pour mieux recommencer, chassant une erreur de syntaxe au profit d'une faute d'orthographe…

« Nous nous permettons d'attirer votre attention sur les demandes antérieures que nous avons déjà faites dans le courant des années 1917, 1918, 1919 et 1920, adressées à la direction des Affaires criminelles et des Grâces, lesquelles sont restées sans solution. Nous n'avons reçu ni indemnités de résidence, ni indemnités de vie chère et nous n'avons droit à aucune retraite. »

Anatole, qui tenait la plume, fut satisfait à la relecture de sa lettre. Il attendait que ses amis le félicitent et c'est très cérémonieusement que chacun signa le document que l'on posterait le lendemain.

« Nous vous serions reconnaissants, monsieur le procureur général, si vous "daignez"… »

Anatole regarda Desfourneaux, puis sa femme qui, le nez sur son ouvrage, avait « entendu » la question de son mari, qui n'entretenait pas, avec la langue française, des rapports faciles. Il y avait bien cinquante ans qu'il souffrait de cette situation sans avoir jamais pu y remédier.

– Avec un « i », dit-elle sans lever les yeux : « daigniez », avec un « i ». Elle épela le mot pour qu'il ne fasse pas d'erreur.

« Nous vous serions reconnaissants, monsieur le procureur général, si vous "daigniez" prendre notre demande en considération. Nous sommes, avec le plus profond respect, vos très humbles et très respectueux… »

– Signez, messieurs !

Et chacun vint apposer solennellement sa signature à la suite de celle du patron.

Peu de temps après, ses gages s'élevaient à dix mille francs ; ceux de ses aides augmentaient dans les mêmes proportions. À cela s'ajoutait, outre l'abonnement reconduit en 1916, une indemnité de dix-huit francs par jour pour les frais de déplacement en province. Mais afin de mettre un bémol à cette bonne nouvelle, on décréta, le 5 octobre 1920, que le transport des bois de justice hors des lignes de chemin de fer serait désormais à la charge du bourreau !

D'une certaine façon, plus Anatole s'effaçait, plus il rentrait dans le rang, plus il se « fonctionnarisait » et moins il avait besoin de se prémunir contre les résurgences de sa bonne conscience et le questionnement des autres, qui menaçaient la belle ordonnance de sa vie quotidienne. Lorsqu'il se mettait entre parenthèses, il endossait un costume dans lequel il n'était plus le même, une cagoule comme en portaient ses ancêtres au pied du billot, qui l'isolait de la foule et de son propre regard.

Les années d'après-guerre connaissaient une recrudescence de la criminalité. Toutes les guerres ont engendré ce phénomène et conduit des hommes jusque-là sains d'esprit à se comporter en assassins. Inlassablement, Anatole Deibler les consigna dans ses carnets. En 1921, il entama le troisième volume. Sans le savoir encore, dans les « carnets de condamnations » se retrouveront des assassins célèbres, des criminels de haute volée qui le feront sortir encore une fois de l'anonymat dans lequel il avait cru définitivement s'enfermer. Ils s'appelleront Henri-Désiré Landru ou Paul Gorguloff et ils donneront de la société française de leur temps une image sur laquelle viendront se calquer les réactions de l'opinion publique. Et comme en filigrane, la silhouette grave d'Anatole Deibler, témoin très particulier d'un long chapitre de l'histoire de France, longtemps sulfureux et jamais vraiment refermé. Or si cet homme est à ce point passionnant, c'est parce qu'il n'est peut-être pas si différent de l'homme de la rue qu'on dit banal : dans les peurs qui engendrent les certitudes, les pièges de la vie qui détournent les rêves et les petites joies de tous les jours qui pallient le bonheur et le recouvrent de cendres froides.

Des cendres, Landru en avait déversé de pleins seaux dans sa cave depuis le début de la guerre. Le drame était connu, comme est célèbre de nos jours encore le principal protagoniste de cette énigme qui s'est achevée le 30 novembre 1921, sur le banc des accusés du palais de justice de Versailles. Ce jour-là, les jurés de Seine-et-Oise condamnaient à la peine de mort le petit homme à la barbe taillée, qui avait séduit tant de femmes pour les assassiner : dix femmes, de tous les âges et de toutes les conditions, ainsi qu'un jeune garçon de dix-huit ans. Sous prétexte de mariage, il avait attiré chez lui, dans la banlieue parisienne, des veuves un peu naïves, pas vraiment éplorées, esseulées mais argentées. Puis, après les avoir empoisonnées une à une, il avait découpé leur corps en morceaux pour les brûler dans le foyer d'une cuisinière. « Bien qu'on eût retrouvé des fragments d'os humains calcinés appartenant à différentes personnes parmi les cendres de la cuisinière de sa villa de Gambais, l'assassin n'a jamais avoué pendant toute la durée de l'instruction, note Deibler, puis il a nié formellement pendant le cours des débats. » Anatole dressa ensuite la liste de ses forfaits, sans oublier que l'accusé, comme pour « se préparer », avait déjà fait l'objet de dix condamnations pour escroquerie et abus de confiance.

Au cours du procès, on verra croître l'intérêt de la presse et du public, stimulé par l'éventualité d'une erreur judiciaire. Certains

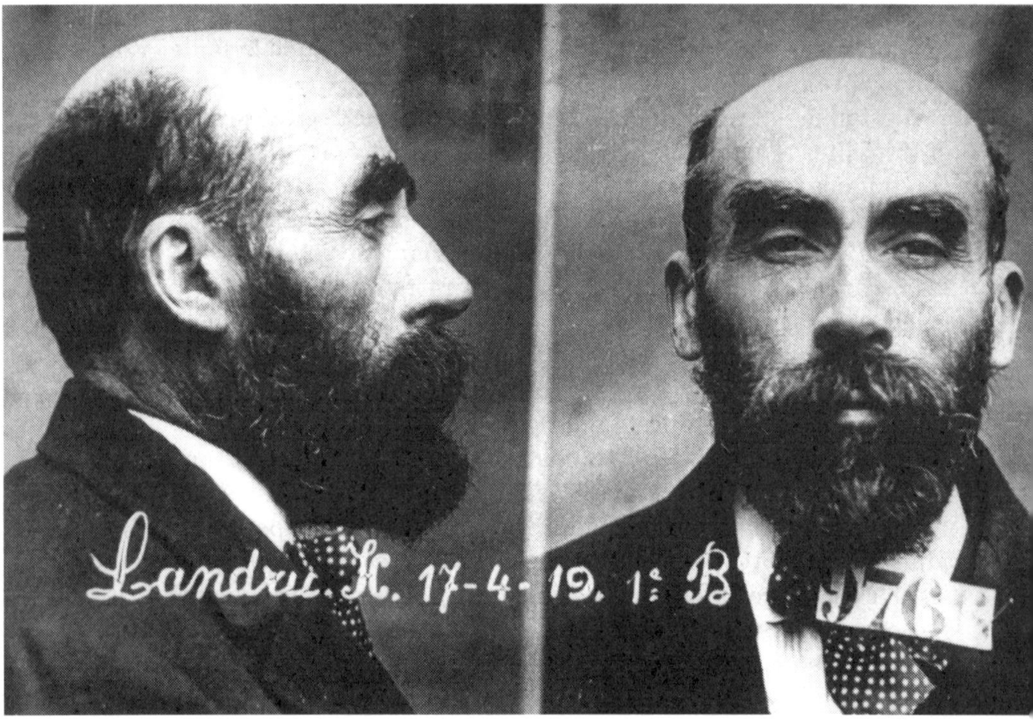

Portrait anthropométrique de Landru, condamné à mort le 30 novembre 1921.

journalistes ne seront pas dupes : « Oui, s'exclamera l'un d'entre eux, ce procès devient de plus en plus spectacle, mi-kermesse, mi-récital. Dans la salle on côtoie le Paris du Gotha : la petite-fille du prince de Monaco, la princesse Hélène de Grèce et l'un des fils du roi, qu'accompagne le chef du cabinet du préfet, la princesse de Valentinois, le ministre de Chine à Paris, avec sa femme et son secrétaire, le prince héritier de Perse et ses oncles… Et naturellement le Paris des coulisses, des bars, des caf'conc'! Avec au premier rang mademoiselle Polaire, la divette bien connue. Le samedi, surtout, est le jour de grande affluence : la semaine anglaise pardi ! »

André Obrecht, neveu d'Anatole Deibler, avait alors vingt-deux ans. Il n'était pas encore l'aide officiel de son oncle, mais il assistait aux exécutions depuis quelque temps. Pour se faire une idée avant de se faire la main. Pour lui, l'affaire Landru n'était alors qu'un « divertissement », une curiosité malsaine comme on en trouvait chez tous les spectateurs qui s'agglutinaient au voisinage de l'échafaud. Ce ne sera qu'après sa nomination qu'il tentera de mesurer l'importance que revêt l'acte de tuer en toute impunité. Ce ne sera que bien plus tard qu'il sera maître de ses sentiments, « investi de cette obsession qu'est la sentence suprême ». Et l'homme aux trois cent vingt-deux exécutions d'ajouter, à propos de son oncle qu'il vénérait : « Coupable ou non coupable ? Il est certain que cette question se pose à l'exécuteur plus qu'à tout autre citoyen. »

Anatole Deibler, une fois encore, n'a rien dévoilé de ses plus intimes réflexions ni de ses questionnements éventuels. Il s'est contenté « d'exécuter », aux sens propre et figuré du terme.

Tout le reste lui appartient pour l'éternité, c'est en cela qu'il est respectable. S'il s'était épanché plus que de raison, bafouant la pudeur la plus élémentaire en se prévalant de ses privilèges, on eût été tenté de lui reprocher cet abus de pouvoir. Peut-être, alors, lui aurait-on jeté à la figure, comme il le fit à ses débuts lorsqu'une femme était venue lui demander la faveur d'assister de près à la décapitation de son père :

– Un peu de dignité, madame !

De la dignité. Anatole Deibler en avait.

ÉPILOGUE

La dernière lame est tombée

Jusqu'à la fin des années trente, Anatole Deibler continua d'exercer sa profession comme un « fonctionnaire » de la Justice dont il n'avait pas le statut, mais dont il avait acquis l'esprit, la régularité de métronome et les gestes : répétitifs et sans surprise. Sa vie ne lui appartenait déjà plus à force d'être organisée. D'une certaine façon, il aurait probablement aimé connaître le moment de sa mort afin de la préparer, pour ne pas laisser la moindre place à l'aventure. Au hasard la plus petite liberté. C'est peut-être là sa revanche sur le destin qui l'avait piégé lorsqu'il avait vingt ans. Car Anatole était malade. Depuis plusieurs années, il souffrait d'une grave affection pulmonaire. Il avait cessé de fumer, s'octroyait à peine un verre de vin par jour et redoutait le froid par-dessus tout. Sa seule préoccupation, désormais, était le bien-être de sa famille et particulièrement celui de sa fille, Marcelle. Toujours tourmenté par les questions d'argent, il ne cessa de harceler le ministère et devint plus que jamais chicanier dans ce qui touchait à la vie quotidienne. Les plus petits détails de l'existence le détournaient des jours funestes où le bourreau le rappelait à son devoir. Pour la première fois, le 14 janvier 1938, souffrant, Anatole Deibler se fit remplacer au pied de la guillotine. Il prit ce jour-là toute la mesure de l'avertissement. Pourtant, treize mois plus tard, « Monsieur de Paris » s'apprêtait encore à partir pour Rennes…

« Hors l'état de guerre civile, nous n'admettons pas qu'aucune collectivité punisse de mort le plus odieux même des criminels », écrivait *L'Humanité* du 20 août 1922. À cette date, Obrecht assistait depuis peu son oncle Deibler dans ses œuvres. Encore « impressionnable », il s'est longtemps souvenu des premières « têtes » qu'il avait vues tomber. Aussi, le jour de l'exécution de Mécislas Charrier, le cri de courage et de volonté lancé par le « bandit du train bleu » ne le laissa pas indifférent. C'est ce qui a fait écrire au quotidien communiste que le supplicié avait été sacrifié « au besoin social de pouvoir s'endormir sans crainte si l'on est dans un train de nuit ». Comme Anatole, son neveu était entré dans le métier à pas comptés, un peu réticent malgré l'immense admiration qu'il éprouvait pour son oncle. Il mit donc beaucoup de temps pour comprendre comment un homme comme lui, aussi doux dans la vie privée, pouvait faire une chose pareille. « C'est vrai qu'il était gentil, mon oncle, confessera-t-il à Jean Ker en 1989. Très gentil. »

Mécislas Charrier était devenu célèbre après l'affaire du « train n° 5 ». Le dimanche 24 juillet 1921, à 19 h 55, Charrier, Bertrand et Thomas, bien connus des services de police, montaient à la gare de Lyon dans le rapide à destination de Marseille. Ils s'étaient rencontrés quelques mois plus tôt à la prison centrale de Grenoble, et « l'alliance qu'ils avaient nouée », dira Deibler, s'est affirmée par un premier cambriolage dès qu'ils s'étaient retrouvés en liberté.

Obrecht, le 1er août 1922, questionna son oncle sur « l'affaire du train ». Il était rare qu'Anatole se livrât, mais le jeune homme insista parce que l'histoire avait défrayé la chronique et ce qu'il en savait lui-même ne relevait pas du secret de l'instruction. C'est en outre un véritable roman, que Deibler a résumé dans son carnet sur plus de dix pages ! Était-il fasciné par cette rocambolesque épopée criminelle ? La façon qu'il eut de la conter à son neveu nous eût renseignés sur ses sentiments, mais Obrecht n'a rien révélé non plus de cette « veillée », au terme de laquelle Anatole est parti se coucher de bonne heure.

– Ce mauvais coup à peine exécuté, reprit Deibler, ils en combinèrent un autre.

– C'est Charrier qui en eut l'idée, je crois, intervient Obrecht en prenant une cigarette.

– Oui, dit simplement Deibler en observant les mains d'André.

Celui-ci suspendit son geste, puis il éteignit la cigarette qu'il venait d'allumer.

– Excuse-moi, j'avais oublié que la fumée t'incommode.

– Elle m'est surtout interdite par les médecins, tout comme le vin !

– Les médecins... et Marcelle ! ajouta malicieusement André Obrecht.

L'oncle et le neveu s'abandonnèrent à quelques rires étouffés, puis Anatole reprit le cours de son récit.

– Il s'agissait pour eux d'assaillir les voyageurs d'une voiture de première classe, dans un train de grande ligne, et de les contraindre, en jouant au besoin du revolver, à se dépouiller de toutes les valeurs qu'ils avaient sur eux. Il suffisait ensuite de faire stopper le train en tirant sur le signal d'alarme et de se fondre dans la nuit...

– S'il n'y avait pas eu de victimes, observe Obrecht, cette entreprise eût été presque digne d'admiration. Depuis la bande à Bonnot, les « gangsters » ne mettent plus de limites à leur imagination.

Il sentit tout à coup que le ton de sa voix n'avait pas plu à son oncle, qui ajouta :

– Ce n'est pas parce que nous vivons du crime qu'il faut en faire l'apologie.

C'était froid et sans appel. André Obrecht, qu'Anatole considérait comme son fils, ne possédait pas les arguments qui pouvaient convaincre son oncle, faute d'expérience et de recul sur son nouveau métier. Certes, il avait honorablement passé son « baptême du sang » ; et s'il n'en était pas encore conscient, il sentait obscurément qu'il n'était déjà plus le même. Il y a « l'avant » et « l'après », confiera-t-il plus tard, « et la vie se chargera de me transformer » ; de lui faire comprendre le moment venu que, pour survivre à sa charge, il lui faudrait adopter ce qu'il appellera « le réflexe de l'exécuteur » ou le dédoublement de la personnalité.

– Les trois bandits jetèrent leur dévolu sur le rapide Paris-Marseille et sur les voyageurs occupant le dernier wagon de première classe. Pour ne pas éveiller l'attention, les trois complices montèrent séparément dans le train. Ils avaient prévu de se rejoindre à l'arrêt de Dijon. Là, au buffet de la gare, dans un suprême conciliabule, ils décideraient des détails de l'opération : dix minutes après le départ du train, ils se réuniraient dans la voiture de queue et ils procéderaient aux ultimes préparatifs. Aussi, à l'heure dite, les trois bandits s'y retrouvèrent et Charrier fut le premier à passer à l'action.

Obrecht se faisait un film de ce que lui racontait son oncle. Dans la cuisine, sa tante Rosalie préparait le dîner. Comme chaque mardi, Anatole avait fait le marché, avenue de Versailles, à deux pas de la porte de Saint-Cloud. Il en avait rapporté quelques légumes qu'il mangera en silence, enfermé probablement dans le mutisme qui préside aux journées d'exécution. Mais il était encore tôt et, pour l'instant, le bourreau se refusait à faire le lien entre l'homme dont il racontait maintenant l'histoire sans préjugés et le prisonnier de la Santé qu'il réveillera tout à l'heure.

– Lorsqu'il sortit des toilettes où il s'était enfermé, Charrier apparut vêtu d'un pantalon de pyjama et d'une gabardine dont il avait relevé le col, un masque sur le visage et, sur la tête, un bonnet de bain en caoutchouc. Son rôle était de se tenir à l'entrée du wagon pour en interdire l'accès, et pour être à même de prêter main-forte à ses complices en cas de besoin. Thomas portait un foulard sur la tête et Bertrand un casque d'aviateur lorsqu'ils sortirent à leur tour des toilettes. Leur rôle était de rançonner les voyageurs. À une heure du matin, quand il leur apparut que tout le monde dormait, la visite commença. Les deux hommes pénétrèrent dans le premier compartiment.

Autour d'André Obrecht, le décor du salon d'Anatole s'était transformé ; le rythme saccadé du « train bleu » remplaça les confortables fauteuils de la villa d'Auteuil. Obrecht, au milieu des autres voyageurs, est monté dans la voiture de queue, à 19 h 55, dans la cohue de la gare de Lyon…

Un long sifflement retentit dans la nuit. Il n'y a aucune lumière dans la campagne environnante. Le rapide roule en direction de Marseille…

Le docteur Morucci, député des Bouches-du-Rhône, dort seul dans son compartiment. Dans l'ombre une main se lève, puis elle s'abat violemment sur sa tête. En même temps, une voix lui crie :

– L'argent ! Allons, l'argent !

Lorsqu'il ouvre les yeux, le député voit deux hommes déguisés, revolver au poing, qui se tiennent au-dessus de lui en le menaçant. Thomas se saisit du portefeuille du malheureux et le tend nerveusement à son complice, qui le déleste des quatre cents francs qu'il contient. Puis il éventre d'un coup de couteau le sac de voyage qui se trouve au pied de la couchette. Profitant de l'arme brandie par Bertrand, Thomas fouille les vêtements du député qui ne contiennent même pas une pièce de monnaie.

– Pas un mot si tu tiens à la vie ! lui intiment les deux bandits.

Dans le compartiment suivant dort le major Palaper…

Quelques minutes plus tard, ils en ressortent en le menaçant :

– Si par malheur tu donnes l'alarme, je te mets trois balles dans la peau ! dit Bertrand en lui jetant dédaigneusement les quinze francs qu'il venait de lui subtiliser.

« Jusque-là, se dit André Obrecht, l'aventure est plutôt romanesque. »

Le compartiment suivant est occupé par un couple à qui les malfaiteurs dérobent sept cents francs, sans avoir besoin d'user d'aucune violence physique. Le geste et la parole ont suffi pour les convaincre de ne pas opposer de résistance. Une porte claque. Le capitaine Morel, qui occupe le compartiment voisin du couple, cherche à se retourner sur sa couchette. C'est alors qu'il voit, penché au-dessus de lui, un homme masqué braquant une arme sous son nez. Au même instant, son compagnon de voyage, le lieutenant Carabelli, esquisse le geste de se redresser…

– Haut les mains ! hurle l'un des malfaiteurs.

Alors, d'un bond, sans qu'Obrecht ait le temps de se ressaisir, le lieutenant saute sur le plus rapproché des deux individus masqués pour lui saisir le poignet. André croit alors entendre la voix de son oncle lui criant de ne pas se tenir aussi près des acteurs d'un drame qu'ils vont consommer d'un instant à l'autre. Cette réflexion le sort de son rêve. Les yeux hagards, il pose sur Anatole un regard inexpressif de somnambule.

Une balle vient frapper le lieutenant en pleine poitrine. Mortellement atteint, il s'écroule aux pieds de son agresseur tandis que le capitaine Morel se voit contraint de remettre l'argent qu'il porte sur lui. Et comme le lieutenant Carabelli se débat encore :

– Tais-toi ! nous sommes ici parce que nous refaisons la société ! lui dit Bertrand que le râle du mourant ne risque pas d'émouvoir.

Attiré par le coup de feu, Charrier se précipite vers le compartiment au moment où le major Palaper sort dans le couloir. Mais celui-ci n'a pas le temps de s'en prendre à Charrier. Un violent coup de poing le renvoie sur sa couchette. Du cinquième compartiment, les complices hurlent et menacent les voyageurs de leurs armes. La minutieuse organisation de Charrier tourne à la débandade. La panique est en train de s'emparer des voleurs, qui, dans un geste imprévu, sont devenus des assassins. Des hommes dont la vie, d'un seul coup, vient de basculer dans la tragédie en même temps que celle de leur victime.

– L'argent ! Haut les mains ! Pas un mot ou vous êtes morts !

– Nous sommes quinze ! balbutie l'un des bandits pour se donner du courage.

Mais aucun des voyageurs n'a plus envie de se défendre. Dans la nuit, le « rapide n° 5 » file vers le sud. Seules les fenêtres de la voiture de queue sont encore éclairées.

Les occupants du cinquième compartiment laissent près de deux mille francs dans l'escarcelle des malfaiteurs. Dans le suivant ils récolteront deux mille cinq cents francs en espèces, une bague estimée à vingt-cinq mille francs et de nombreux autres bijoux, dont une montre, sa chaîne en or et un médaillon enrichi de diamants. Après avoir investi le septième et dernier compartiment sans que personne encore ait tenté de s'interposer, les trois complices tirent le signal d'alarme. Alors, pendant que le train bloque ses roues dans une gerbe d'étincelles, Charrier, Bertrand et Thomas sautent du wagon pour se fondre dans la nuit.

L'histoire aurait pu s'arrêter là. Et malgré la fin malheureuse du lieutenant Carabelli, qui succomba finalement à sa blessure, elle aurait exacerbé les fantasmes des escrocs en herbe et des apprentis cambrioleurs. Elle aurait fait le plus bel effet sous la plume d'un romancier de talent qui, sans excuser les criminels, aurait su les rendre sympathiques aux yeux de ses lecteurs. Ils se seraient évanouis dans la nuit et n'auraient pas connu la cour d'assises ; Anatole Deibler, imperturbablement, aurait refermé ses carnets sans écrire une ligne... Mais l'histoire a une autre fin.

– Voici ce qui s'est passé, dit Anatole à son neveu qui l'interrogeait du regard. Les hommes se rendirent à pied à Nolay, de là en chemin de fer à Étang, puis à Nevers et Montargis ; enfin, ils gagnèrent Paris en automobile.

Un mois après le déraillement du rapide Paris-Lille, qui coûta la vie à vingt-cinq personnes, la chronique ferroviaire alimentait à nouveau les conversations. La police, avertie de leur cavale, attendait « les bandits du train bleu » aux portes de la capitale. Charrier fut le premier à être arrêté, le lendemain à neuf heures du matin. À leur tour, ses deux complices ne tarderont pas à tomber entre les mains des inspecteurs, à la terrasse du café qui fait l'angle de l'avenue de Wagram et du faubourg Saint-Honoré.

– D'une première balle, Bertrand blessa mortellement l'inspecteur Curnier qui s'était jeté sur lui. Un deuxième coup de feu claqua : le malfaiteur venait de tirer une deuxième, puis une troisième balle sur le brigadier chef Didier, et sur l'inspecteur Maître. Mais le tir était mal ajusté. Ratant ses cibles, le meurtrier du premier policier fut atteint à son tour et s'effondra sur le trottoir. Au même instant, son complice riposta contre l'inspecteur Vidal qui venait de se saisir de lui. Réussissant à se dégager, Thomas n'eut toutefois pas le temps de sortir son arme ; plus prompt que lui, l'inspecteur Legrand l'abattit d'une balle dans la tête.

Le 2 août 1922, soit plus d'un an après les faits, Mécislas Charrier, vingt-sept ans, se proclamant anarchiste, payait pour ses camarades les meurtres d'un voyageur et de l'inspecteur Curnier. Au cours de son procès, il n'a rien fait pour tenter de se disculper. Arrogant, méprisant pour le tribunal et la société qu'il disait vouloir combattre jusqu'à son dernier souffle, Charrier ne bénéficia d'aucune complaisance, ni de la part des magistrats ni de la part des jurés qui l'avaient condamné à la peine capitale trois mois auparavant. Le jour de l'exécution, boulevard Arago, deux trains de pèlerins à destination de Lourdes se percutaient de plein fouet. On dégagea trente-six victimes des amas de ferraille enchevêtrées que les sauveteurs mirent plusieurs heures à découper. La tête de Mécislas Charrier, qui chantait *L'Internationale* et *La Carmagnole* dans le couloir de la mort, fut emportée par le tranchoir du bourreau à 4 h 45 précises.

Marcel Montarron, qui fut chroniqueur judiciaire, n'a pas oublié cette première exécution, à laquelle il assista le 2 août 1922. Il l'a racontée dans un livre paru quarante-trois ans plus tard. « Je me souviens de mon baptême de l'échafaud, écrit-il. On y conduisait ce matin-là Charrier, l'un des bandits du train n° 5. Il expiait l'assassinat d'un voyageur de première classe dans le rapide de Marseille, et je le revois, descendant du funèbre fourgon, si pâle sous la haute tignasse qui semblait hérissée sur sa tête. Le vieil aumônier de la Santé, qui se plaignait toujours que la presse écorchait son nom, était à ses côtés, dressant le crucifix qu'il tenait à la main à la hauteur de son front. Ce prêtre à cheveux de neige pleurait positivement et c'est d'une voix chevrotante qu'il exhortait le condamné à mourir chrétiennement : "Mon fils, pensez à Dieu : sa miséricorde est infinie..." Alors, dans ce silence surnaturel qui précède les exécutions capitales, le silence des gens qui ont peur ou qui ont honte pendant trente secondes de vivre devant un mort vivant, la voix de Charrier s'éleva. Une voix gouailleuse qui semblait venir d'outre-tombe : "Pleurez pas, monsieur l'aumônier, ça n'en vaut pas la peine !" Nous n'en entendîmes pas davantage. C'était le moment où il existe vraiment, visuellement, une zone franche entre la vie et la mort, celle où des vivants épouvantés saluent un mort qui parle et qu'on pousse sur une bascule, et où on espère encore un mot de plus quand on a déjà entendu le bruit du couperet. »

C'est quand tout est consommé, quand le trottoir du boulevard Arago a été lavé à grande eau par ses assistants qu'Anatole Deibler, de retour chez lui, ferme la parenthèse qui lui permet de reprendre son rôle au milieu des siens, de père et d'époux sans histoire, d'homme banal hors du commun. Le débat était ailleurs, loin du salon feutré du bourreau de la République : il était aux Chambres depuis des lustres, dans les cafés, sur les places publiques. Mais il était toujours sans effet lorsqu'il s'agissait de mettre un terme à une loi qui, désormais, dans la France des Droits de l'homme, demeurait une voix discordante au cœur de la vieille Europe.

En ce temps-là, il est vrai, le monde prenait d'abord le temps de s'amuser. Et lorsque la peine de mort venait s'immiscer dans les discussions de salon, elle était un sujet de plaisanteries. L'occasion, pour ceux qui s'intéressaient à la question, de placer un mot d'esprit, de rapporter une anecdote qu'ils colportaient dans les dîners en ville. De la rive gauche à la rive droite, l'opinion jonglait avec la tête des condamnés. Entre 1921 et 1924, la France recensa quinze mille sept cent quatre-vingt-neuf crimes, cinq cent soixante-deux mille délits, et procéda à plus de trois cent mille arrestations. En même temps, cent soixante-sept personnes furent condamnées à la peine de mort en cour d'assises, dont soixante-trois verront leur tête rouler dans le bac de son !

C'étaient les Années folles. On dansait le charleston dans tous les cabarets à la mode, Maurice Chevalier chantait *Valentine* et *La Revue nègre* passionnait Paris, capitale du monde, inconséquente et légère devant les nouvelles menaces de l'horreur et les vérités qu'on préférait oublier. Le 18 juillet 1925, Adolf Hitler publiait *Mein Kampf.* Le 8 août, le Ku Klux Klan tenait son premier congrès à Washington. Un peu partout en Europe, les dictatures morales et nationalistes s'emparaient du pouvoir. En France, Paris vivait encore le contrecoup des années de guerre. « 1918, la paix : l'homme exaspéré, tendu, immobilisé pendant quatre ans, enfin lève la tête, se détend, ouvre les yeux à la vie ; frénésie de danse, de dépenses, de pouvoir enfin marcher debout, crier, hurler, gaspiller », disait Fernand Léger, porte-parole des artistes à la mode. Les forces vives de la nation songeaient à vivre aveuglément. La mort n'était plus d'actualité, elle avait perdu son sens tragique et ne faisait plus recette. Pour un temps seulement. Les millions de cadavres relevés des tranchées avaient rendu relatif tout débat de fond sur l'utilité de la guillotine. Face à l'armée disparue des poilus, les criminels de droit commun ne faisaient pas le poids.

En ce printemps 1925, Anatole Deibler fêtait les vingt ans de sa fille. Entre les lettres écrites à l'attention du garde des Sceaux, la préoccupation récurrente qui le pousse à réclamer le statut de fonctionnaire afin de bénéficier du régime des retraites de l'État, le bourreau grossit sans état d'âme les statistiques du ministère de la Justice. Le 8 février 1927, il peut écrire dans son « carnet d'exécutions » le chiffre « 295 » à l'encre rouge, auquel il ajoute : « Mardi, 6 h 50, temps clair. »

La parenthèse fermée, le bourreau consacrait tout son temps au projet de construction d'une maison de vacances au bord de l'océan, sur le terrain qu'il avait acquis en 1924 pour la somme de vingt-quatre mille francs. La famille Deibler, comme des milliers d'autres en France, pensait aux beaux jours qu'elle occuperait à concrétiser ses rêves. Autour d'eux, le monde se crispe sans qu'Anatole Deibler en prenne ombrage. Aux États-Unis, l'affaire Sacco et Vanzetti s'inscrivait pour lui dans la logique de ses trois exécutions de l'été. La presse s'en empara sans qu'il jugeât nécessaire d'y répondre.

Cet été-là, l'exécution par électrocution des deux anarchistes italiens donnait à Gustave Téry l'occasion de publier dans *L'Œuvre*, à la date du 23 août, une lettre ouverte au gouverneur américain de « l'État meurtrier », dans laquelle il fustige le bourreau français. Cet article est intitulé « Elliot et Deibler » : « Bien qu'il soit plus expéditif, notre Deibler n'est pas moins répugnant que votre Elliot. Mais nous l'avons assez vu, et la première conséquence bienfaisante de l'affaire Sacco et Vanzetti doit être pour nous l'abolition de la peine de mort. On va la demander au Parlement. Qui se lèvera pour la défendre ? »

La réponse à cette question lancinante restera en suspens bien des années encore.

Les archives d'André Obrecht contiennent une lettre datée du 30 août 1927, par laquelle son épouse, fort émue par l'attaque portée publiquement à Deibler par Gustave Téry, donne son sentiment sur « l'oncle Anatole ». Obrecht avouera plus tard avoir quelquefois rédigé des lettres anonymes à l'attention des journaux qui « ne respectaient pas la vérité ». Il l'a fait, dira-t-il, afin de rectifier « l'énormité des sottises contenues dans les articles, pour préciser un détail, rectifier une erreur, stigmatiser la malveillance ». Georgina Obrecht fit de même. La lettre fut publiée par Jean Ker en 1989 : « Où vas-tu chercher que Deibler soit répugnant ? Le connais-tu ? Oui ? Alors tu mens. Non ? Alors tais-toi. Moi, je l'ai vu, j'ose te dire que, sans arrière-pensée, sans trouble, je lui tends loyalement la main ; je t'assure qu'il n'est pas répugnant du tout. J'irai même plus loin : il est extrêmement gentil ! Quoi ? Parce qu'il exécute les sentences de mort prononcées par des jurés à peine assez sévères, parce qu'il raye de la société des êtres immondes qui ont tué, assommé, violé, brûlé, torturé des êtres sans défense, tu cries ? Je voudrais te voir un instant, les pieds savamment chauffés jusqu'à ébullition, par des bandits aussi adroits que raffinés ; je voudrais que tu eusses découvert ta mère le crâne défoncé d'un coup de matraque et agonisant sous tes yeux ; ou, si tu es père, ta fille salie, flétrie, peut-être tuée... Alors, sans doute, tendrais-tu les mains vers "notre" Deibler en lui criant : "Vengez-moi !" »

Jamais Anatole n'eût tenu de tels propos. Sans doute même eût-il réclamé de madame Obrecht un peu plus de dignité !

Cette argumentation favorable à la peine de mort était éculée depuis longtemps, depuis toujours. On ne prend pas position lorsqu'on est juge et partie. La loi du talion a ses raisons que l'indépendance de la Justice ne tolère pas. La vengeance est un autre sentiment, totalement étranger à l'administration d'une peine. Deibler connaît les règles et déteste ceux qui prennent la liberté de le « défendre » pour assouvir leurs instincts. Il n'aurait jamais accepté d'être pris en exemple. Sa mission était d'ordre public et répondait aux lois de la République.

« J'ai eu l'honneur d'être reçu par vous, écrivait-il à cette même époque à maître Evain, député de Paris. Je vous ai fait connaître que j'avais adressé une demande à Monsieur le Garde des Sceaux, afin d'être reconnu comme fonctionnaire, ainsi que mes adjoints, et par cela même en avoir les avantages, entre autres la retraite. Vous m'aviez promis d'en parler à Monsieur le Garde des Sceaux, qui à ce moment était Monsieur Pierre Laval. »

Cette lettre n'est pas la première du genre. Et Deibler de poursuivre :

« Depuis le 25 novembre 1870, jusqu'au 1er août 1920, les appointements de chef étaient de huit mille francs. Sur ma demande, le 1er août 1920, on m'a accordé dix mille francs et, le 1er août 1924, onze mille six cents francs, mes appointements actuels. Je suis loin de l'augmentation que tous les travailleurs ont obtenue, et, de plus, en raison de la profession qui inspire encore tant de préjugés, je suis obligé d'habiter une maison particulière, ce qui me cause de grands frais. »

Deux ans plus tard, alors qu'entre-temps, sur son abonnement, il avait dépensé trois mille francs pour la fabrication d'un nouveau fourgon destiné au transport de la guillotine, le bourreau relançait l'affaire des gages. Vitale. Obsessionnelle. Pourtant, de toute évidence, les finances de la famille n'étaient pas précaires. Marcelle, en 1929, recevait sa première voiture et l'hôtel particulier qu'Anatole avait fait construire au 133 *bis* de l'avenue de Versailles venait d'être vendu. Il possédait encore, outre deux immeubles de rapport dans Paris, le terrain qu'il venait d'acquérir à Royan pour y bâtir une maison de vacances, et dans le Cher une petite ferme – au dire de Paul Dornain. Marcelle elle-même ne confesserait-elle pas à Jean Ker, lorsqu'il lui demandait si la famille vivait exclusivement des honoraires de bourreau de son père : « Je ne pense pas. Il ne gagnait pas assez pour acheter tout cela. Mais il avait une petite fortune personnelle provenant de la succession, de l'héritage de son père. » Et les années de dépression économique ne semblent pas l'avoir privé de ses économies.

Plus il était confronté au débat sur la peine capitale, plus les journaux et l'opinion le pressaient de s'exprimer sur cette question, et plus il cherchait à faire diversion. Il s'enfermait alors dans un mutisme qui le protégeait à la fois des abolitionnistes qui le conspuaient et des partisans intraitables de son maintien qui révéraient sa mission de « salubrité publique ».

Le conflit rebondit lors de l'exécution d'Alexandre Ughetto, le 24 janvier 1930 à Digne. Dans *La France* de ce jour-là, on peut lire sous la plume de son correspondant : « Il ne vient à l'esprit de quiconque de soutenir que l'on doit traiter les criminels endurcis avec une bienveillance confinant à la faiblesse. Tant que l'humanité n'aura pas atteint un stade de perfection tel que les individus détermineront leurs actes d'après la seule conscience ; tant que l'égoïsme régnera sur terre ; tant que les appétits et les passions exerceront sur les âmes une influence prépondérante ; tant que le sentiment du Devoir et l'idée de Fraternité ne seront pas la règle de l'universalité des hommes, il serait puéril de nier l'efficacité réelle et la nécessité absolue d'une punition proportionnée à la faute commise. Mais de là à verser le sang humain, il y a loin. La vie mérite qu'on la respecte… »

Or c'est précisément cette année-là que le gouverneur général de l'Indochine confirmait à l'exécuteur en chef, par l'intermédiaire du directeur de l'Agence générale des colonies, la commande d'une guillotine qu'il avait passée quelques mois plus tôt pour le Tonkin. Anatole Deibler, qui lui avait adressé un devis, prenait connaissance de la réponse à son envoi le lendemain de Noël 1930. « Monsieur, j'ai l'honneur de vous faire connaître que j'accepte vos propositions de fourniture comportant : 1 semelle, 2 montants, 1 chapiteau, 1 planche à coulisse formant bascule, 6 jambes de force en fer forgé, 2 couteaux avec un étui, 1 caisse contenant tous les boulons et les divers accessoires nécessaires au bon fonctionnement de l'appareil, 1 baquet en tôle galvanisée, 1 panier en rotin doublé de zinc, 1 échelle en chêne,

Numéro :
Date :

Références à rappeler sur les factures et la correspondance.

RÉPUBLIQUE FRANÇAISE.
LIBERTÉ – ÉGALITÉ – FRATERNITÉ.

BUDGET local
CHAPITRE —
EXERCICE 30.

MINISTÈRE DES COLONIES.

AGENCE GÉNÉRALE DES COLONIES.

LIEU DE LIVRAISON : Marseille

COLONIE Indochine SERVICE DESTINATAIRE Justice
Ordre d'achat n° 294 1930

APPEL D'OFFRES.

M

domicilié à , rue , n° , est prié de vouloir bien **compléter, arrêter en toutes lettres et signer** la présente soumission, puis la faire parvenir à *Monsieur le Chef du Service administratif* avant le le plus tot possible **date impérative.** L'enveloppe ci-jointe devra être utilisée pour cet envoi, à l'exclusion de toute autre. **Passé la date ci-dessus, il ne sera pas tenu compte de la soumission.** Si le montant de la soumission dépasse 6.000 francs, la fourniture devra obligatoirement faire l'objet d'un marché dont les frais de timbre, d'enregistrement et d'impression seront à la charge du soumissionnaire. La soumission ci-dessous ne constitue qu'une demande de prix : la commande sera faite ultérieurement, s'il y a lieu, par l'Administration.

Paris, le

l'Ingénieur en Chef:

SOUMISSION (À REMPLIR PAR LE FOURNISSEUR).

Je, soussigné, *domicilié à* *, rue* *, n°* ,
m'engage envers le Directeur de l'Agence générale des Colonies *à fournir les objets dont la nomenclature suit, dans les délais, aux prix et conditions indiqués ci-dessous*

1° Recette technique. La fourniture sera terminée et présentée en recette technique à dans un délai de à compter du lendemain de la date de notification de la commande.

2° Emballage...... En caisses pleines en bois de 22 m/m d'épaisseur, renforcées par des traverses, ou en barils bien jointifs en bois de 12 m/m d'épaisseur renforcés à chaque extrémité par quatre feuillards placés en croix. Le poids de chaque colis ne devra pas dépasser 2000 kilogrammes.

3° Marquage des colis. Chaque colis devra porter à la peinture noire l'indication de la *Colonie*, du *Service destinataire*, du *Port d'embarquement*, de la *Nature des objets* et du nom du *Fournisseur*.

4° Remise au chemin de fer .... Aura lieu dans un délai maximum de 15 jours, à compter de la recette technique.

5° Livraison....... Aura lieu **franco de port**, au port de MARSEILLE dans les Magasins du Service colonial ou à l'endroit qui sera indiqué par le Chef dudit Service.

6° Factures .... Devront être adressées au Chef du Service colonial du port de livraison, en deux expéditions, dont une sur papier timbré.

DÉSIGNATION DES ARTICLES. 1	ESPÈCE des UNITÉS. 2	QUANTITÉS à LIVRER. 3	PRIX de L'UNITÉ. 4	APPLICATION DES PRIX aux quantités. 5	CONDITIONS PARTICULIÈRES.
Une guillotine complète avec accessoires	Nbre	I			

NOTA/ Cet engin, étant appelé à être transporté dans des régions assezreculées et devant pouvoir être monté et démonté sous la surveillance d'un exécuteur indigène devra être facilement démontable.
Le poids maximum des pièces séparées ne devrait pas autant que possible dépasser 300 Kgs pour pouvoir être facilement manutentionnées au passage des bacs ou lors de l'embarquement sur des chaloupes.
Il sera fourni à l'appui de la proposition des croquis plans et descriptif permettant d'identifier très exactement l'appareil./.
Le prix à indiquer devra comprendre l'emballage le transport et la livraison dans les magasins du service colonial du port de Marseille ou sur quai à l'emplacement indiqué par le Chef du Service colonial de ce port./

Colonies. — Service général — 1929. (93 - Rames 450 ...) — J. 57251.) (F. 21..)

Appel d'offres du ministère des Colonies, en 1930, pour la construction d'une guillotine destinée à l'Indochine. Anatole Deibler était responsable de la construction et de l'acheminement de l'ensemble des pièces jusqu'à leur livraison et leur embarquement à Marseille.

moyennant le prix global et forfaitaire de trente-cinq mille francs, ce prix comprenant la peinture de l'appareil et l'emballage maritime en caisses pleines en bois de 22 millimètres d'épaisseur. Une lettre de voiture vous sera remise le jour de la recette technique en vue de l'expédition du matériel ci-dessus au chef du Service colonial de Marseille. Vous aurez à faire apposer sur les colis, à la peinture noire indélébile, les marques suivantes… »

De plus en plus, par le truchement de ses « carnets », par réaction peut-être, Deibler « entrait » dans la personnalité des condamnés ; dans une espèce d'« intimité » fictive qui se traduisait par le récit circonstancié des crimes perpétrés par ses futures « victimes », par une sorte de mise en scène aussi, de dramaturgie romanesque. Au fil des ans, les notes se sont allongées, les détails sont apparus de plus en plus nombreux, comme s'il voulait s'immiscer dans l'histoire qu'il « racontait ». Vivre par procuration la vie de ceux dont il se rendait maître chaque fois qu'il signait une levée d'écrou. L'affaire Ughetto remplit neuf pages du « carnet d'exécutions ». Et tous ceux dont il développait alors l'enchaînement des « aventures » n'étaient pas des criminels de haut vol. Tous ne s'appelaient pas Georges Gauchet, Paul Gorguloff ou Violette Nozières.

Car il est des criminels qui ont incontestablement fasciné Deibler. Le jeune Gauchet fut l'un de ceux-là. Il le croisait pour la première fois de sa vie à l'aube d'un samedi de brouillard, le 26 décembre 1931. Lorsqu'il fut réveillé ce matin-là par les aides du bourreau, celui qui s'était exclamé devant ses juges : « Le verdict est juste ! » s'en allait la tête haute, avec la même dignité qui lui avait fait refuser tout recours en grâce. Ces hommes-là méritaient peut-être la mort aux yeux de l'exécuteur, mais avant tout, ils ont droit au respect de la société qui les a condamnés. Respect des autorités de l'État qui les accompagnaient jusqu'au lieu du supplice au milieu d'un peloton de gendarmes ; respect de l'Église et dignité du bourreau. Respect de la mémoire aussi, seule transgression d'Anatole Deibler au code de procédure judiciaire, puisque les corps des suppliciés devaient être jetés dans une tombe anonyme et disparaître ainsi des tablettes de l'Histoire. Les « carnets » du bourreau, depuis un demi-siècle, bafouent la règle.

Anatole en était-il conscient ?

Pouvait-il s'imaginer qu'ils seraient rendus publics ? On ne le saura pas, et la question, tout compte fait, n'a que peu d'intérêt désormais. Ce qui conserve toute son importance, en revanche, reste le fait que l'exécuteur en chef des Hautes Œuvres pour la France et la Corse, depuis 1885, a tourné les pages d'un chapitre de l'histoire contemporaine en éclairant les mœurs de ses acteurs d'un jour un peu particulier. À travers lui, en l'accompagnant dans ses deux vies, c'est tout un pan de l'intimité d'un homme secret qui se révèle au grand jour. Pour un tout petit peu de connaissance en plus.

Que faisait-il au Salon du livre des anciens combattants, lorsque l'anarchiste soviétique s'est jeté sur Paul Doumer, devant le stand de l'écrivain de marine Claude Farrère ? Que s'est-il dit, lorsqu'il a appris, par la presse probablement, que l'assassin du président de la République venait d'acheter plusieurs exemplaires du dernier ouvrage de son auteur préféré ? Comme lui, Gorguloff avait peut-être rêvé, en 1913, sur les aventures de *Thomas l'Agnelet, gentilhomme de fortune*. Ce n'était donc pas la première fois que le bourreau trancherait le cou d'un homme qui ne lui était pas indifférent. La vie d'Anatole Deibler fut tellement contradictoire qu'elle a fini par ressembler à celle des « clients » que lui confiait insolemment la société de son temps.

Puis il aima de moins en moins se déplacer. Chaque fois qu'une note du procureur de la République l'appelait en province, il s'y rendait en bougonnant. Les voyages en train le fatiguaient, et ses assistants, qui se plaignaient de ses longs silences, n'osaient plus lui adresser la parole sans avoir l'impression de le déranger. On le savait malade, mais on trouvait qu'il avait très vite et beaucoup changé. La double exécution d'Angoulême, le 20 juillet 1933, sera à cet égard un véritable calvaire. « Ceux qui pendant trois jours nous ont pistés tels des chiens de chasse étaient deux journalistes, un rédacteur et un photographe. Ils avaient dû percevoir la promesse d'une belle prime, car ils ne nous lâchèrent pas une seconde. »

Georges Martin était du voyage.

L'avant-veille, en début de soirée, il était occupé à réparer un vieux poste de TSF.

– C'est un mot du « patron », lui dit fièrement sa femme en lui tendant une enveloppe arrivée par coursier ministériel. Je reconnais son écriture.

Elle la lui remet alors en espérant qu'il la décachètera devant elle. Mais comme à son habitude, il attendra qu'elle s'en retourne dans la cuisine pour l'ouvrir. C'est Anatole, en effet, qui lui signifie de se rendre à la gare d'Austerlitz, le lendemain : « Nous partons pour Angoulême. Passe me voir avant midi, mais ne te laisse pas suivre par des reporters et passe par la porte de derrière. On surveille ma maison depuis que j'ai quitté le ministère avec notre ordre de mission. »

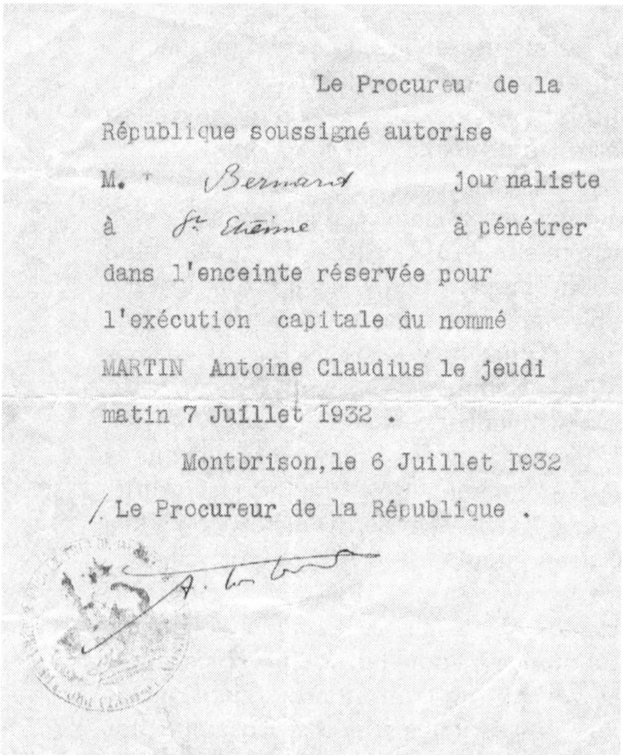

Le Procureur de la République soussigné autorise M. Bernard journaliste à St Etienne à pénétrer dans l'enceinte réservée pour l'exécution capitale du nommé MARTIN Antoine Claudius le jeudi matin 7 Juillet 1932.

Montbrison, le 6 Juillet 1932

Le Procureur de la République.

Laissez-passer autorisant un journaliste à assister à l'exécution capitale d'un condamné, le 7 juillet 1932, à Montbrison.

Installation des bois de justice devant la prison d'Aix-en-Provence, dans les années trente.

Le lendemain, au 12, villa Dufresne :

– Entrez vite, lui dit Marcelle Deibler en accueillant discrètement Georges Martin.

Anatole l'attend dans le séjour avec une tasse de café. Puis ils passent dans le bureau.

– Hier, lui dit alors le patron, on m'a suivi et photographié devant la porte de la Santé. J'ai changé de trottoir, le photographe m'a couru après. Mais qu'ont-ils donc, tous ces gens ? lance-t-il d'une voix plus forte. Pourquoi ne me laisse-t-on pas en paix ?

– Marcelle pourra-t-elle nous conduire à la gare ? demande Georges Martin. On aurait plus de chance de les semer.

Anatole acquiesce. Puis ils parlent du transport des bois de justice et du fourgon, que l'exécuteur confiait depuis toujours à l'entreprise Billon, 25, rue des Cordeliers.

Quelques heures plus tard, Anatole Deibler et Georges Martin arrivent à la gare d'Austerlitz. Les autres assistants, qui ont surveillé le chargement du fourgon, les attendent sur le quai. À peine dans le hall, voici qu'un photographe jaillit devant eux comme un diable de sa boîte. Un éclair de magnésium, une légère bousculade et l'homme a disparu. Deibler, qui sent mal ce voyage, a sa tête des mauvais jours. Il sait maintenant qu'il ne s'en débarrassera pas, qu'il faudra faire intervenir les gendarmes pour éviter qu'il ne se faufile jusqu'au pied de la guillotine, derrière les barrières du périmètre de sécurité. Muni de laissez-passer, il sera pourtant difficile de lui en interdire l'accès.

– Je sens que ça va être gai, dit-il simplement dans sa barbe.

Martin se garde bien de jeter de l'huile sur le feu. Il sait que la plupart des reporters, en toute légalité, font leur métier comme il fait le sien. Ce qu'il déteste, tout comme Anatole, ce sont les photographies volées, déclenchées à la sauvette pour abreuver le voyeurisme des lecteurs des journaux à sensation. Le cercle infernal est enclenché depuis trop longtemps pour que l'on sache désormais qui du journal ou de ses lecteurs a initié la dérive et l'excès.

Comme toujours, sans déroger à son habitude, Anatole s'assied dans le coin du compartiment de seconde classe réservé par l'Administration, près de la fenêtre et dans le sens de la marche. Les autres se placent selon leur habitude. Immuable. Le « patron » a implicitement réglé le cérémonial du voyage. Comme sa propre vie et celle de ses proches. Desfourneaux se met en face de lui. Obrecht et les frères Martin, qui aiment fumer, s'installent près de la porte. « Cette fois-là, raconte Georges Martin, nous étions au grand complet. L'exécution du lendemain serait double. D'un commun accord, nous n'en parlions pas. » Anatole a fini par se calmer. Il se met alors à parler de la ville qu'ils vont « visiter », le temps pour l'exécuteur et ses assistants d'acheter quelques cadeaux, quelques souvenirs ou spécialités de la région. Henri Desfourneaux, qui est réputé pour son avarice, refuse toujours de les accompagner dans ces dispendieuses tournées.

À l'arrêt de Châtellerault, le photographe reparaît dans le couloir du wagon, à l'instant même où Deibler sort pour se dégourdir les jambes ! Un juron s'échappe de la bouche d'Anatole...

– Si on lui cassait la gueule ? propose Desfourneaux.

Les frères Martin sont prêts à répondre à la provocation, mais un regard de Deibler suffit à les en dissuader. Il ne veut pas de scandale. Il laissera donc faire, jusque sous le nez des gendarmes, le lendemain matin, alors que le jour ne sera pas encore levé. Il sera trois heures et demie du matin.

– Il fera trop sombre, murmure Obrecht. Il n'aura rien sur sa plaque.

Le lendemain à l'aube, plusieurs photographes les surprendont néanmoins dans l'exercice de leur travail. L'une de ces photographies montre Obrecht, une valise plate à la main. Parue dans le magazine *Détective*, elle a pour légende : « L'aide du bourreau porte le couperet dans une valise spéciale. » Or le couteau voyageait toujours dans le fourgon, avec l'ensemble de la guillotine, dans un étui spécial rangé dans le panier d'osier. Jamais le bourreau ou l'un de ses aides ne le dissociaient de la guillotine. Georges Martin explique les raisons de ce choix : « Cet énorme écrin est construit un peu à la façon d'un nécessaire de toilette. Il est divisé en plusieurs compartiments où sont calés, au millimètre, deux lames, toujours bien graissées, les écrous, des boulons, plusieurs limes et pierres à affûter, deux petits écrous de rechange pour le déclic d'armement et une boîte de graisse. »

L'heure des exécutions approchait. Nerveux, visiblement fatigué, Deibler demanda plusieurs fois aux policiers de vérifier les identités, de fouiller les personnes suspectées d'être des journalistes et de surveiller les immeubles voisins de la prison, les arbres. Il craignait qu'au moment fatal, un nouveau flash vienne perturber la « cérémonie »...

Quand tout fut terminé, le fourgon se fraya un passage au milieu des curieux, jusqu'au carré des condamnés du cimetière d'Angoulême. Seulement alors, discrètement, Anatole inscrira dans son carnet : « À noter que les deux criminels conservèrent un calme parfait et marchèrent à l'échafaud à tour de rôle, avec un certain courage et sans dire un mot. » Quelques journalistes leur en inventeront, pour le panache.

Le 26 juillet 1933, la presse relayait une autre information : le Reich venait de décider la purification de la race allemande par une loi sur la stérilisation.

Les mois passaient sans que rien au monde, pour quelques années, vînt bouleverser le précieux ordre des choses qu'Anatole Deibler avait mis en place.

1933 : onze exécutions.

1934 : huit exécutions.

À la lecture du compte rendu que Deibler fera de la vie tourmentée de Violette Nozière, qui comparaissait en cour d'assises un an après les sœurs Papin, on est en droit de penser que s'il n'avait pas été du côté de la justice, Anatole aurait défendu la jeune prostituée dont il racontera l'acte d'accusation par le menu, avec une violence de détails qui trahit l'intérêt qu'il devait lui porter. Lorsqu'il écrivit son histoire, dans le secret de son bureau, un soir de l'automne 1934, il espéra, pour la première fois, que cette jeune fille de dix-neuf ans ne lui serait jamais présentée...

De la salle à manger, il entendit Rosalie dresser le couvert. Il ferma son carnet, l'air maussade. Une femme avait jadis été exécutée par son père. Il ne tenait pas à cautionner cette barbarie-là.

Il regarda son épouse et baissa les yeux. Il n'avait pas envie de parler. Violette Nozière occupait toutes ses pensées. Ponctuellement, il vaqua à ses missions de routine. Les années s'enchaînaient comme des perles sur un fil. Son geste était devenu mécanique, impersonnel. Quand il déclenchait la chute du couteau, il ne sentait plus sa main, comme si depuis longtemps elle ne lui appartenait plus. François Rogis, ancien démarcheur en vins de Champagne, rattrapait Anatole Deibler.

La montée du fascisme et la clôture de son voisin retenaient son attention quotidienne... Le vendredi, il se rendait en famille au cinéma de la rue de la Convention.

1935 : quatre exécutions.

1936 : onze exécutions.

Le 24 juillet 1937, un voisin de parcelle d'Anatole Deibler, avenue des Cottages à Royan, lui écrivait à propos des arbres qu'il possédait sur son terrain : « Je vous rappelle qu'au cours de l'entretien que j'ai eu avec vous à votre domicile voici deux ans environ, vous m'avez promis de faire le nécessaire pour que je ne sois plus incommodé par les arbres surplombant ma propriété et surtout mes bâtiments d'habitation. Vous n'avez rien fait et il en est résulté pour

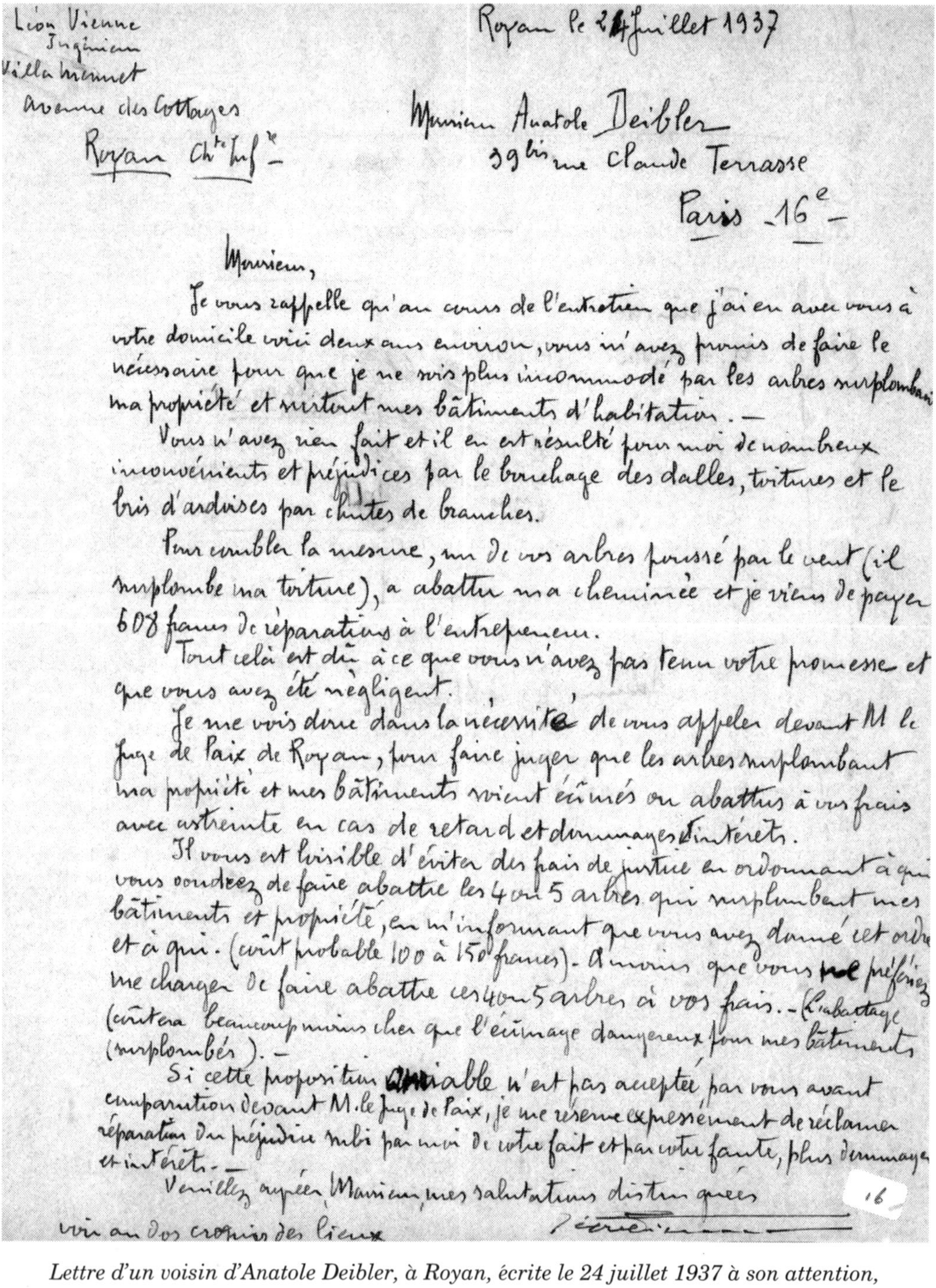
Léon Vienne
Ingénieur
Villa Mimmet
avenue des Cottages
Royan Ch^te Inf^re –

Royan le 24 juillet 1937

Monsieur Anatole Deibler
39 bis rue Claude Terrasse
Paris – 16e –

Monsieur,

Je vous rappelle qu'au cours de l'entretien que j'ai eu avec vous à votre domicile voici deux ans environ, vous m'avez promis de faire le nécessaire pour que je ne sois plus incommodé par les arbres surplombant ma propriété et surtout mes bâtiments d'habitation. –

Vous n'avez rien fait et il en est résulté pour moi de nombreux inconvénients et préjudices par le bouchage des dalles, toitures et le bris d'ardoises par chutes de branches.

Pour combler la mesure, un de vos arbres poussé par le vent (il surplombe ma toiture), a abattu ma cheminée et je viens de payer 608 francs de réparations à l'entrepreneur.

Tout cela est dû à ce que vous n'avez pas tenu votre promesse et que vous avez été négligent.

Je me vois donc dans la nécessité de vous appeler devant M le Juge de Paix de Royan, pour faire juger que les arbres surplombant ma propriété et mes bâtiments soient écimés ou abattus à vos frais avec astreinte en cas de retard et dommages et intérêts.

Il vous est loisible d'éviter des frais de justice en ordonnant à qui vous voudrez de faire abattre les 4 ou 5 arbres qui surplombent mes bâtiments et propriété, en m'informant que vous avez donné cet ordre et à qui. (coût probable 100 à 150 francs) – À moins que vous préfériez me charger de faire abattre ces 4 ou 5 arbres à vos frais. – L'abattage coûtera beaucoup moins cher que l'écimage dangereux pour mes bâtiments (surplombés). –

Si cette proposition amiable n'est pas acceptée par vous avant comparution devant M. le Juge de Paix, je me réserve expressément de réclamer réparation du préjudice subi par moi de votre fait et par votre faute, plus dommages et intérêts. –

Veuillez agréer, Monsieur, mes salutations distinguées

16

Vienne

voir au dos croquis des lieux

Lettre d'un voisin d'Anatole Deibler, à Royan, écrite le 24 juillet 1937 à son attention, à propos d'un différend portant sur des branches d'arbres gênantes.
Ci-contre : *plan du terrain et du contentieux.*

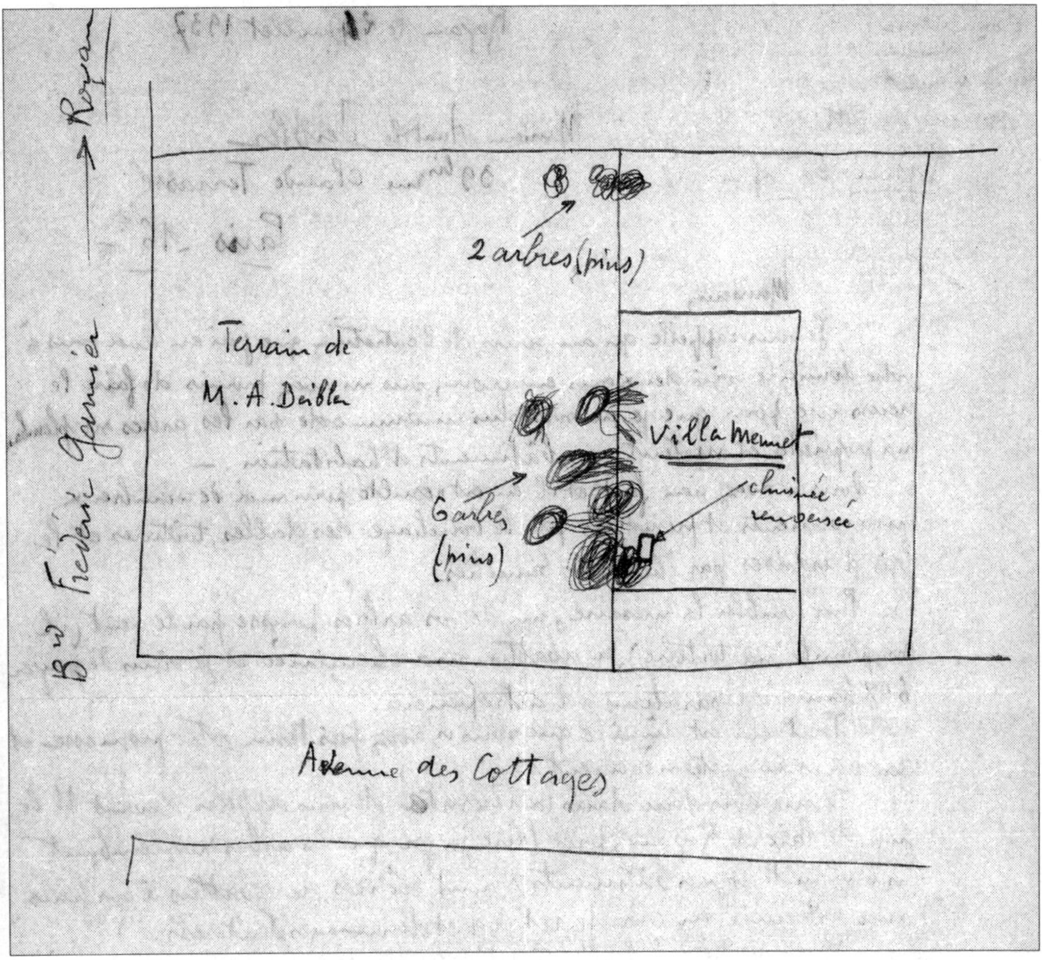

moi de nombreux inconvénients et préjudices… » Cheminée cassée par une branche, dalles de terrasse souillées par les feuilles et bris d'ardoises sur le toit de la propriété de monsieur Léon Vienne.

Quelques jours plus tôt, l'armée japonaise entrait victorieuse à Pékin. Prémices terribles d'un monde au bord de l'explosion, le Japon venait d'envahir la Chine sans déclaration de guerre.

Un homme de vingt-cinq ans, devant la maison d'arrêt de Mulhouse, au même moment, tombait sous le tranchoir de la guillotine française.

De retour à Paris, Anatole Deibler ouvrit son courrier pour constater que le contentieux s'était aggravé, avenue des Cottages à Royan. Les menaces de son voisin méritaient qu'il prenne l'affaire en main. La machine à écrire s'imposa. Il se mit alors à taper, consciencieusement mais difficilement, un texte qu'il avait pris soin d'écrire au brouillon, de relire et de corriger avant de l'envoyer à son menaçant destinataire qui, fort d'un dessin pour appuyer sa plainte, concluait sa lettre en disant : « Si la proposition amiable que je vous propose n'est pas acceptée par vous avant comparution devant monsieur le Juge de Paix, je me réserve expressément le droit de réclamer réparation du préjudice... »

« En réponse à votre lettre du 24 écoulé, je suis fort surpris de ce que vous m'écrivez, au sujet d'arbres surplombant votre propriété... »

Il frappait sur les touches avec beaucoup de lenteur. Parfois, il ralentissait encore le rythme pour éviter que ses doigts ne se perdent sur le clavier ; il s'arrêtait parfois pour consulter un dictionnaire. Puis il reprenait...

« Vous me mettez en demeure d'abattre quatre ou cinq arbres, mais vous n'ignorez pas qu'il est interdit de supprimer les arbres dans le parc, à moins que ce ne soit pour y bâtir à la place. Comme je ne sais pas encore si je pourrai faire construire cette année, je ne puis faire abattre ces arbres sans m'être renseigné auparavant, et sans avoir obtenu l'autorisation nécessaire... »

1937 : cinq exécutions.

1938 : le 14 février, Anatole Deibler était alité depuis plusieurs jours. Il n'avait pas eu le cœur à la fête et les veillées de Noël et de la Saint-Sylvestre avaient été tristes comme une perspective de guerre. Sa poitrine lui faisait mal depuis longtemps, mais comme il n'aimait pas qu'on le plaigne, il n'en avait parlé à personne. Or, ce jour-là, il aurait dû se rendre à Saint-Brieuc pour l'exécution du jeune assassin d'une fille de quinze ans. Pour la première fois de sa carrière, il avait envoyé son premier assistant s'occuper de l'affaire. Lui qui n'avait jamais laissé personne prendre la moindre décision à sa place, ni s'occuper de l'organisation d'une exécution, il avait envoyé le vieux Desfourneaux dans ses traces. Timidement, son beau-frère avait endossé sa petite silhouette un peu corpulente, que les années commençaient à voûter. Dans son lit, pendant ce temps, « Monsieur de Paris » n'osait pas réfléchir au temps qui lui restait à « travailler ». Alors il pensa qu'il pourrait vivre autrement. Qu'il pourrait s'arrêter quand il voudrait. Maintenant. Sa santé expliquerait sa décision. Ce samedi-là, lorsque son équipe fut de retour, il questionna Desfourneaux pour savoir comment cela c'était passé. Il voulait quelques détails ; il insista.

– Après avoir entendu la messe, dit Desfourneaux, le condamné a marché d'un pas ferme, très calme, vers l'échafaud. L'exécution s'est faite sans aucune difficulté.

De gauche à droite :
Louis Rogis (dit Gros Louis),
beau-frère et aide d'Anatole Deibler,
la fille de ce dernier, Marcelle,
et Henri Desfourneaux,
premier adjoint et futur successeur
du bourreau.

Anatole le remercia et le renvoya en lui disant de ne pas s'inquiéter pour lui. Mais à peine était-il parti que le vieil exécuteur, âgé de soixante-quatorze ans, sortit de sa chambre pour s'asseoir à son bureau. Il fit le moins de bruit possible afin que sa fille ne l'entende pas. Elle était aux petits soins pour lui, mais il lui arrivait de préférer maintenant l'indifférence hautaine de Rosalie, qui ne le questionnait plus que sur les problèmes d'argent.

Il ouvrit un peu fébrilement le tiroir de son secrétaire où se trouvaient les quatorze carnets de toile un peu sales qu'il avait manipulés depuis qu'il en avait fait l'acquisition, en 1885, dans une boutique d'Alger. Il lui en restait encore quelques-uns, mais les remplirait-il jamais ? Comme à son habitude, il avait rédigé l'essentiel de l'affaire dans ses « brouillons ». Les « carnets d'exécutions » reprenaient cette première rédaction, qu'il complétait le jour de

Aux côtés de Rosalie,
Anatole Deibler,
à l'âge où la retraite de Royan
occupait toutes ses pensées.

la décapitation. Cet exercice avait aiguisé sa mémoire. Il retranscrivit donc exactement ce que Desfourneaux venait de lui confier. En revanche, il n'inscrivit aucun chiffre en regard, puisque ce condamné-là n'était pas mort de sa main. Enfin, à l'encre rouge, il ajouta cette précision : « Étant malade, l'adjoint de première classe Desfourneaux me remplace avec la permission de la Chancellerie. »

Il ne se relèvera jamais tout à fait de cette mauvaise grippe et son affection pulmonaire s'aggravera tout au long de l'année. 1938 ne verra qu'une seule exécution se dérouler sur le boulevard Arago. Il se rendra néanmoins quatre fois en province, puis une fois encore à Lyon, le 24 janvier 1939, par un temps couvert et particulièrement humide. Desfourneaux, qui était à la lunette, eut un mouvement malheureux qui trancha la tête du condamné de travers... « Décidément, dut se dire Anatole Deibler, une fois de plus l'année commence mal. » Comme il faisait encore nuit, l'incident passa inaperçu, mais il le consigna dans son carnet en soulignant « l'incapacité de l'aide » à faire correctement son travail !

Numéro 396-300 : le dénommé Pilorge, compagnon de cellule de Jean Genet, ne saura pas qu'il portait ce matricule un peu particulier, attribué par l'exécuteur en chef des Hautes Œuvres dans le plus grand secret. L'exécution devait avoir lieu à Rennes, à deux pas de la cour du collège où le jeune Deibler avait commencé sa carrière, sous l'arbre de la Justice où ses camarades de classe, cruels comme le destin, l'avaient enfermé dans le rôle du bourreau. Anatole, en y repensant, se rappela qu'il eût aimé leur crier : « Aujourd'hui, on dit que c'est moi l'assassin ! »

Lorsqu'il quitta Marcelle, sur le perron de la villa, Anatole Deibler avait le teint pâle et sa fille avait insisté pour le conduire à la gare en voiture. Mais il avait refusé parce qu'il craignait que la chaussée fût dangereuse, rendue glissante par l'humidité de la nuit. Marcelle n'avait pas insisté.

– Couvre-toi, lui avait-elle dit en boutonnant son pardessus de laine. Surtout ne prends pas froid.

Dans le passage Dufresne, un tourbillon de feuilles mortes venues de la rue s'engouffra dans la petite allée du jardin. Marcelle avait accompagné son père à la grille, puis elle l'avait suivi du regard jusqu'à ce qu'il disparaisse au coin de la rue Claude-Terrasse.

L'avenue de Versailles s'éveillait lentement.

Un chien le suivit dans l'escalier du métropolitain, qu'il descendit en se tenant à la rampe. Une violente quinte de toux venait de le clouer sur place.

Au même instant, Anatole Deibler porta la main à sa poitrine en grimaçant.

– N'est-ce pas monsieur Deibler ? s'enquit une dame en le voyant s'asseoir péniblement sur un banc.

Le vieux bourreau fouilla fébrilement les poches de son manteau. Une petite boîte ronde roula jusqu'aux pieds de la dame qui se pencha sur lui.

Une rame du métro s'arrêta sous la voûte carrelée de la station. Le regard absent du vieillard s'immobilisa sur les portes béantes des voitures de première classe… La boîte s'était remise à rouler sans bruit jusqu'au bord du quai. Lorsque les portes se refermèrent, Anatole sursauta. Instinctivement, il leva les yeux vers le couperet d'acier dont il semblait attendre de verdict.

– Monsieur Deibler ? insista la dame avant d'alerter le poinçonneur.

Le bruit du train qui s'élançait dans le tunnel couvrit sa voix.

Comme un film déroulé dans sa mémoire, les images de la vie du vieil homme défilèrent devant ses yeux. Le métro avait quitté le quai.

La foule s'était amassée autour de lui. On avait appelé Police secours et des gens s'affairaient auprès du vieil homme allongé sur son banc. Dans sa main gauche, il tenait encore la sacoche de cuir à ses initiales que son père lui avait offerte cinquante ans plus tôt.

Le gardien de la paix qui s'était penché sur lui pour lui parler sortit un portefeuille de la poche de son pardessus. À l'intérieur, il y trouva deux cartes de visite, un ticket de chemin de fer à destination de Rennes et quelques billets de banque. Une adresse d'hôtel. Une liste de prix comparatifs. Dans la sacoche, une chemise et une paire de chaussettes soigneusement pliées. L'agent feuilleta distraitement quelques pages d'un carnet de toile grise écrites à la plume et demanda qu'on s'écarte un peu de lui.

– Circulez, mesdames et messieurs, il n'y a rien à voir !

La nouvelle se propagea comme une traînée de poudre dans le quartier du Point-du-Jour. Dès qu'elle apprit ce qui venait de se produire, Georgette Desfourneaux se proposa de se rendre à la gare afin d'en informer son mari, qui attendait « le patron » en compagnie d'André Obrecht et des frères Martin.

Devant la gare Montparnasse, il était presque huit heures et demie lorsqu'elle sortit de la voiture de Marcelle en criant :

– Anatole est mort !

ANNEXES

CHRONOLOGIE

L'ère Deibler

1863. Louis Deibler vient d'être nommé exécuteur en chef pour la Bretagne, lorsque son épouse, le 29 novembre, impasse de Châtillon, met au monde un garçon que l'on prénomme Anatole.
La Belgique n'applique plus la peine de mort inscrite dans son Code pénal.

1865. Aglaé, sœur d'Anatole, vient au monde l'année même du décès de sa sœur Berthe, âgée de quatre ans.

1867. Le clan Deibler s'agrandit, mais le petit Ernest, qui voit le jour cette année-là, meurt cinq mois plus tard.
Construction de la prison de la Roquette.

1868. Un nouveau drame endeuille la famille Deibler : Aglaé décède à l'âge de trois ans.

1870. Anatole est âgé de sept ans lorsque le ministre de la Justice du gouvernement provisoire, Adolphe Crémieux, supprime l'échafaud jugé ostentatoire, ainsi que les bourreaux de province. Jean-François Heidenreich est nommé exécuteur en chef pour la France. Cinq aides lui sont attribués, parmi lesquels on pressent Louis Deibler.
Exécution de Troppmann.

1871. La Commune de Paris s'empare de la guillotine, dans sa remise, au 60 *bis*, rue de la Folie-Regnault, près de la Roquette. Elle est brûlée au pied de la statue de Voltaire.
Louis Deibler est nommé assistant de deuxième classe à Paris. Il s'y installe avec sa femme, au 80, rue du Faubourg-du-Temple.

1872. Nicolas Roch succède à Heidenreich, et Louis Deibler est promu aide de première classe. Il opère à « la lunette », c'est-à-dire qu'il se tient devant le condamné pour lui maintenir la tête sous le couteau. C'est lui qui s'empare de la tête coupée pour la mettre dans le panier. On l'appelle « le photographe ».
Pendant ce temps, Anatole vit encore à Rennes avec ses grands-parents paternels. Il est devenu le souffre-douleur de ses camarades de jeu.

1874. Le grand-père d'Anatole, Joseph Deibler, premier du nom et de la dynastie, qui totalisait quatre cent quinze exécutions, décède à Rennes.

1875. Anatole et sa mère rejoignent Louis Deibler à Paris, qui s'est installé au 3, rue Vicq-d'Azir. Le jeune homme, âgé de douze ans, commence un apprentissage de vendeur dans un grand magasin, sous le nom de Boyer, qui est celui de sa grand-mère paternelle.

1879. Louis Deibler devient exécuteur en chef à la mort de Nicolas Roch. Ses gages sont de six mille francs-or par an. « L'abonnement », qui est un montant forfaitaire annuel destiné aux frais d'exécutions, voyages, entretien et remplacement de la guillotine et du fourgon servant au transport de la « machine » et du condamné, s'élève à dix mille francs-or.

Anatole, tout au long de son apprentissage, cherche à comprendre les raisons de son père, qui le pousse à lui succéder un jour. Il se renseigne, s'instruit, étudie. Il lit tout ce qu'il peut trouver sur la question de la guillotine pour justifier la profession de son père, pour la rendre moins laide et préparer sa propre défense.

Exécution de Laprade.

1882. Louis Deibler exige qu'Anatole, âgé de dix-neuf ans, assiste à l'exécution d'un condamné, afin de l'initier à son tour. Louis songe à la dynastie qu'il souhaite fonder, à l'image des Sanson à la fin du XVIIIe siècle, et des nombreux bourreaux de province qui, jadis, passaient le relais aux membres de leur famille.

Exécution de Lantz.

Anatole est pris d'horreur pour le « métier », devant la scène à laquelle il est obligé d'assister. Quelques semaines plus tard, il décide, en dépit de l'exemption tacite qui touche les fils de bourreaux, de faire son service national. Cet éloignement lui permet de réfléchir à son avenir et de fuir le piège que lui tend sa famille.

1884. *Exécution de Campi.*

1885. Libéré de l'armée, Anatole part pour Alger sur proposition de son père. Le piège se referme. Il assistera son grand-père maternel, Antoine Rasseneux, exécuteur des Hautes Œuvres pour l'Algérie et la Tunisie.

Anatole commence la rédaction de ses « carnets d'exécutions », dans lesquels il consigne les histoires criminelles des hommes qu'il va guillotiner.

1887. L'État américain du Maine abolit la peine de mort.

1889. Anatole rentre à Paris, après avoir assisté son grand-père pendant quatre ans. Près de cent têtes sont tombées sous ses yeux depuis son arrivée dans la colonie ! Le jeune homme a maintenant vingt-six ans, il est prêt à devenir l'assistant de son père. La boucle est sur le point d'être bouclée.

1890. Anatole est nommé adjoint de deuxième classe auprès de son père. Les rumeurs et les intrigues lancées contre lui par ses concurrents attirent l'attention de l'opinion publique sur le « clan Deibler ». Depuis ce moment, Anatole devient célèbre et la presse n'a de cesse qu'elle ne s'intéresse à lui.

1891. Début de la rédaction des « carnets de condamnations », dans lesquels Anatole consigne les procès d'assises de tous les criminels de France. Ces petits livrets gris, écrits au crayon, sont en quelque sorte le brouillon de ses « carnets d'exécutions », soigneusement écrits à l'encre brune, dans lesquels chaque affaire est minutieusement numérotée.
Exécution d'Eyraud, complice de Gabrielle Bompart dans l'affaire dite « la malle à Gouffé ».

1892. Les anarchistes font trembler Paris. Les grandes affaires font la « une » des journaux.
Exécution de Ravachol.
Louis Deibler est personnellement menacé d'enlèvement, à titre de représailles. Personne, à Paris, n'accepte de lui louer un appartement, par crainte des attentats terroristes qui menacent l'exécuteur, bras armé de la société bourgeoise. Si bien que Louis se résout à acheter une maison, au 39, rue de Billancourt, dans le quartier du Point-du-Jour, à deux pas de la porte de Saint-Cloud.

1894. *Exécutions des anarchistes : Vaillant, Caserio* (assassin du président Sadi Carnot), *Henry.*
Exécution du père Bruneau.

1896. Anatole demande au père Heurteloup, fournisseur de guillotines, la main de sa fille qu'il fréquente depuis plusieurs années. Mais il essuie un refus qui le catastrophe. Sa vie privée sera-t-elle marquée par « l'indignité de son métier » ?
La mère d'Anatole Deibler décède à Paris.

1897. Louis Deibler est atteint d'hémophobie. Ses délires de plus en plus fréquents le conduisent à songer à sa succession. Une nouvelle fois, il intrigue pour que son fils – devenu depuis peu assistant de première classe – soit nommé exécuteur en chef à sa place malgré les récriminations pressantes de ses aides.
Anatole fait la rencontre de Rosalie Rogis au club vélocipédique d'Auteuil. Elle a vingt ans.

1898. *Exécution de Vacher*, dernière tête à tomber sous l'autorité de Louis Deibler, qui a décapité trois cent soixante condamnés au cours de sa carrière, dont cent cinquante-quatre comme exécuteur en chef.
Le ministère de la Justice impose le boulevard Arago, devant le mur d'enceinte de la Santé, comme futur lieu d'exécutions parisien dès que la Roquette sera démolie.
Anatole Deibler épouse Rosalie Rogis.

1899. *Exécution de Damoiseau*, première tête à tomber sous le couperet d'Anatole, qui vient d'être nommé exécuteur en chef.
Exécution de Peugnez. Ce sont les débuts parisiens du jeune exécuteur en chef. La presse applaudit à sa prestation. À l'occasion de cette exécution, qui attire le Tout-Paris, une agence de voyages met le « spectacle » à son programme de visites.
Rosalie donne un héritier à la famille Deibler, qui meurt à l'âge de deux mois.
André Obrecht, neveu d'Anatole Deibler – qui deviendra son aide – naît à Paris la même année.

1900. On agrandit la prison de la Santé.

1901. Le début du siècle marque l'avènement des grâces présidentielles, qui se succèdent jusqu'en 1906.

1904. Louis Deibler s'éteint dans la maison familiale du Point-du-Jour.

1905. Marcelle Deibler voit le jour. Toute l'affection de son père se reporte sur la petite fille.
Passionné de mécanique, Anatole est l'un des premiers propriétaires d'automobiles de Paris.

1906. Les jurés d'assises multiplient les condamnations à mort pour répondre aux grâces systématiques de l'Élysée.
Plusieurs tentatives réclamant l'abolition de la peine de mort échouent devant les députés.

1907. La grâce accordée au meurtrier d'enfant Soleilland soulève des troubles populaires.

1908. Les abolitionnistes, sous la bannière de Georges Clemenceau, Jean Jaurès et Aristide Briand, obtiennent pendant quelques mois la suppression des gages du bourreau, faute d'avoir convaincu la Chambre de supprimer la peine capitale.
Privé de travail, Anatole Deibler place des vins de Champagne sous le nom de François Rogis.
Henri Desfourneaux épouse Georgette Rogis, sœur de Rosalie Deibler. Il fera son entrée parmi les aides de son beau-frère Anatole en 1920, tout comme l'avait fait Louis Rogis, frère de Rosalie, en 1905.

1909. *Quadruple exécution de Béthune : les deux frères Pollet et leurs complices, Vromant et Deroo.* Cette sortie – si longtemps réclamée de la guillotine – apaise la vindicte populaire née de l'affaire Soleilland. Un public estimé à cent mille personnes assiste à l'exécution.
À son tour, Paris reçoit triomphalement Deibler pour sa première exécution sur le boulevard Arago.
Anatole Deibler fait construire un immeuble de rapport au 54, rue de la Convention dans le XVe arrondissement de Paris ; un autre, qu'il décide d'habiter, au 133 *bis*, avenue de Versailles, à deux pas de son ancienne adresse, dans le XVIe arrondissement.

1910. La guillotine déménage de la Roquette à la Santé.
L'affaire du syndicaliste Jules Durant, condamné à mort injustement (puis gracié), provoque de nombreuses polémiques.
Exécution de l'anarchiste Liabœuf.

1911. Pékin commande plusieurs exemplaires de la guillotine après qu'une délégation eut rendu visite à Deibler pour s'en faire expliquer le fonctionnement.
La « bande à Bonnot » commence à faire parler d'elle.

1912. Anatole Deibler fournit un nouveau fourgon sur son « abonnement ». Il soigne et améliore son aménagement intérieur.
L'architecte de Deibler, Ernest Deschamps, demande à être intégré au groupe de ses aides ; il y entre en tant qu'assistant de deuxième classe.
À Carpentras, pour la première fois, l'exécution est annulée pour défaut de matériel : celui-ci avait été expédié à Marseille par erreur. Le condamné sera gracié.

1913. *Exécutions des rescapés de la « bande à Bonnot » : Soudy, Callemin dit « Raymond la Science », Monier.*

1914. Les Deibler ouvrent une maison de convalescence pour blessés de guerre, à La Baule.

1918. *Exécution de Ferfaille*, à Furnes (Belgique), sous les obus allemands. Deibler, à la demande des autorités françaises, accepte de se mettre au service du ministère belge de la Justice pour l'exécution d'un soldat, criminel de droit commun. La Belgique, qui n'applique plus la peine de mort, veut donner un exemple, mais n'a plus les moyens de mettre en pratique la décision exceptionnelle du roi.

1920. Les gages de l'exécuteur en chef sont augmentés, après moult interventions de Deibler auprès de l'Administration.

1922. *Exécutions de Landru, de Charrier – le « bandit du train bleu ».*

André Obrecht « sert » son oncle pour la première fois, comme aide de deuxième classe.

1923. *Exécution de Weibel,* condamné par la cour d'assises de Sarrebruck. Anatole Deibler, à la demande de la Commission de gouvernement de la Sarre occupée, procède au second déplacement de la guillotine à l'étranger.

1924. Le Nevada est le premier État américain à procéder à une exécution par chambre à gaz.

1925. Anatole Deibler est malade. Son médecin lui interdit le cigare et l'alcool. Il redoute une affection pulmonaire de son client.
Le bourreau est fatigué ; il cherche à se préserver plus que jamais de ceux qui tentent de le mettre devant ses responsabilités morales. Il devient chicanier. Les problèmes de la vie quotidienne l'occupent constamment, masquant la vie privée du bourreau qui resurgit à chaque exécution. La défense qu'il s'était constituée commence à se craqueler.

1930. Le ministère des Colonies commande une guillotine à Deibler pour le Tonkin.
Les États américains du Dakota du Nord et du Minnesota abolissent la peine de mort.

1931. *Exécution de Gauchet.*

1932. Au pont de Sèvres, à Paris, un accident de chemin de fer plonge plusieurs familles dans le besoin. Anatole Deibler intervient pour les soulager financièrement en organisant une collecte.
Exécution de Gorguloff, assassin de Paul Doumer. Le jour de la mort du président de la République, deux condamnés à mort, les frères Boyer, doivent être guillotinés. Leur avocat, prétextant de l'impossibilité pour le président de la République, qui se trouve alors dans le coma, de décider ou non de leur grâce, demande aussitôt que leur condamnation soit suspendue. Après le décès de Paul Doumer, son successeur commuera l'une des deux peines et le rescapé sera remis en liberté quelques dizaines d'années plus tard. Grâce à un autre condamné : Paul Gorguloff.

1933. Cette année-là, Deibler et ses aides doivent se rendre à Angoulême. La presse et les photographes les prennent en chasse. Le vieux bourreau, qui va sur ses soixante-dix ans, prend très mal ce harcèlement, qu'il considère comme une atteinte à sa dignité.
Le procès des sœurs Papin fait la une de la presse.

1934. Roger Desfourneaux, fils d'Henri, l'assistant d'Anatole, est retrouvé mort au Havre. On prétend que Marcelle Deibler, vingt-neuf ans, qui avait refusé de l'épouser, serait la cause de son suicide.

Le procès de Violette Nozière tient la France en haleine. Anatole Deibler semble admirer secrètement cette jeune fille dont il critique le comportement dans son « carnet de condamnations ». Il est soulagé par le verdict, car il n'aura pas à l'exécuter.
La maladie retient Anatole Deibler chez lui ; il en profite pour s'isoler du monde.

1937. La Suisse abolit la peine de mort.

1938. Anatole Deibler projette de construire une maison sur le terrain qu'il possède à Royan depuis 1924.
Le 14 février, devant se rendre à Saint-Brieuc pour une exécution, il se fait remplacer par Henri Desfourneaux : malade, il doit garder le lit. C'est la première fois qu'il manque à sa mission. *L'exécution de Boulay* n'est pas comptabilisée par Anatole dans ses « carnets ».
Il échappe de justesse à la « Commission de la hache », qui doit statuer sur sa mise à la retraite sans solde, du fait qu'il n'a pas le statut de fonctionnaire.

1939. Le 2 février, Anatole Deibler s'effondre sur le quai du métropolitain, porte de Saint-Cloud, tout à côté de son domicile qu'il a quitté quelques minutes plus tôt. À la gare Montparnasse, Henri Desfourneaux, André Obrecht et les deux frères Martin s'inquiètent de ne pas le voir arriver : le train pour Rennes, qu'ils doivent prendre pour l'exécution de Pilorge, va partir… Lorsque soudain, une automobile stoppe devant eux. Georgette Desfourneaux en descend, le visage défait, pour leur annoncer qu'Anatole vient de mourir. La vague de froid qui sévit à Paris vient de l'emporter.
Il est inhumé au cimetière de Boulogne le 5 février, dans le caveau familial, en présence d'une foule de curieux et de journalistes.
L'exécution de Pilorge a lieu avec vingt-quatre heures de retard sur le jour fixé. Henri Desfourneaux lui succède alors que beaucoup pensaient qu'Obrecht, pressenti de longue date, assurerait la relève. C'était partie remise pour son neveu, qui prendra ses fonctions à la Libération, avant de passer le relais à Marcel Chevalier, dernier bourreau de la République, en 1951.

De l'après-guerre à l'abolition de la peine de mort en France

1939. *Exécution de Weidmann* à Versailles. Henri Desfourneaux, qui a succédé à Anatole Deibler, est en retard sur l'horaire d'exécution.

Le jour s'est levé, les photographes ont eu le temps de prendre des clichés de la « grande boucherie » que la presse diffusera largement, tant en France qu'à l'étranger.
Par un décret-loi de Daladier, ce sera la dernière exécution publique. Dorénavant, la guillotine fonctionnera à l'intérieur des prisons, à l'abri des regards.

1943. *Exécution de Marie-Louise Giraud,* condamnée pour pratique d'avortements.
André Obrecht démissionne pour ne plus exécuter de patriotes.

1944. L'Italie abolit la peine de mort.
Près de cinq mille personnes ont été lynchées dans les États américains du Sud depuis 1900.

1949. *Exécution de Germaine Godefroy*, qui sera la dernière femme guillotinée en France. Depuis 1944, neuf femmes sont allées à l'échafaud pour collusion avec l'ennemi.

1950. Pour la première fois depuis un siècle, un nouveau cas de peine capitale est introduit dans le Code pénal français : le vol à main armé pour atteinte à la propriété et non plus seulement pour atteinte à la vie humaine.
L'État américain de l'Alaska abolit la peine de mort.

1951. André Obrecht réintègre l'équipe de Henri Desfourneaux. Il exécutera trois cent vingt-deux condamnés jusqu'à sa retraite.
La presse n'est plus autorisée à relater les exécutions. Seuls les textes des procès-verbaux seront désormais publiés.

1952. Sortie du film d'André Cayatte *Nous sommes tous des assassins*, prix spécial du Jury au Festival de Cannes.

1957. Albert Camus et Arthur Koestler publient leurs *Réflexions sur la peine capitale*.
Le district américain de Columbia abolit la peine de mort.

1959. Le Code pénal de la Ve République prévoit trente cas d'application de la peine de mort en matière de droit commun.

1962. La principauté de Monaco abolit la peine de mort.

1963. Le Royaume-Uni abolit la peine de mort.

1964. L'État américain du Vermont abolit la peine de mort.

1965. Les États américains de l'Iowa et de Virginie occidentale abolissent la peine de mort.

1969. Sous la présidence du général de Gaulle, la guillotine a fonctionné, en moyenne, une fois par an.

1972. Le président Georges Pompidou refuse la grâce de Claude Buffet et de Roger Bontemps. Ce dernier est défendu par Robert Badinter, qui n'aura de cesse qu'il ne se batte pour l'abolition.

1973. Marie-Claire Emma est condamnée à mort, puis graciée par le

président de la République. Elle sera la dernière femme à être condamnée à la peine capitale en France.
Robert Badinter publie *L'Exécution*.

1976. Nomination de Marcel Chevalier au poste d'André Obrecht, dont il était l'adjoint depuis 1958.
Le Canada abolit la peine de mort.

1977. *Exécution de Djandoubi*, dernier décapité de France.
Les États-Unis rétablissent la peine de mort sur le plan fédéral.

1981. En France, le premier acte politique de la nouvelle majorité est de faire voter l'abolition de la peine de mort. Avant même les débats parlementaires, le président François Mitterrand gracie un condamné à mort jugé sous le septennat de Valéry Giscard d'Estaing.
Le 18 septembre, l'Assemblée nationale adopte la loi sur l'abolition de la peine de mort, par 369 voix contre 113.
Le 28 septembre, la cour d'assises du Bas-Rhin condamne à mort par contumace, pour tentative d'assassinat, Jean-Michel Marx alors en fuite.
Le 30 septembre, le Sénat à son tour entérine l'abolition, sans modification, par 161 voix contre 126.
Le 10 octobre, la loi n° 81-908 datée du 9 octobre est publiée au *Journal officiel*. Elle est signée : François Mitterrand, Pierre Mauroy, Gaston Defferre, Robert Badinter et Charles Hernu.
Le 21 octobre, un président de cour d'assises mal informé expose l'acte d'accusation du prévenu qui se trouve dans le box : « Vous risquez la peine de mort », dit-il, impassible... Il est aussitôt repris par l'avocat général. On ne tue plus au nom du peuple français.

La peine de mort de nos jours dans le monde

1982. L'État américain du Texas utilise pour la première fois l'injection létale pour administrer la mort à ses condamnés.

1983. L'État américain de l'Oklahoma adopte à son tour l'injection létale.

1984. L'État américain du Massachusetts abolit la peine de mort.

1996. La loi américaine « contre le terrorisme et pour l'efficacité de la peine de mort » entre en vigueur sous la présidence de Bill Clinton.

1999. Quatre-vingt-dix-huit condamnés sont exécutés aux États-Unis.
L'État américain de Floride adopte l'injection létale.

2000. Quatre-vingt-cinq condamnés sont exécutés aux États-Unis.

2001. Depuis le rétablissement de la peine capitale aux États-Unis, six cent quatre-vingts condamnés ont été exécutés.
Dans le seul état du Texas, sous le gouvernement de George W. Bush, soit depuis 1994, cent quarante-neuf personnes ont été exécutées, dont plusieurs étaient mineures au moment de leur condamnation.
En Floride, trois cent soixante-cinq condamnés à mort attendent leur sort dans les prisons de l'État.
Depuis 1973, quatre-vingt-sept condamnés à mort ont été innocentés aux États-Unis après la révision de leur procès.
Tous États confondus, les États-Unis exécutent leurs condamnés par balle, par injection létale, par chambre à gaz, par électrocution, par peloton d'exécution et par pendaison (cf. *Le Monde*, 2 février 2001).
En Chine, selon Amnesty international, au cours d'avril, mai, juin plus de deux mille personnes ont été condamnées à mort, et plus de mille quatre cents d'entre elles ont été exécutées (cf. *Courrier international*, n° 557).

Dans le monde, quelque quatre mille condamnés à mort attendent d'être exécutés, dans près de quatre-vingt-dix pays. Parmi ceux-ci, ceux qui tuent le plus sont aujourd'hui :

- l'Afghanistan, par balle, par lapidation et par pendaison ;
- l'Arabie Saoudite, par balle et par décapitation ;
- la Chine, par balle et par injection létale ;
- le Congo, par peloton d'exécution ;
- la Corée du Nord, par balle ;
- Cuba, par balle ;
- l'Égypte, par balle et par pendaison ;
- l'Irak, par balle, par pendaison et par électrocution ;
- l'Iran, par lapidation et par pendaison ;
- Singapour, par pendaison ;
- la Thaïlande, par peloton d'exécution ;
- la Tchétchénie, par balle ;
- le Yémen, par balle et par décapitation.

LE CARRÉ DES CONDAMNÉS À MORT

Liste des 395 condamnés exécutés par Anatole Deibler de 1885 à 1939

Ab der Haman ben Naceur
Agnan, Auguste Roland Marcel
Ahmed ben Mohamed Ouali
Albus, Louis
Aletto, Alexandre
Alexandre, Lucien
Ali ben Déba
Allier, Joseph
Allières, Jean
Aloïa, Fortunato
Amar ben Mohamed ben Larbi
Amar Naït Moussa
Anasty, Louis
Arcano, Francisco
Arezki ben Kaci Djermane
Aubert, Paul
Aurusse
Auxerre, Gustave

Badin, Paul
Baillet, Émile
Ballet, Paul
Balsanti, Bonaventure
Barbat, Pierre
Barillot, César
Barranger, Abel
Barré, Charles
Bartoli, Jean
Basset, Onésime
Bâton, Fernand
Bauw, Michel
Beaujean, Eugène
Bedrat Rabach
Bellier, André
Bena, Joseph
Bénard, Désiré
Berger, Maurice
Bergeron, Félix
Berland, dit « la Redingue »
Berruyer, Louis
Besse, Henri
Bétille, Alexandre
Beyen, Lucien
Blanquefort, Félix
Blies, Jean
Bonelli, Théodore
Borde, Adolphe
Bordes, Bernard
Bordus, Étienne
Borel, Edmond
Bouchareichas, Jean
Bouche, Maurice
Boucher, Kléber
Boularik Amokrane ben Sahid
Boulay, Lucien (exécuté par Desfourneaux)
Bour, Jean-Baptiste
Bourbier, Léon
Bourdon, Henri
Bourges, Paul
Boursier, Alphonse
Bouvier, Étienne

Bouy, René
Brossard, Gustave
Bruneau, Albert
Brysgaloff, Paul
Burger, Charles
Busseuil, Jean-Marie

Cadet, Louis
Caillard, Alphonse
Callemin, Raymond
Carlu, Albert
Carpentier, Camille
Carrara, Xavier
Carré, Alfred
Carturegli, Édouard
Caserio, Santo-Jeronimo
Cassang, Maurice
Castin, Gaston
Castro, Benito
Célestin
Chabaud, Barthélemy
Chabrolles, Marius
Chaponneau, Antoine
Chapuis, Alexandre
Charbonnier, Camille
Charpentier, Noël
Charrier, Mécislas
Charton, Jean-Claude
Cipière, Firmin
Claeys, Edmond
Clarisse, Albert
Clémençon
Combot, Jean
Communal, Julien
Cornet, Xavier
Cortès, Jean
Couliou, Yves
Courcaud, Victor
Courmier, Guillaume
Cournou
Crampon, Eugène
Cuisinier, Claude
Cwojdzinski, Anton

Dagorne, Jean-Baptiste
Damoiseau, Pierre-François
Danquerke, Casimir
Danvers, Rémy
Dardillac, Henri
Daszkowski, Roman
Daubagna, Joseph
Daubord, Alphonse
David, Émile
David, Octave
Declercq, Gaston
Dedieu, François
Degroot, Auguste
Dehaèmne, Alphonse
Delacourt, Frédéric
Delafet, Pierre
Delanoë, Émile
Deleuze, Louis
Delval, Marcelin
Demeaux
Deroo, Théophile
Dervaux, Paul
Deviot, Henri
Dietrich, François-Joseph
Doilin, Joseph Valentin
Donatien, Gaston
Doré, dit « Titi »
Doucet, Maurice
Duchemin, Henri
Duchemin, Jules
Dudot, Jean-Pierre
Dufour, Paul
Dumont, Louis
Dupalu, Jules
Duperrat, Robert
Duplay, Jean
Dureux, Roger

Echabarri, Emilio
El Foud'hil ben Ismaïl ben Bakir
El Hadef ben Amar
El Hadj Bouazza

Embareck ben Salem
Emonet
Ernett, Alphonse
Evaux, Mario
Eyraud, Michel

Fabre, Philippe
Fargues, Armand
Favier, Antoine
Favre, Camille
Fazini, Jean
Ferfaille, Émile
Finatti, Zeiro
Firoteau
Flaesch, Émile
Flaguais, Charles-Alfred
Fleury, Alfred
Floch, Yves
Follain, William
Fournier, Albert
Franzoni, François
Frédillon, René
Frintz, François
Fursat, Eugène

Gabillard, Jean-Marie
Galaludwig
Gambier, Serge
Gamelin, Raymond
Gauchet, Georges
Gaumet, Ernest
Geffrois, Félix
Genest, Émile
Génevrois, Auguste
Gérard, Georges
Gicquel, Léon
Gille, Marie-Ernest
Giquel, Jean-Marie
Giraud, Lucien
Gorguloff, Paul
Gouczouliakoff, Basile
Gounod, Félix
Grand, Jules
Grandoux, Marcel
Grilli, Jean
Grisard, Joseph
Guerrero y Guerrero, Antonio
Gueurie, Pierre
Gueydan, Félix
Guiffaut, Jean-Baptiste

Hadelt, Mathias
Hamet, Henri
Hamza Ould el Hadj Ab del Kader
Harseh, Dominique
Hébrard, Jean
Henry, Émile
Herbivo, Alphonse
Hervé, Yves
Hubert, Fernand
Huquet, Eugène

Jean, dit « Tardieu »
Jeannin, Constantin
Jeanty, Fernand
Jeulin
Jouneau, Charles
Jouroucheff, Jean

Kanphans, Gabriel
Kazmierowski, Stephen
Kirstetter, Joseph
Kueny, René
Kuntz, Pierre

Laage, Georges
Lagadec, Fernand
Lagarde, Élie
Lagarde, Joseph
Lamiello, Marcel
Lanceleur, Jean-Baptiste
Landru, Henri-Désiré
Languille, Henri

Laroche, Sylvain
Lasgi, Paul-Émile
Lauer, Joseph
Laureau, Auguste
Laval, Jean-Marie
Leclerc, Théophile
Lefèvre, Louis
Lejour, Jean-Benoît
Lemaire, Alphonse
Lemoine, Henri
Lequy, Jean-Baptiste
Lheur, Léon
Lhomme, Auguste
Liabœuf, Jean-Jacques
Liottard, Urbain
Lœuilliette, Émile
Loos, Georges
Loucief, Lakdar
Louis, Lucien
Lucas, Alexandre
Luntz, Albert

Magnennehen, Alfred
Mahieu, Arthur
Mahmoud ben Embareck
Makles, Stanislas
Malavoi, Victor
Marchand, Gabriel
Marchand, Raoul
Marcheselli, Jérôme
Martin, André
Martin, André-Jean
Martin, Antoine
Martin, Auguste
Martin, Henri
Martin, Jean
Martini, Joseph
Mary, Auguste
Masselis, Charles-François
Mathey, Auguste
Mathon, Auguste
Maucuer, Camille
Mazué, Pierre
Menaut, Jean-Joseph
Ménesplier, Charles
Merger, Pierre
Messaoud Ould el Arbi
Meunier
Miloud ben Lemna
Mira, Jules
Mohamed ben Abdelkader ben M'Barek
Mohamed ben Driss
Mohamed ben el Hana Ali ben Salah
Mohamed ben Salah
Mohamed ben Salah ben Ali
Mohamed Khemili Ousliman
Mohamed Ould Boubeker
Monfort, Gabriel
Monier, Étienne
Montagnon, Jacques
Monvoisin, Clément
Morice, Marcel
Moyse, Frédéric

Nicolas, Henri
Nicoli, Michel
Niogret, Georges
Nolot, Henri
Noray, Joachim
Nouguier, Évariste

Olivier, Henri

Pachowski, Julien
Pajot, Lucien
Paprocki, Antonief
Passera, Pasquale
Passevache, Georges
Patte, Georges
Paudière, Marius
Perrot, Joseph
Peugnez, Alfred

Philippe, Albert
Philippo, Charles-Marie
Philippo, Gaston
Piccinelli, Humbert
Pierrel, Adrien
Polidor, Pierre-Auguste
Pollet, Abel
Pollet, Auguste
Portes, Étienne
Potin, Auguste
Pozzi, Antonio
Prijent, François
Priolet, Justin
Putigny, Henri

Quaranta, Ange
Quirin, Émile

Rakida Ab del Kader
Rauch, Joseph
Ravachol (Kœnigstein, François Claudius)
Rebours, Denis
Recassens, Miret-Ramon
Redt, François
Renard, Arthur
Renard, Joseph
Riboulet, Henri
Robin, Ferdinand
Rocchini, Antonio
Rodriguez, Juan-Manuel
Roi, Ernest
Roos, René
Roose, Jean
Rosa, Joseph
Routtier, Albert
Ruffin, Victor

Sabourin, Marseil
Salvador, François
Samson, Adrien
Sapet, Louis
Sarrejani, Georges
Sasias, Joseph
Scherer, Jean
Schneider, Frédéric
Schoelcher, Joseph
Seigain, Paul
Servajean, Jean
Sicard, Edmond
Simon, Toussaint
Simorre, Pierre
Sinn, Marcel
Sittler, Lucien
Soudy, André
Soulat, Georges
Spada, André
Spadoni, Armand
Spagiari
Spoetler, Léon
Sterna, Constant
Supply, André
Swartvaegher, Charles

Taïb ben Tahar el Euchi
Téjeron, André-Garcia
Terry, Jean
Thomas, Étienne
Thys, François
Tisseau, Benjamin
Tissier, Augustin
Tomasini, François
Torre, Jean-Baptiste
Tranquet, Clément

Ughetto, Alexandre

Vacher, Joseph
Vaillant, Louis
Vaillat, Pierre-Élysée
Valence, Paul
Vançon, Séraphin
Van den Bogaert, Jean
Vandermassen, Émile

Vandredeuil, Léon
Vanhamme, Alexandre
Vannieuwenhove, Émile
Vanyngelandt, René
Vasseur, Charles
Veignal, Casimir
Vennat, Louis
Verdière, Henri
Véteau, Paul
Veyrios, Émile
Vicini, Fermo
Vignau-Cazalaa, Roger
Vinsseneaud, Eugène
Vromant, Canut

Weibel, Auguste
Witkowski, Joseph

Zanazzaro
Zinczuk, Wladimir
Zuckermeier, Aloïs

SOURCES BIBLIOGRAPHIQUES

ARCHIVES PRIVÉES

Les archives privées de la famille Deibler, propriété de l'Association de recherches historiques et sociales, dont le siège est à Paris, comportent des pièces officielles et personnelles concernant les activités d'Anatole Deibler entre 1885 et 1939, ainsi qu'une partie de celles de son père Louis. On y trouve également de nombreuses photographies. Ces pièces sont pour la plupart inédites et nous ont servi de base à la compréhension du personnage d'Anatole Deibler.

ARCHIVES NATIONALES

Les Archives nationales de France (CARAN) conservent une série de dossiers concernant les exécuteurs et leurs aides, ainsi que les candidatures aux postes de bourreau entre 1890 et 1930. Ils sont consultables sur dérogation et portent la cote BB / 18 / 6585.

Sous la cote BB / 26 /1 à 13, on peut consulter une série de mélanges relatifs aux émoluments des exécuteurs, de l'an IV à 1874.

D'autres dossiers, conservés au Centre des archives contemporaines à Fontainebleau, concernent les exécuteurs en France entre 1934 et 1978. Ils sont recensés sous la cote 19890100, art. 1 (D 4447).

ARCHIVES DE LA POLICE

Les archives de la Police à Paris, pour ce qui concerne notre étude, offrent un ensemble de dossiers criminels relatifs aux grandes affaires qui ont traversé les années Deibler, en particulier :

– « L'affaire Gouffé »
Condamnation de Michel Eyraud.
Cote : BA 85.

– « L'affaire du *Café Terminus* »
Condamnation d'Émile Henry.
Cote : BA.1.115.
– « L'affaire Bertrand »
Condamnation d'Alfred Peugnez.
Cote : BA. 887 (Arrêts criminels).
– « L'affaire Deray »
Condamnation de Jean-Jacques Liabœuf.
Cote : EA.135 (III).
– « L'affaire Doumer »
Condamnation de Paul Gorguloff.
Cote : BA.1683.

SOURCES FILMOGRAPHIQUES

Outre les nombreux films consacrés aux grandes affaires criminelles, comme *Violette Nozière* de Claude Chabrol, *La Bande à Bonnot* de Philippe Fourastié ou *Le Juge et l'Assassin* de Bertrand Tavernier, nous avons consulté avec profit :

– *Nous sommes tous des assassins*, d'André Cayatte, 1952. Dialogues de Charles Spaak ; avec Mouloudji, Raymond Pellegrin et Jacqueline Pierreux.

Le condamné qui servit de modèle au personnage campé par Mouloudji fut gracié par le président Vincent Auriol, qui aurait visionné le film.

– *Casque d'or*, de Jacques Becker, 1952. Dialogues de Jacques Becker ; avec Simone Signoret, Serge Reggiani et Raymond Bussières.

Manda, le personnage historique que joue Serge Reggiani, sera guillotiné pour avoir tué le « protecteur » de « Casque d'or », une jeune prostituée dont il était amoureux.

SOURCES IMPRIMÉES

Nous avons consulté, pour la rédaction de cet ouvrage, les auteurs suivants, qu'ils soient ou non cités dans notre texte :

ARASSE, Daniel : *La Guillotine et l'imaginaire de la Terreur*, Paris, Flammarion, 1987.

ARTIÈRES, Philippe (textes édités et présentés par) : *Le Livre des vies coupables. Autobiographies de criminels (1896-1909)*, Paris, Albin Michel, 2000.

ARVON, Henri : *L'Anarchie*, Paris, PUF, 1974. Que sais-je n° 479.

BADINTER, Robert : *L'Exécution*, Paris, Grasset, 1973.

BADINTER, Robert : *L'Abolition*, Paris, Fayard, 2000.

BESSETTE, Jean-Michel : *Il était une fois la guillotine*, Paris, Éditions Alternative, 1982.

BOUCHARDON, Pierre : *Crimes d'autrefois*, Paris, Perrin, 1926.

BOUCHARDON, Pierre : *Troppmann*, Paris, Albin Michel, 1932.

CAMUS, Albert, et KOESTLER, Arthur : *Réflexions sur la peine de mort*, Paris, Calmann-Lévy, 1979.

CANTARELLA, Eva : *Les Peines de mort en Grèce et à Rome*, Paris, Albin Michel, 2000.

CAROLL, Richard : *Les Bandits*, Paris, Balland, 1971.

CASSAGNAU, Robert : *Vive l'anarchie !*, Paris, Éditions France-Empire, 1973.

CHARPENTIER, Jacques, et NAUD, Albert : *Pour / Contre la peine de mort*, Paris, Berger-Levrault, 1967.

CHAULOT, Paul, et SUSINI, Jean : *Le Crime en France*, Paris, Hachette, 1959.

CHESNAIS, Jean-Claude : *Histoire de la violence*, Paris, Éditions Robert Laffont, 1981.

CIEUTAT, Maurice : *Un maton pas comme les autres*, Paris, Presses de la Cité, 1974.

La Criminalité, in « La Nef », Paris, Librairie Tallandier, n° 57, 1975.

DARMON, Pierre : *La Malle à Gouffé. Le guet-apens de la Madeleine*, Paris, Denoël, 1988.

Deibler, mon patron (Souvenirs de Georges Martin, aide d'Anatole Deibler), in *Qui ? Détective*, n°s 106 à 114, 1948.

DELARUE, Jacques : *Le Métier de bourreau*, Paris, Fayard, 1979.

DELOUX, Jean-Pierre : *Vacher l'assassin. Un « serial killer » français au XIXe siècle*, Paris, Claire Vigne Éditrice, 1995.

DORNAIN, Paul : *De Sanson à Deibler*, Paris, Éditions Mignolet et Storz, 1934.

DUBIEF, Henri : *Les Anarchistes (1870-1940)*, Paris, Armand Colin, 1972. Collection « Sciences humaines », n° 36.

EGEN, Jean : *L'Abattoir solennel*, Paris, Éditions Guy Authier, 1973.

FOUCART, François : *Anatole Deibler, profession bourreau (1863-1939)*, Paris, Plon, 1992.

Les Fous du crime, in « Historia », hors-série n° 45, Paris, Librairie Jules Tallandier, 1976.

GRISON, Georges : *Souvenirs de la Roquette*, Paris, Dentu, 1883.

Histoires criminelles de Paris-Île-de-France, présentées par Daniel Riche, Paris, Presses de la Renaissance, 1980.

HUGO, Victor : *Le Dernier Jour d'un condamné*, Paris, Librio, 1995.

IMBERT, Jean : *La Peine de mort*, Paris, Armand Colin, 1967.

IMBERT, Jean, et LAVASSEUR, Georges : *Le Pouvoir, les juges et les bourreaux*, Paris, Hachette, 1972.

JOFFROY, Pierre : *20 têtes à couper*, Paris, Fayard, 1973.

JOURDAN, Louis : *Les Femmes devant l'échafaud*, (Paris), Ballay, 1862.

KER, Jean : *Le Carnet noir du bourreau : les mémoires d'André Obrecht*, Paris, Éditions Gérard de Villiers, 1989.

LACASSAGNE, Alexandre : *Peine de mort et criminalité*, Paris, Maloine, 1908.

LAROCHE, Ivan-Claude : *Prestige du crime, ou les amoureux des criminelles*, Paris, Société parisienne d'édition, 1946.

LOCARD, Edmond : *Le Crime et les criminels*, Paris, La Renaissance du Livre, 1925.

MAITRON, Jean : *Ravachol et les anarchistes*, Paris, Julliard, 1964.

MALHERBE, Michel : *Grandes Affaires de police (Paris 1800-1900)*, (Paris), Éditions Crépin-Leblond, 1993.

MARTINEAU, François : *Fripons, gueux et loubards. Une histoire de la délinquance de 1750 à nos jours*, Paris, Jean-Claude Lattès, 1986.

MARTY, André : *Dans les prisons de la République*, Paris, Les Éditeurs français réunis, 1951.

Le Milieu, in « Historia », hors-série n° 31, Paris, Librairie Jules Tallandier, 1973.

MONESTIER, Martin : *Peine de mort. Histoire et techniques des exécutions capitales*, Paris, Le Cherche-Midi Éditeur, 1994.

MONTARRON, Marcel : *Tout ce joli monde*, Paris, La Table ronde, 1965.

MONTARRON, Marcel : *La Veuve, ou l'histoire des châtiments*, Paris, Plon, 1973.

NAUD, Albert : *Tu ne tueras pas*, Paris, Morgan, 1959.

O'SQUARR, Flor : *Les Coulisses de l'anarchie*, (Paris), L'Insomniaque, s.d.

POLLAK, Émile : *La parole est à la défense*, Paris, Éditions Robert Laffont, 1975.

REOUVEN, René : *Dictionnaire des assassins*, Paris, Denoël, 1986.

La Révolution française vue par son bourreau : Charles-Henri Sanson, édition établie par Monique Lebailly, Paris, Éditions de l'Instant, 1988.

ROSSA, Kurt : *La Peine de mort*, Paris, Plon, 1968. Traduit de l'allemand.

SCOFF, Alain : *Un nommé Durand*, Paris, Jean-Claude Lattès, 1984.

THÉOLLEYRE, Jean-Marc : *Tout condamné à mort aura la tête tranchée*, Paris, Tema-Éditions, 1977.

THIBAULT, Laurence : *La Peine de mort en France et à l'étranger*, Paris, Gallimard, 1977. Collection « Idées ».

TOULAT, Jean : *La Peine de mort en question*, Paris, Éditions Pygmalion, 1977.

TABLE DES MATIÈRES

ANNEXES

CET OUVRAGE, PUBLIÉ SOUS L'ÉGIDE DE KIRON ESPACE,
CENTRE D'ART, DE CULTURE ET DE COMMUNICATION,
A ÉTÉ IMPRIMÉ PAR L'IMPRIMERIE CORLET À CONDÉ-SUR-NOIREAU
POUR LE COMPTE DES ÉDITIONS DU FÉLIN
EN AOÛT 2001

KIRON
ESPACE

Imprimé en France

Dépôt légal : août 2001
N° d'impression : 54434